논어, 사람의 길을 열다

논어, 사람의 길을 열다

2014년 8월 29일 1판 1쇄
2024년 10월 5일 1판 6쇄

지은이 배병삼

편집 정은숙, 서상일   **디자인** 백창훈   **제작** 박홍기
마케팅 김수진, 강효원   **홍보** 조민희
출력 블루엔   **인쇄** 천일문화사   **제본** 책다움

펴낸이 강맑실   **펴낸곳** (주)사계절출판사   **등록** 제406-2003-034호
주소 (우)10881 경기도 파주시 회동길 252
전화 031)955-8558, 8588   **전송** 마케팅부 031)955-8595 편집부 031)955-8596
홈페이지 www.sakyejul.net   **전자우편** skj@sakyejul.com
블로그 blog.naver.com/skjmail   **트위터** twitter.com/sakyejul   **페이스북** facebook.com/sakyejul

ⓒ 배병삼 2014
표지 그림 ⓒ 서세옥

ISBN 978-89-5828-779-7   03150

논어, 사람의 길을 열다

사람의
길을
열다

배병삼 지음

사ㅁㅁ계절

시대가 각박하다 보니, 인간 삶의 가치와 그 의미를 헤아리는 인문학에의 요구가 늘고 있다. 인간 역사 가운데 춘추 시대보다 더 처참한 세월도 없을 테니, 그 시대의 암흑을 뚫고 '사람다움'을 추구한 공자의 어록은 오늘날 우리가 고통을 극복하는 데 도움을 줄 수 있을 것이다.

춘추 시대는 사람이 눈앞의 사람을 창칼로 죽였다. 오늘날 자본주의 시대는, 사람은 뒤로 숨고 돈이 나서서 사람을 해친다. 도구가 달라지고 방법은 교묘해졌을지언정, 사람이 사람을 살상하는 짓은 다를 바 없다. 나는 오늘 『논어』를 읽는 까닭이 여기 있다고 생각한다.

1910년 조선이 망한 이래 우리는 새로운 가치의 좌표를 서양에서 찾았다. 이른바 근대화, 서구화, 문명화라는 말 속에 그런 변침變針의 내력이 잘 들어있다. 그 세월이 100년을 넘었다. 와중에 발밑을 뒤흔든 아이엠에프 구제금융 시기와, 참혹한 '세월호' 사고를 겪으면서 그동안의 행로를 되묻기에 이르렀다. 서양에 뜬 북극성을 행복의 푯대로 삼고 달려온 걸음의 방향은 올바른가, 지금 우리는 행복한가, 과연 잘 살고 있는가와 같은 질문이다.

유교에는 죽어서 간다는 천당 지옥이 없다. 대신 지금 여기서 어떻게 살 것인가를 고민한다. 내세를 논하지 않고, 오늘 이 땅에 사는 사람들의 삶을 말한다. 공자가 '상갓집 개'라는 조롱을 받으며 이 나라, 저 나라를 전전했던 까닭은 사람이 짐승보다 못한 존재로 추락할 것 같은 두려움 때문이었다. 사람 역시 남의 살을 먹어야 생존할 수 있고, 또 제 유전자를 퍼뜨리려는 욕망을 가졌다는 점에서 다른 동물들과 다를 바 없다. 그렇다고 어찌 사람이 짐승과 꼭 같기야 하랴! 사람 속에는 '사람다움'의 고유성이 씨앗으로 존재한다. 공자는 이 사람다움을 인仁이란 말로 요약했고, 제자들은 그 말씀을 기록으로 남겨 '논-어'라고 이름 붙였다.

공자는 사람에게 고유한 사랑仁의 의미를 잘 배워서 실천할 때만이 긴 살육의 세월을 종식시키고, 평화와 질서를 회복할 수 있다고 믿었다. 요컨대 배워야만 사람인 것이다! 『논어』의 첫 구절이 학學으로 시작하는 까닭이요, 또 스스로를 두고 호학好學이라, '배우기를 좋아하는 사람'으로 지목한 이유다. 이후 동아시아에는 '배움'이라는 활동이 중시되고, 또 그 터전으로서 '학교'가 공동체의 필수 요건이 되었다.

공자 학교는 질문의 학교였다. 제자의 간절한 물음 앞에서야 스승이 답을 내린다. 그러니 구절마다 첫마디로 나오는, 자왈子曰('선생님 말씀하시다') 앞에는 제자의 질문이 숨어 있다. 『논어』는 제자들의 절실한 질문과 스승의 적확한 답변, 그리고 고민을 해소한 기쁨과 해방감이 한데 어울려 넘실거리는, '즐거운 책'이다.

나는 오늘날 급박한 문제로 닿는, '인간이란 무엇이며, 잘 사는 삶이란 어떤 것인가'에 대한 해답이 『논어』 속에 있다고 생각한다. 실은 내내 안타까웠다. 사람다운 삶을 치열하게 탐색한 '인류의 유산'이, 외려 비루하고 추악하며 시대착오적인 오물로 손가락질 당해 온 것이! 짧은 소견을 무릅쓰고 『논어』의 숲을 조망하고, 그 숲 속에 난 길을 헤아려 길목마다 소개말을 붙이고 싶었던 것은 이런 안타까움 때문이었다.

약 10년 전(2005년), 한자와 한문이 낯선 오늘날 젊은 독자들에게 『논어』의 속살을 우리말로써 풀어 보여줄 수는 없을까, 하는 문제의식으로 쓴 것이 『논어, 사람의 길을 열다』였다.

이 책의 본태는 사계절출판사가 기획한 '주니어클래식 시리즈' 가운데 세 번째 책으로 출간된 것이다. 청소년들을 포함하여 논어 입문을 원하는 성인들을 위해 낸 책이지만 시리즈명이 주니어클래식이고 청소년 대상으로 주로 소개되다 보니, 성인들 손에는 잘 닿지 않는 한계가 있었다. 출판사에서는 이 책이 오늘날 점증하는 성인들의 인문학 욕구, 특히 유교 사상과 동양 고전에 대한 길잡이 구실을 할 수 있다고 판단한 듯하다. 이에 여기저기 문장을 다시 손보고 다듬어 양장본으로 옷을 새로 입게 되니 저자로서도 기쁜 일이다.

부디 이 판본이 동양 고전과 유교 사상을 알고자 하는 새로운 독자들에게, 숲의 얼개를 이해하는 적절한 입문서가 되길 진심으로 바란다.

2014년 8월

배병삼

머리말

고전古典이란 수천 년 전의 것이라도 그 시대의 벽을 넘어 미래와 소통할 수 있는 책을 이른다. 당시엔 조소와 비난에 시달렸으리라. 금서로 불태워진 이력도 있었으리라. 그러나 금서로 판정한 권력과 손가락질하던 사람들이 모두 한줌의 먼지로 사라진 바로 그 다음날 되살아나 빛나는 설득력으로 사람들 입에 회자되는 책이 고전이다. 오로지 고전에서만이 '과거는 오래된 미래'일 수 있다.

하나 또 어떤 이는 고전을 두고, '누구나 잘 알고 있지만, 누구도 잘 읽지 않는 책'이라고 비아냥대지 않았던가. 『논어』도 이런 정의에 딱 맞는 고전이다. 잘못된 관습, 누추한 전통의 대명사로 알려져 있을 뿐, 누구도 그 속내를 알려고 들지 않는다는 점에서다. 그러나 『논어』 속엔 사람이 사람다울 수 있는 근거, 사람답게 살 수 있는 문명의 풀무집이 들어 있다. 이것이 『논어』에 깃든 '과거 속의 미래'다.

누구도 읽지 않으려는 고전에 깃든 '과거 속의 미래'를 오늘과 접속하기 위해선 아무래도 기술이 필요하다. 나는 '칼질'이 『논어』의 진실과 만날 수 있는 특별한 기술이라고 믿었다. 직접 눈으로 확인하고서야 겨우 믿는 오늘날 '눈眼의 시대'엔, 그 속을 '나누고 또 쪼개어' 보여 주지 않으면 눈길조차 주기 않기 때문이다.

이에 『논어』 속에 깊숙이 칼을 집어넣었다. 어느 땐 칼날을 비스듬히 누이고, 또 어느 땐 반듯이 세워서 스무 조각의 살점으로 저며 내었다(물론 결대로 잘 저며졌다면 다행이지만 서툰 칼질에 온통 흐트러져 버렸다면 그것은 오로지 나 한 사람 탓이다).

나는 오늘날 젊은이들이 이 스무 조각의 글을 가지고 공자와 만나 소통할 수 있는 징검다리로 삼았으면 싶다. 특별히 지금보다 더 나은 세계를 꿈꾸는 청소년들과, 상식으로 통용되는 얇은 지식들의 근원을 추적하고 싶은 젊은이들, 그리고 아직은 어리지만 곧 삶의 진리를 알고 싶어할 내 아들, 재웅·헌국이와 함께 『논어』로의 여행을 떠나고 싶다.

이 책을 앞장서 기획하고서 내 머릿속에 든 생각을 털어 내도록 이끈 이는 이권우 선생이다. 이이가 아니라면 이런 형식의 책은 꿈도 꾸지 못했을 것이다. 또 '청소년에게 고전을 풀어서 알리고 싶다'는 그윽한 비전을 실현해 내는 사계절출판사 사람들이 아니고선 이 책은 그 모습을 드러내지 못했을 것이다. 두루 감사드린다.

불효한 자식을 내내 따뜻이 감싸 주시는 부모님과 하는 일마다 믿고 격려해 주는 아우들, 그리고 서생의 곤란한 살림을 맡아 수고로운 아내에게 고맙다는 인사를 드리고 싶다.

2005년 8월, 어느 무더운 날

배병삼

차례

일러두기

1. 이 책은 『논어』 스무 편을 놓고 각 편마다 한두 가지 주제를 정하여 에세이 형식으로 쓴 것이다.

2. 될 수 있으면 많은 예문(논어 본문)을 보이려고 하였는데, 주제별로 구성하였으므로, 가령 10장 '공자의 웰빙'—향당 편 속에는 향당 편 이외의 다른 편 예문들도 함께 실려 있다. 다른 장들도 마찬가지다.

3. 원문은 이해하기 쉽게끔 현대 우리말에 최대한 가깝게 옮겼다. 미심쩍은 부분을 확인하려는 독자를 위해 원문 찾아보기를 맨 뒤편에 놓았다.

4. 『논어』 원문을 인용할 때 사용할 '3:12'와 같은 표시는 제3 팔일 편의 12장을 가리킨다. 간혹 그 아래 절까지 표시한 경우가 있는데 제10편 10장 1절은 '10:10.1'로 표시하였다. 기준은 주희의 『논어집주』에 따랐다.

5. 필요에 따라 『맹자』를 인용하기도 했다. 『맹자』는 일곱 편이 각각 상하로 나뉘어 모두 14편으로 되어 있다. 양혜왕 상편은 1a가 되고, 양혜왕 하편은 1b가 된다. 또 공손추 상편은 2a, 공손추 하편은 2b가 되는 식으로 표시했다.

6. 『논어』는 책마다 순서에 사소한 차이가 있다. 가령 제3편 12장이 어떤 책에선 제3편 13장에, 또 어떤 책에는 제3편 11장쯤에 자리 잡은 경우가 있다. 이런 문제를 해결하기 위해 그 기준을 배병삼 주석, 『한글세대가 본 논어』(문학동네, 2002)에 두었다. 『한글세대가 본 논어』는 『논어』의 원문을 차례차례 낱낱이 해석하고 또 해설을 붙인 것으로 『논어』를 좀더 공부하고 싶은 이들에게 도움이 될 것이다.

프롤로그

『논어』 여행을 위한 준비

가까운 곳을 갈 사람이야 새벽밥 지어먹고 휭 하니 다녀오면 그만이지만, 먼 길을 갈 참이라면 며칠을 두고 음식을 준비하고, 옷가지도 챙기고 또 이모저모 필요한 여장을 꾸려야 한다. 특히 머나먼 과거, 2500년 전의 중국 고전인 『논어』를 만나기 위해서라면 더더욱 준비에 소홀할 수 없다. 먼 길, 먼 과거로 떠나는 여행이기 때문이다.

무서운 책, 『논어』

조선 초기, 나이 어린 임금인 단종을 폐하고 세조가 정권을 잡은 와중에 벌어진 사육신 사건(1456)을 우리는 잘 알고 있다. 집현전 학사들이었던 성삼문, 박팽년, 하위지 등이 선왕의 유지를 받들어 어린 임금을 보호하려다 모두 죽음에 이른 사건 말이다. 이들을 조선에선 내내 충절의 대표로 기려 왔는데, 오늘날에 이르러서도 그들의 행동은 바른 삶의 지표로 손꼽힌다.

　그 중에서도 절개의 대명사라고 할 성삼문(1418~1456)은 죽음을 앞두고 다음과 같은 시를 남겨 사람들의 옷깃을 여미게 한다.

　둥둥둥 북소리 목숨을 재촉하는데,
　고개 돌려 보니 해는 서산으로 지는구나.
　황천길엔 주막이 없다는데 오늘밤은 어디서 잘꼬.

　남의 밥 먹고, 남의 옷 입으면서 평생에 잘못 없기를 바랐다네.
　이 몸은 죽어 가도 충의忠義는 살아,
　꿈에도 잊지 못할레라. 현릉顯陵*의 솔빛.

　나이 어린 임금의 안전을 생전의 부왕父王으로부터 부탁받은 신하로서 그 도리를 다하고 담담히 죽음을 향해 걸어가는 한 선비의 마지막 노래에서 우리는 가슴에 서늘하게 와 닿는 푸르디푸른 결기를 느끼지 않을 수 없다.

　한데 『논어』를 읽다 보면, 마치 사육신들의 정치적 행동을 예견이나 한 듯한 구절을 발견할 수 있으니, 문득 등이 시리다.

　증자가 말했다. "어린 고아 임금의 안위를 믿고 부탁할 수 있는 신하라면

---

* 문종의 능. 경기도 구리에 있다.

군자라고 부를 수 있을까? 또 일국의 정사를 위탁할 수 있는 사람이라면 군자라고 할 수 있을까? 그리고 생사의 위기에 직면하여도 그 충절을 뺏을 수 없는 사람이라면, 군자라고 부를 수 있을까? 그럼. 군자다운 사람이고말고!" [8:6]

군자君子란 소인小人과 대칭되는 말로서 공자가 꿈꾼 도덕적으로 고매한 인격을 뜻한다. 그러니 공자 제자인 증자曾子가 세 가지 군자의 조건을 자문자답한 이 문장은 '유교 국가' 선비들에겐 삶의 나침반이 되었음 직하다.

역시나 성삼문을 위시한 사육신들의 정치적 행동은 여기 지적한 군자의 세 가지 조건에 맞춤하게 들어맞는다. 첫째 '어린 고아 임금의 안위를 믿고 부탁할 수 있는 신하'란 대목은, 죽음을 앞둔 문종이 어린 아들의 안전을 젊은 신하들에게 부탁할 수 있었던 맥락과 합치한다. 즉 그들 군신(문종과 집현전의 학자들) 간에는 『논어』에서 비롯된 어떤 행위규범에 대한 합의가 있었던 것이다.

또 사육신들이 군자의 두 번째 조건인 '일국의 정사를 위탁할 수 있는 사람'인지는 그 정치적 공적을 헤아려 보면 알 수 있는 일이다. 그러나, 무엇보다 가슴을 아리게 하는 것은 세 번째 조건이다. 사육신들이 증자가 지목한 대로 '생사의 위기에 직면하여도 그 충절을 뺏을 수 없는 사람들'이었음은 역사 속에서 환히 증명되는 바다. 이런 점을 두고 보면, 죽음 앞에서도 서슬 푸른 노래를 부른 성삼문의 기개는 어떤 종교적 확신, 좀더 구체적으로는 『논어』에서 비롯된 확신 위에 서 있음을 알 수 있다.

　이 예에서 우리는 『논어』가 고전의 평면적 의미, 이를테면 삶을 풍요롭게 만드는 책이라는 수준을 넘어, 정의正義가 무엇인지 또 정의를 위해선 어떻게 행동해야 하는지를 가르치고, 끝내 삶과 죽음을 가르는 칼끝 위로 나아가게 이끈 엄숙하고 섬뜩한 고전이었음을 확인할 수 있다. 그러니 옛사람들이 『논어』를 배우고 익힐 적의 마음가짐은 또 어떠했을까? 불의한 정권에 대항하여 초개와 같이 목숨을 버리고 대의大義를 실현하리라는 결의를 다지며 글을 읽었던 것이지, 그저 소일거리로 삼은 것이 아니었다.

　이런 지경이니 『논어』를 해석하는 손길이나 읽어 가는 눈길도 삼가고 조심스러울 수밖에 없었다. 중국 남송南宋의 위대한 사상가 주희朱熹(1130~1200)*가 편찬한 『논어집주論語集註』가 오랜 세월 동양인의 행동규범으로 기능할 수 있었던 것은 집주集註, 곧 주석들을 집대성했다는 제목에서 잘 보이듯, 한 글자 한 글자마다 이치의 칼끝에 세워 엄정한 비평을 가함으로써 선악과 시비의 기준이 되었기 때문이다.

　어디 그뿐일까. 조선 후기 정약용丁若鏞(1762~1836)의 논어 주석서, 『논어고금주論語古今註』도 마찬가지다. 한 글자를 해석하기 위해 우리나라뿐만 아니라, 중국과 또 일본의 자료들까지도 낱낱이 섭렵하여 그 결과를 정밀하고 엄격하게 글로 옮기는 조심스러움을 여기서도 확인할 수 있다.

● 흔히 주자朱子라고 일컫는 사람. 주자학의 창시자.

전통 사회에서 『논어』는 이토록 등에 땀이 날 만큼 무서운 책이었다. 자칫 손을 잘못 놀리다간(또는 잘못 읽다간) 이단異端이나 사문난적斯文亂賊*으로 몰려 죽음에까지 이를 수 있는……. 그러니 『논어』는 결코 발랄하게 읽을 수 있는 고전이 아니었다.

경쾌한 『논어』 읽기

전통 시대에 『논어』를 읽는 방식이 있었다면, 오늘은 또 오늘 나름의 읽기 방식이 있을 테다. 고전이 진정 고전인 까닭은 시대마다 합당한 해석들이 용인되고 또 소통되는 너른 마당을 가진 데 있기 때문이다.

21세기의 『논어』 읽기는 더 이상 엄숙하고 무거운 것일 수는 없다. 『논어』는 새롭게 읽히지 않으면 안 된다. 나는 새로운 『논어』 독법을 '경쾌한 글읽기'라고 이름 짓고 싶다.

무엇보다 새로운 『논어』 읽기 방식이 요구되는 것은, 시대가 변했기 때문이다. '교과서'로서의 『논어』를 내팽개친 지, 즉 조선이 망한 (1910) 후 서구화와 근대화에 치달은 지 백 년 세월이 흘렀다는 '역사적' 사실에 주목해야 하리라. 그 와중에 과거식 『논어』 읽기 방식은 점점 시대적 의의를 잃고, 또 『논어』는 사람을 올바른 삶으로 이끄는 본래의 향도 역을 상실하기에 이르렀다.

둘째, 우리 사회의 민주화가 크게 진전되었기 때문이다. 전통 사회에서 『논어』 읽기의 목적이 성인이신 공자의 삶과 생각을 따르려는 것

* 유교에서 교리를 어지럽히고 사상에 어긋나는 언행을 하는 사람을 이르는 말.

이었다면, 오늘날 이런 글 읽기는 소용 닿지 않는다. 한 사람이 제시하는 위대한 말씀보다는, 이름 없는 민중들이 두루 참여하여 도출해 낸 공론이 더욱 진리에 가깝다는 철학 위에 우리 사회는 기초하고 있기 때문이다.

셋째는, 오늘날이 다양한 가치가 용인되는 시대라는 점이다. 더 이상 『논어』는 유일한 삶의 나침반이 아니요, 정의와 불의를 판단해 주는 가늠자도 아니다. 그것은 다양한 생각들이 경합하는 '사상의 시장' 속에서 상대적 가치를 차지하는 데 불과하다. 이는 거꾸로 『논어』가 경전이 아니라, 점차 여러 고전들 가운데 하나로 상대화되었다는 뜻이기도 하다.

넷째, 놀랍게도 『논어』를 깊숙이 읽어 보면, 본시 이 책이 무겁고 어둡기는커녕 가볍고 경쾌하기까지 하다는 점을 발견할 수 있다. 『논어』는 본질적으로 가볍고 경쾌한 책이다. 다만 그것을 발견하지 못했을 따름이다(우리가 떠날 여행은 바로 이 점을 발견하고 또 확인하는 길이 될 것이다).

이런 경쾌한 글읽기를 통할 때만이 『논어』는 춘추 시대라는 대혼란기에 '인간을 중시하는 세계'를 꿈꾸었던 한 사람의 대화록으로서 본래 모습을 되찾고, 공자와 그의 제자들 역시 소탈한 진면목을 드러낼 기회를 갖게 될 것이다.

이번 여행의 안내자로서 나는 그동안 『논어』에 드리워졌던 어둡고 섬뜩한 죽음의 그림자를 걷어 내고, 대신 경쾌한 살결을 드러내어 2500년 전의 공자와 오늘날 젊은이들이 함께 호흡하는 자리를 만들어 볼 작정이다. 지금 우리 사회에 『논어』의 지혜가 더욱 필요한데도 공자의 말들이 기껏 비웃음거리로 내몰리는 것은 아직도 과거의 '어두운' 독서법을 묵수하는 데 까닭이 있다고 믿기 때문이다.

『논어』라는 책 – 책이름과 편명

다른 고전들에 비추면, 『논어』라는 책이름은 이상하다. 동양 고전들은 주로 그 주인공을 책제목으로 삼는다. 예컨대 『맹자』의 주인공은 맹자요, 『장자』의 주인공은 장자다. 한비자가 주인공인 책도 『한비자』요, 순자가 주인공인 책제목은 『순자』다. 이런 관습대로라면 『논어』 역시 『공자』라는 이름을 얻었어야 옳다. 그런데도 『논어』라는 무미건조한(?) 이름을 얻은 데는 필시 까닭이 있으리라.

『논어論語』란 '논하고·말하다'라는 뜻이다. 이 책의 이름이 『논어』가 된 까닭은, 물론 그 속에 그 제자들의 일화가 섞여 있기 때문이기도 하지만 좀더 본질적으로는 '이 책 속에는 고유명사로써 한정지을 수 없는 위대한 진리가 담겨 있다'는 의사를 표명하기 위한 때문으로 보인다. 고유명사로는 진리를 다 담을 수 없다는 막막함에서 그냥 '논어'라는 표현으로 제목을 삼았으리라는 것. 만일 책이름이 『공자』라면 이것은 '공자'라는 특정인이 발설한, 부분적이고 편향적인 말씀이라는 한정을 가질 수밖에 없기 때문이다.

이에 한정되고 불완전한 인간의 한계를 넘어 보편적 진리의 말씀이 담겼다는 뜻을 드러내기 위해, '진리를 논하시고 말씀하신' 책, 즉 『논어』가 된 것이다. 노자가 잘 지적했듯, 원래 '진리는 이름을 갖는다면 참된 진리가 아닌 것이요, 이름 붙일 수 있다면, 그건 영원한 이름이 아닌 법'이다(『도덕경』). 공자라는 이름의 한정을 벗어난 참된 진리라는 의미가, 『논어』라는 이름 속에 깃들어 있는 것이다.

한편 『논어』는 스무 편으로 구성되어 있다. 제1편은 '학이學而', 마지막 제20편은 '요왈堯曰'이라는 이름을 달고 있다. '학이'니 '요왈'이니 하는 편명은 깊은 뜻이 있는 것이 아니고 그 장의 머리글자를 따서 그냥 제목으로 삼은 것이다. 예컨대 학이 편 제일 첫 대목이 '학이시습지' 운운하면서 시작되므로, 그 첫머리 '학이'를 똑 떼어 편명으로 삼았을 뿐이다. 또 '요왈'이라고 하여 '요임금의 말씀'에 대한 논설이나 대화라는 뜻도 아니다. 『논어』의 각 편은 '기본적으로' 주제의식 없이 또 두서 없이 공자의 말씀을 모은 집성일 따름이다(물론 그 물밑을 살피면 각 편마다 특징이 없지는 않고, 또 다른 대목은 다 제치고 중요하게 다루어야 할 핵심 개념이 있는 구절도 있다. 본문에서 나는 이런 것들을 각 편의 주제로 삼아 차근차근 다룰 것이다).

한편 『논어』는 처음부터 딱 스무 편으로 고정되어서 2500년을 그대로 전해져 온 것은 아니다. 『논어』의 전수에는 곡절이 많았다. 2500년이라는 세월이 결코 짧은 시간이 아닐 뿐만 아니라 또 그 와중에 진시황의 분서갱유焚書坑儒와 같은 절체절명의 단절 위기도 있었던 것이다. 그러니 『논어』가 지금같이 스무 개의 편장으로 이뤄진 표준형으로 고정된 것은 공자가 죽고 나서 한참 뒤였다.

『논어』의 역사
주희에 따르면, 공자가 죽은 후 스승의 말씀 조각들을 모아서 초창기 형태의 『논어』를 만든 사람은 "유약有若과 증삼曾參이라는 공자 제자와, 또 그 제자들"(『논어집주』)이다. 그 까닭은 『논어』에서 초창기 공자 제자들은 그냥 이름으로 일컫는 데 반해(예컨대 안연, 자공, 자로 등), 후기 제자에 속하는 유약과 증삼은 '스승'을 뜻하는 칭호인 자子를 성 뒤에 붙여 '유자', '증자'로 쓰고 있기 때문이다.

한편 최초의 『논어』 판본은 공자의 고향인 노나라에서 결집되었겠지만, 머지않아 이웃 나라인 제나라에서도 유사한 『논어』가 생겨났다. 노나라에서 결집된 것을 『노론魯論』이라고 하고, 또 제나라에서 통용된 것을 『제론齊論』이라고 한다.

그런데 진시황의 분서갱유 사건이 일어나자 『논어』는 급급하게 감추어야 할 금서禁書의 처지가 되고 만다. 이때 공자의 후손들은 공자의 고택 담벼락에다 『논어』를 숨겨 두게 된다. 책을 왜 담벼락에다 숨길까 의아해하겠지만, 옛날 책은 종이책이 아니라 대나무나 나무쪽을 엮어 만들었기 때문에, 차곡차곡 담벼락 속에 채워 넣은 다음, 진흙으로 바깥을 바르면 감쪽같아진다.

시간이 지나 진나라가 망하고 한나라가 수립된 뒤, 공자의 고택을 수리하는 와중에 담벼락 속에서 옛『논어』가 쏟아져 나온다. 이것을 『고론古論』이라고 부른다. 이렇게 초창기 논어 판본은 『노론』과 『제론』, 그리고 『고론』으로 세 갈래가 있었다. 특히 공자 저택에서 나온 『고론』은 옛날 글자(과두문자)로 쓰였을 뿐만 아니라 내용마저 들쭉날쭉 한결같지 않았다고 한다.

따라서 표준화의 요구가 생겨났는데 특히 한나라가 유교를 국교로 삼으면서 그 필요성은 더욱 강렬해졌다. 이때 『노론』을 중심에 놓고 『고론』과 『제론』을 감안하여 새롭게 편찬한 사람이 정현鄭玄(127~200)이었다. 이를 계승하여 더욱 가다듬어 정본으로 만든 사람이 위나라의 하안何晏(?~249)인데 그가 편찬한 『논어집해論語集解』는 그동안의 각종 주석들을 총괄하여 표준형으로 만든 것이다. 이 속에서도 『노론』이 중심이 되고 거기에 『제론』의 부분들(이를테면 제16 계씨 편)이 보완되어 오늘날과 같은 형태로 형성되었다. 이 하안의 『논어집해』가 『논어』의 표준적 형태가 된다.

그러나 무엇보다 『논어』에 대한 주석이라면 12세기 중국 남송 대, 주희의 『논어집주』가 대표적이다. 이것은 고금의 주석들을 망라하여 성리학적 관점에서 해설한 것이다. 『논어집주』는 우리나라에서도 중시되었던 주석서이다. 조선朝鮮이라는 나라는 이성계의 무력과 정도전이 품은 주자학적 통치 프로그램이 힘을 합쳐 만든 것이라고 할 수 있는데, 그 주자학적 프로그램의 핵심 텍스트가 바로 『논어집주』였다. 그러니 조선조 500년은 『논어집주』라는 레일 위를 달려간 기차라고 비유해도 과언이 아니다.

한편 『논어』가 결집된 때는 공자가 죽고 나서 오랜 세월이 흐른 다음이므로, 특히 어느 부분이 공자의 참된 말씀(행동)이냐 라는 점을 질문하지 않을 수 없었다. 이에 텍스트 내부 분석을 통해 전반부 열 편이 후반부 열 편보다 공자의 진면목에 가깝다는 것이 통설이 되었다.

언뜻 보기에도 후반부 열 편 가운데 특히 제20 요왈 편 같은 것은 공자의 사후 유교 교단의 정통성을 부각할 필요에 따라 편집된 의도가 물씬 느껴진다. 그리고 제19 자장子張 편도 공자 사후 제자들 간에 법통을 둘러싼 다툼을 보여 주고 있고 또 공자의 말씀이 전혀 기재되어 있지 않은 점을 보아도, 공자와 직접 관계가 없는 것이 분명해 보인다.

그러나 후반부 열 편의 소박하고 거친 표현 속에 공자의 진면목이 들어 있다고 볼 여지도 충분하다. 또 유교의 초창기 형태를 이해하는 데도 중요한 자료들을 많이 제공한다. 이에 우리는 스무 편 전체를 『논어』의 진본으로 전제하고 여행에 나설 것이다.

공자라는 사람

'인간' 공자는 주왕조가 혼란에 빠져든, 이른바 춘추 시대 말기를 살았던 사람이다. 그는 기원전 551년에 나서 기원전 479년까지 산 것으로 추정되는데, 간단히 지금부터 2500년 전의 사람인 셈이다.

공자는 공간적으로는 중국 동남부, 노나라의 도읍 곡부曲阜 근교, 창평향昌平鄕 추읍鄹邑에서 태어나 성장하고 벼슬 살았다. 중년을 넘어 "노나라를 떠나 제나라에서 배척을 당하고, 송과 위나라에서 쫓겨났고, 진과 채나라 사이에서 곤란을 당하다가, 다시 노나라로 돌아와"(『사기』「공자세가」) 제자들을 기르다가 73세를 일기로 삶을 마쳤다.

그의 성은 공孔씨로서, 지금의 읍장 정도를 지낸 나이 많은 아버지 숙량흘叔梁紇과 나이 어린 어머니 안顏씨 사이에서 태어났다. '야합하여 낳았다'라든지, 성장하도록 어머니는 아버지의 묘를 알려주지 않았다는 「공자세가」의 기사로 보아 출생 과정에 미심쩍은 점이 없지 않은데, 적어도 정상적인 가정에서 유복하게 자란 사람이 아님은 분명한 것 같다.

공씨는 원래 주나라의 전 왕조, 은나라 왕손 미자微子의 후예로 전해지는데, 『예기』에서도 죽음에 이른 공자가 제자인 자공에게 은나라 방식으로 상喪을 치러 달라고 부탁하는 장면이 나온다. 이로 보아 그의 가계는 원래 은나라 서울 출신이라고 봐도 좋을 것 같다.

그의 어릴 적 이름은 구丘였다. 즉 그의 왼쪽 가슴에 이름표를 붙이자면, 공구孔丘가 된다. 「공자세가」에 따르면 '언덕 구' 자로 이름을 삼은 것은 그의 머리 모양이 구릉처럼 울퉁불퉁했기 때문이라고 하였는데, 이런 해설은 불국사와 석굴암을 지은 김대성이 머리가 '큰 성채'같이 몹시 컸기에 이름을 '대성大城'이라고 붙였다는 우리 『삼국유사』 설화와 비슷한 것이다. 또 어른이 되어 얻는 공식적 이름인 자字는 중니仲尼였다.

그의 모습은, 머리 모양은 울퉁불퉁하고, 키는 9척 장신으로서, 우리가 연상하기 쉬운 책상머리의 백면서생이 아니라, '한주먹'하는 무골풍의 장대한 사람이었다. 사마천에 따르면 공자의 별명이 '꺽다리長人'였으며, 공자가 광匡 땅에서 고초를 당했던 까닭이 그 생김새가 양호陽虎라는 무인武人과 닮았기 때문이라고 하였으니 이런 묘사가 크게 틀리지 않을 것으로 보인다.

르네상스적 인간

한편 공자가 스스로 "어려서 가난하여 많은 기예를 익혔다"[9:6]고 한 것을 보면, 성장 과정에서 물질적 고생이 자못 심했던 것으로 보인다.

『논어』와 『사기』 등의 기사들을 취합해 현대적으로 해석하자면, 그는 '운전 기사執鞭之士'로부터 '공장 기술자匠人', 그리고 '목장 관리인司職吏' 같은 육체 노동을 두루 경험했던 것 같다. 이런 이력 속에서도 어느 분야의 일이든 맡은 바에 성심성의를 다하고, 또 맡은 일은 끝까지 책임지면서 똑같은 실수를 다시 범하지 않는 철저한 자기 점검의 미덕을 갖추었던 그였기에 점차 주변의 인정을 받아 더 큰 임무를 맡을 수 있었던 것 같다.

이에 그는 국고國庫의 출납을 담당하는 '재정 담당관委吏'을 역임하면서, 공직의 이력을 시작한다. 이것은 오늘날 식으로 하자면 세무 관련 전문가 또는 국가 공인 회계사라고 할 수 있는 경력이다. 이렇게 공자가 회계 원리의 핵심을 파악한 경제 전문가였기에, 훗날 세무나 재정 분야의 제일인자로 성장할 염유冉有와 같은 제자를 길러 낼 수 있었을 것이다.

그 뒤 그는 '건설부 장관'으로 번역할 수 있을 '사공司空'이라는 벼슬을 역임하고, 동시에 유능한 재판관으로서도 이름을 얻어 '법무부 장관大司寇'을 역임한다. 법조 업무에 대한 그의 경험은, 빠르고 명백하게 판정 내리기에 능하였던 자로를 이끌고 가르칠 수 있던 비결이었을 것이다. 한편 그는 서울의 '중구청장中都宰'을 역임하기도 하였다. 이것은 그가 일반 행정 책임자로서의 경험을 갖추었다는 사실을 보여 주는데, 이런 행정 실무 경험이 중궁仲弓이나 언유言游와 같은 제자들에게 행정과 관련된 가르침을 베풀 수 있는 밑천이 되었을 것이다.

또 한편 그는 외교관 또는 의전관儀典官으로서의 실무 경험도 갖추었다. 특히 제10 향당 편에는 그가 의전관으로서 외빈을 영접하고 또 대사大使로서 외국에 파견되었을 때의 행동거지가 잘 묘사되어 있다. 이런 경험들은 군주를 모시고 제나라 군주와의 회동會同에 임할 때 유용하게 활용되어, 잃은 땅을 부분적으로 되찾는 외교적 승리를 얻는 데 도움이 되었을 것이다(「공자세가」). 나아가 이런 이력은 국제관계 전문가가 된 자공이라든지, 의전관계 전문가를 지망한 공서화公西華와 같은 제자들을 이끌고 가르칠 수 있는 자료가 되었음에 분명하다.

급기야 그는 법무부 장관의 직책을 수행하면서 재상 직무 대리를 겸임하였던 바, 그의 일생을 두고 이때가 가장 화려하고 활동적인 시기였다. 이에 그는 득의의 나날을 보냈던 것인데, 이를 두고 어느 제자가 이렇게 일침을 가하였다고 전한다. "듣건대 '군자는 화를 당해도 두려워하지 않으며, 복이 와도 기뻐하지 않는다'고 합디다마는." 이에 대해 공자는 응대하기를, "이런 말도 있지 않더냐. '귀한 직위에 있으면서 남에게 자기 몸을 낮추기를 좋아한다'라고"(「공자세가」). 요컨대 공자에게 정치적 지위는 타인에 대한 봉사의 기회이기에 기쁜 것이지, 그 자리의 권력에 도취한 게 아니라는 뜻이 되겠다.

재상 직무 대리의 자리에서 그가 행한 특기할 일은 "대부大夫로서 정치를 어지럽히던 소정묘少正卯를 잡아 죽였던 일"이다. 이런 정계 정화淨化의 결과 "국정에 관계한 지 석 달 만에 염소와 돼지를 파는 자가 에누리를 하지 않고, 남녀가 걸어가면서 길을 달리 하고, 길거리에 떨어진 물건을 누구도 가져가지 않는" 정치적 성공을 거두었다고 평가받는다(「공자세가」).

이렇게 공자는 일반 행정 경험, 회계 및 재정 운용 경험, 재판 및 사법 행정 전반을 통괄해 본 이력과, 외교 실무에 참여하고 또 외교력을 발휘하여 국익을 증진했던 경험, 그리고 국사의 전반을 통괄하는 재상 직을 수행한 경력을 갖추었던 사람이라는 점에 주목해야 한다. 다시 말해 『논어』 속에 개진된 그의 언어들은 결코 책상머리에서 옛 전적을 보고 익힌 '형이상形而上의 이론'이 아니라, 다양한 행정 실무를 통해 획득한 체험을 토대로 하고 있다는 사실이다.

교사로서의 공자

무엇보다 공자는 동양 최초의 교사였다. 그는 교사로서의 자의식을 놓치지 않았던 사람이다. 곧 떠날 『논어』 여행은 '교사로서 공자'의 면모를 주로 볼 것이므로 여기선 상세한 설명은 생략한다. 다만 제자로 삼은 이에겐 끝까지 가르침을 베푸는 스승의 면모를 보여 주는 대목 하나만 소개하기로 한다.

유비가 공자를 뵙고자 찾아왔다. 공자는 아프다며 만나길 거절했다.
집사가 말씀을 전하러 방문을 나서자, 공자는 거문고를 타면서 노래 불렀다. 유비로 하여금 듣게 하고자 함이었다. [17:20]

『예기』에 따르면 '유비'라는 사람은 한 때 공자 문하에서 가르침을 받았던 사람이다. 그런데 훗날 스승과 그 삶의 길을 달리하였다고 전한다. 아마 권력자의 주구가 되어 백성들을 해치는 정책을 집행했으리라.

이런 제자가 옛 스승을 찾아왔다. 그러자 공자는 아프다며 만나길 거절한다. 그런데 말을 전할 집사가 방문을 나서자마자 거문고를 연주하기 시작한 것은 유비로 하여금 들으라고 한 행동이다. 즉 아프다고 한 것은 몸이 아픈 것이 아니라, 실은 마음이 아프다는 뜻이 깃들어 있는 연주다. 바로 그대의 행실을 되새겨 보라는 가르침인 셈이다. 맹자는 이를 두고, "묵묵히 답변하지 않는 것도 가르침의 일종이라"(『맹자』 6b:16)고 지적한 바 있다.

이런 점에서 공자는 끝까지 제자를 가르치려는 교사로서 자의식을 놓치지 않은 최초의 인물이라고 할 수 있다.

자, 『논어』와 공자라는 인물에 대해 알아보았으니 여행 준비가 대충 끝난 셈이다. 더 필요한 것들은 『논어』 여행 와중에 또 구해 보기로 하고 길을 떠나기로 하자.

배워야 사람이다

1 학이學而 편

학이 편은 『논어』 전체의 서론에 해당한다. 주희는 이 편을 두고, "학문에 들어가는 나들목이요 덕을 쌓아두는 마당"(『논어집주』)이라고 하여 그 의의를 높게 평가하였다. 그만큼 『논어』 전체의 대지大旨가 여기에 오롯이 담겨 있다. 그 가운데서도 제일 첫 장, '학이시습지, 불역열호' 운운은 또 이 편의 핵심이라고 할 만하다. 찬찬히 음미하면서 읽어 보도록 하자.

공자 말씀하시다. "배우고 때로 익히면 기쁘지 아니하랴! 벗이 먼 곳에서 찾아오면 즐겁지 아니하랴! 남이 알아주지 않아도 성나지 않는다면 군자가 아니랴!" [1:1]

참 싱겁다. 『논어』가 고전이라 하여, '무어 대단한 내용이 있지나 않을까' 잔뜩 기대하고 책을 펼치다가, 문득 이 대목을 만나면 실망스럽기 짝이 없다. "배우고 때로 익히면 기쁘지 아니하랴"라고? 그럼 열심히 시험공부해서 백 점 맞으면 기쁘지, 슬픈가? 또 "멀리서 친구가 찾아오면 즐겁지 아니하랴"라고? 그럼 멀리서 찾아온 고향 친구 만나서 성내는 놈도 있나? 이렇게 『논어』는 첫 장부터가 밍밍한 물맛이요, 심드렁한 '공자님 말씀'이다.

그런데 저자가 하고 싶은 말은 주로 책머리에 있는 경우가 많지 않던가? 『논어』를 편찬한 공자 제자들도 스승 말씀 가운데 유독 이 말을 첫 머리에 올려놓은 데는 분명 까닭이 있을 테다. 그렇다면 이 말씀이 지금 우리에게는 밍밍한 물맛이지만, 옛날 제자들에게는 스승의 말씀 가운데 가장 강하게 혀끝을 쏘는 콜라 맛으로 여겨졌던 것은 아닐까? 그토록 자극적이었기에 책머리에 올렸는데, 그 자극이 2500년 동안 동양인의 삶과 생각에 깊숙이 영향을 미치다 보니 지금 우리 눈에는 심드렁하게 돼 버린 것은 아닐까?

배우고 때로 익히면

이런 의심을 품고서 첫 구절을 다시 한 번 살펴보자. "배우고 때로 익히면 기쁘지 아니하랴學而時習之, 不亦說乎"라고 했다. 여기 배움과 익힘, 그리고 기쁨, 세 단어는 실은 『논어』의 노른자다. 공자가 『논어』에서 우리에게 권하는 삶의 태도는 배움과 익힘, 곧 학습學習에 지나지 않고, 또 그 학습의 결과는 기쁨(희열)이라는 낙관적 전망을 제시하는 데 불과하다.

자동차 운전을 예로 들어 보자. 우선 우리는 자동차의 구조와 교통 신호 체계, 그리고 운전 요령을 배워야 한다. 그러나 구조와 체계, 요령들 곧 이론을 안다고 하여 자동차를 몰 수 있는 것은 아니다. 오랜 연습과 실제 운전 경험을 통해 어느 순간 자동차가 내 몸에 맞게 될 때, 또는 자동차와 내가 한 몸이 되었을 때, 그제야 자동차 운전이 순조롭게 행해진다. 이렇게 물고기가 물속을 헤엄치듯 운전이 몸에 익는 상태가 익힘이고, 또 그 순간 마음속에서 우러나오는 흥취, 이것이 기쁨이다.

남이 날 칭찬해서가 아니라, 스스로 나 자신이 대견스러워 흐뭇해지는 것, 이것은 사람이 살면서 느낄 수 있는 큰 기쁨이자 또 사람만이 누릴 수 있는 보람이다(짐승은 배움의 기쁨을 누리지 못한다. 이 점에서 이 대목은 공자의 '인간 선언'이기도 하다. '배워서 기쁨을 얻을 수 있는 유일한 존재, 이것이 인간이다!'라는 것).

그리고 배우고 익히고 또 기꺼워하는 그 삶은 죽는 날까지 이어지는 것이다. 그러니 공자에게 인생은 기쁨으로 점철되는 삶이다. 잊지 말아야 한다. 공자에게 인생은 고통이 아니라 기쁨이라는 사실을. 그 기쁨을 획득하기 위해서는 학습의 강을 건너야 한다는 점을 강조할 따름이라는 것을. 이에 그는 제 삶을 호학好學, 곧 '배우기를 좋아함'으로 규정했던 것이다. 단 한 번도 내로라고 뻐긴 적이 없는 공자였지만 오직 하나, '호학'만큼은 남에게 양보하지 않으려 했던 것이니 배움을 향한 끝없는 열정, 또는 '배움=기쁨'이라는 등식에 대한 지극한 긍정을 우리 역시 수긍하지 않을 수 없다.

공자 말씀하시다. "열 가구의 작은 마을에도 나보다 충성스럽고 믿음직한 사람이야 있을 터이지만, 하나 나만큼 '배움을 좋아하는 사람'은 없을 거야." [5:27]

이 도저한 자의식은, 그러나 '나는 남보다 열심히 공부한다'는 따위의 자기 과시가 아니라 '즐겁고 재미난 일은 누구에게도 양보하지 않는 욕심꾸러기가 나'라는 겸손한 자기 고백이다. 그가 가장 귀중하게 여기는 가치인 인仁을 두고서도, "인을 차지하는 데는 스승에게도 양보하지 않겠다"[15:35]라는 욕심을 또 부리고 있기 때문이다. 그러니 공자가 "아침에 도를 들으면 저녁에 죽어도 좋으리"[4:8]라고 부르짖었던 말은 단순히 진리 추구의 치열한 욕망을 과시하는 것이 아니라, 기쁨을 추구하는 인간의 세속적 욕망을 드러낸 말로 읽혀야 마땅할 것이다.

그러면 공자에게 배움과 익힘의 대상은 무엇이었을까. 보통 여섯 가지 기술, 곧 육예六藝를 든다. 즉 예禮(예절)와 악樂(노래와 춤), 활쏘기射, 마차 몰기御, 글쓰기書, 셈하기數 등이다. 예와 악은 사람과의 관계 맺기에 요구되는 것이고, 활쏘기와 마차 몰기는 국토 방위에 필요한 기술이며, 글쓰기와 셈하기는 관리나 지식인으로서 업무를 처리하는 데 쓰이는 것이니, 모두 고대에 지식인이자 무예를 겸비한 성인 남자로서 갖추어야 할 기본적 기예들이다.

한편 텍스트 중심으로 육예를 생각하는 경우도 있는데, 첫째 중국 고대의 시가집인 『시경詩經』, 둘째 중국 고대의 정치와 역사를 서술한

『서경書經』, 셋째 국가와 계급 간에 지켜야 할 예의범절을 논단한 『예기禮記』, 넷째 음악에 대한 이론서인 『악기樂記』, 다섯째 점치는 책인 『역경易經』, 그리고 공자의 조국인 노나라 역사책인 『춘추春秋』를 꼽는 경우도 있다. 앞의 분류가 배움의 '과목' 중심이라면, 뒤의 것은 책(텍스트) 중심으로 나눈 것이라 할 수 있다. 사실 공자는 지식의 저장고인 책을 몹시 소중하게 생각하였다.

> 자로가 『서경』을 읽어 보지 않은 자고를 비費 땅 책임자로 추천하여 임명하도록 하였다.
> 공자 말씀하시다. "저 놈, 또 남의 자식 하나 잡겠구나!"
> 자로가 말했다. "백성들 있겠다, 사직社稷이 있어 귀신들이 보호하시겠다, 그러면 되는 것이지 꼭 『서경』을 읽은 다음에야 정치를 배웠다고 하겠습니까?"
> 공자 화를 내며 말씀하시다. "내가 이래서 저 입치레만 번드레한 놈들을 미워한다니깐!" [11:24]

무인武人 출신으로 용맹을 숭상하던 제자 자로子路는 책을 읽지 않고도 충분히 정치를 할 수 있다고 보지만, 공자는 책을 통해 합리적인 통치 방법을 '배우고 익힌' 다음에야 정치를 할 수 있다고 생각하고 있는 것이다. 이처럼 책을 중시한 공자의 생각은 최근까지도 면면히 살아남아 책을 밟거나 훌쩍 뛰어넘으면 어른들로부터 꾸지람을 듣는 풍속으로 남아 있다.

이런 '책에 대한 숭배', 아니 '배움과 익힘'에 대한 숭앙심은 오늘날 동아시아 국가들의 자본주의 발전 이유를 설명하는 개념인 '유교 자본주의confucian capitalism'라는 말 속에도 숨어 있다. 즉 한국·대만·중국·싱가포르 등 동아시아권 국가들이 유례 없는 자본주의 경제 성장을 이룬 뒷면에는 유교 문화의 전통이 자리 잡고 있는데, 이 전통 속에는 바로 '책에 대한 숭배', '배움과 익힘에 대한 열정'이 원동력으로 작동하고 있다는 설명이다.

이렇게 보면 시대 변화에 따라 배우고 익히는 대상은 달라지지만(즉 예악에서 영어·수학으로, 또는 '마차 몰기'에서 '자동차 운전'으로) 모르는 것을 배우고 또 그것을 몸에 익힘으로써 획득되는 기쁨의 크기와 질은 다를 바 없다. 여기에 『논어』가 변치 않는 고전인 의의가 있는 것인데, 따로 『논어』에서는 배움이 익어가는 단계를 셋으로 나눠 소개하고 있기도 하다.

공자 말씀하시다. "모르는 것을 아는 것은 좋아하는 것만 못하며, 좋아하는 것은 즐기는 것만 못하느니라." [6:18]

무지함보다는 아는 것이, 또 아는 것보다는 좋아하는 것이, 그리고 좋아하는 것보다는 즐기는 것이 낫다는 단계론에서 우리는 배움의 성취가 단지 '알고/모르고' 사이의 이분법이 아니라 좀더 깊은 차원에 있음을 알 수 있다.

이렇게 보자면 앞서 우리가 품었던 의문, 공자의 첫 마디 "배우고 때로 익히면 기쁘지 아니하랴"라는 말씀은 결코 밍밍한 '공자님 말씀'이 아니라 짜릿한 '유교 문명의 선언서'가 된다. 바로 이 한 마디에서 "여든 먹은 할아버지도 세 살 먹은 손자에게 배울 것이 있다"는 끝없는 배움의 전통이 세워지고, 또 오늘날 이 땅의 물질적 풍요를 예비하는 문화적 바탕이 형성되었던 것이리라.

벗이 먼 곳에서 찾아오면

이제 두 번째 구절을 보자. "벗이 먼 곳에서 찾아오면 즐겁지 아니하랴有朋自遠方來, 不亦樂乎"라고 하였다. 이 속에 중요한 단어는 벗, 찾아옴, 그리고 즐거움이다. 우선 여기 '벗'이란 결코 대충 알고지내는 주변의 동무를 뜻하는 말이 아니다. 이 말이 배움과 익힘이라는 대목 바로 뒤이어 나오는 단어임에 유의해야 한다. 즉 지금 우리가 아는 친구, 예컨대 곽경택 감독의 영화 〈친구〉(2001)에 나오는 정의인 '오래된 친한 벗' 따위는 여기서 말하는 벗이 아니다!

여기 벗이란 배움과 익힘을 함께 하는 사람이다. 즉 나와 삶의 가치를 함께 하는 벗을 일컫는다. 옛날식 표현으로 하자면 동지同志요, 또는 같은 길을 걷는 동반자同伴者이다. 이처럼, 나와 가치관이 같은 벗이 저 먼 곳에서 나를 찾아와 주니 그 즐거움이 얼마나 크냐는 것이다.

가상의 예를 들어 보자. 재즈 음악에 평생을 건 대중 음악가가 있다. 열다섯 살, 중학생 때 우연히 재즈를 들은 뒤 푹 빠져 그 길로 나선다. 빛이 겨우 드는 반지하 셋방에서 라면으로 끼니를 때우면서도, 자기가 느낀 세상의 모습을 작곡하고 또 그것을 재즈 리듬으로 연주하는 것을 '나의 길'로 삼아 묵묵히 걷는 사람이다.

돈이 없어 머리는 산발을 하고, 찢어진 청바지에 수염도 덥수룩하게 길렀다. 돈벌이라야 한밤에 카페에서 연주하는 것뿐이지만 그는 새로운 악상과 또 그것을 표현하는 새로운 연주 기법을 개발하는 데 혼신을 쏟는다.

언젠가 카페에서 어떤 손님이 그의 음악성을 알아차리고 음반 취입을 권한다. 재즈 장르가 대중적인 분야가 아니니 많은 양은 찍지 못하고, 시디 일천 장을 거의 제 돈을 들여 제작한다. 생활고는 여전하지만 그는 좋아서 시작한 음악인으로서의 삶을 그냥 그렇게 힘겹게 살아간다.

그러던 어느 날 여느 때와 다름없이 카페에서 연주를 마쳤는데, 저녁 나절부터 뒤에 앉아 내내 연주를 귀담아 듣던 낯모르는 사람이 빙그레 웃으면서 악수를 청하는 것이 아닌가. "같이 술 한잔 나누자"는 청을 뿌리치지 못하고 마주 앉았는데, 알고 봤더니 그는 미국에서 유명한 재즈 연주자가 아닌가. 이 사람은 그의 음반을 우연히 듣고 심취하여 '스스로 멀리까지 찾아왔다自遠方來'는 것이다. 그러고는 툭툭 던지듯 묻는 질문이, 서슬 퍼런 칼이 심장 가까이 들어오듯 예리하고 날카로워 등에서 땀이 날 정도다.

이런 사람이 '먼 곳에서 찾아온 벗'이다. 그러므로 벗이란 여태 한 번도 만나지 못한 사람이라도 좋다. 단 한 번 만나도 속을 드러내어 함께 흐느낄 수 있는 사람, 그 사람이 벗이다.

같은 길을 함께 걷는 사람, 더욱이 저 머나먼 곳에서 음악 하나만을 보고 나를 찾아온 사람, 그 사람을 만난 재즈 음악가의 즐거움은 어떠한 것일까? 그야말로 밤새 술에 취하고 또 며칠 동안 이야기 나누고 또 며칠을 더불어 연주하여도, 그 즐거움은 그칠 줄을 모를 것이다. 그리고 끝내 헤어짐에는 백아절현伯牙絕絃이라, "백아가 자신의 연주를 제대로 이해하던 유일한 벗인 종자기가 죽자 거문고 줄을 끊어 버린다"는 고사가 그에 합당하리라.

제대로 사는 삶이란, 배우고 익히는 길을 가는 도중에 속에서 터져 나오는 희열에 몸을 떨기도 하고, 또 어느 순간 나의 길을 이해하고 옹호하는 참된 벗을 만나 흔쾌한 즐거움을 나누기도 하는 것이다. 이것이 배우고 익히며 '나의 길'을 걸어가는 사람이 인생에서 얻는 기쁨이요 또 즐거움이다.

한편, 이 대목에서 공자는 우리에게 묻는다. "그대는 과연 어떻게 살고 있는가?" 일상을 데면데면 물에 물 탄 듯, 술에 술 탄 듯 살고 있지는 않은가. 더 나아가 그대는 주변을 둘러보며 참된 친구를 찾는답시고 건방을 떨고 있지는 않은가. 진실은 이와는 완전히 정반대라는 것, 즉 그대가 확고하게 '나의 길'을 발견하고 그 길을 걸을 적에야 참된 친구, 진정한 벗이 생겨남을 잊지 말라는 것이 공자가 내리는 가르침이다.[•]

• 『논어』에서 우정, 벗과의 사귐은 매우 중요한 주제다. 우정에 대해서는 따로 19장 '우정이란 무엇인가'– 자장 편에서 다시 다룬다.

남이 알아주지 않아도

자, 이제 마지막 구절을 보자. "남이 알아주지 않아도 성나지 않는다면 군자가 아니랴人不知而不慍, 不亦君子乎"라고 했다. 이 대목 앞에 서면 언제나 마음이 울컥해지고 짠해진다. 이 대목이, 앞서 나온 기쁨과 즐거움에 연결되어 전체 문장을 종결짓는 구절이라는 점에 유의하자.

생각하면 인생이란, 배워서 기쁘고 또 나를 알아주는 이들과 만나서 즐거운, 그렇게 순조롭고 평탄한 길만은 아니다. '나의 길'은 가끔 처참할 정도로 무시를 당하기도 하고 또 뜻을 굽혀 밥과 바꿔 먹어야 하는 고난의 길인 경우가 도리어 더 많다.

"남이 알아주지 않아도 성나지 않는다면 군자가 아니랴"는 대목은 바로 이 지점에 위치한다. 즉 인정받는 일보다 무시와 냉대를 당하는 일이 흔하고, 소외와 가난이 인생의 대부분을 차지하지만, 그래도 참된 인생의 목표는 '나의 길의 완성'에 있다는 것이다. 다시 말해 배움 자체에서도, 남의 칭찬이나 비평에서도 벗어나 진리 그 자체에 오롯이 안기는 데 인생의 목적이 있다는 것이다.

우리는 세속적 욕망을 갖고 있다. 이를테면 오래 살고, 명성을 누리고, 넉넉한 살림에다 원하는 대로 손에 넣는 것을 보통 성공한 인생이라고 말한다. 그러나 이 지점에서 공자는 눈을 하얗게 치뜨고서 인생을 다시 보라고 권한다. 세속적 욕망의 성취에 삶의 목적이 있는 것이 아니라, 가난과 남의 비평(인정·비난·칭찬)조차 말갛게 벗어나 내 속에 깃들인 진리를 확인하고 또 즐기며 사는 담담하고 고요한 경지가 인생의 목표 즉 '배우고 익히는 삶'의 궁극처라는 것이다.

어쩌면 여기 '성나지 않는다'라고 번역한 '불온不慍'은 좀더 조밀하게는 '성내지 않는다'와 '성나지 않는다'라는 두 단계로 나누어 읽을 수 있을 것이다. 앞의 '성내지 않는다'는 아직 남의 평가에 목매는 욕망의 찌꺼기가 남아 있는 것이니, 그 수준이 낮은 단계다. 즉 남이 나를 나쁘게 평하면 속으로는 화가 나지만, 애써 성을 드러내지 않는 것이다. 그러나 '성나지 않는다'는 그야말로 남의 비평이나 칭찬으로부터 초연히 벗어나, 내 속에 깃들인 진리(목표)와 더불어 묵묵히 살아가는 경지를 이른다. 이렇게 나의 길은 남의 칭찬이나 비평에도 상관하지 않고, 또 배움의 기쁨으로부터도 벗어난 탈아脫我의 세계로 난 길을 걷는 것이다.

이 대목을 읽을 때마다, 늦가을 황혼 녘 긴 그림자를 끌고 차가운 들판을 쓸쓸히 걸어가는 한 사내의 모습이 떠오른다. 유별난 유토피아가 아니라, 고작 "늦은 봄, 여름옷을 지어 입은 어른 대여섯, 아이들 예닐곱과 함께 기수에서 멱 감고, 무우에서 바람 쐬다 노래 읊으며 집으로 돌아오는"[11:25] 평범한 삶을 회복하고자, 몸을 일으켜 천지사방을 돌아다니는 공자의 모습……. 전대미문의 격변기, 춘추 시대의 와중에서 '상갓집 개'(「공자세가」)라는 손가락질을 받기도 하고, "콩과 팥도 구별하지 못하는 주제에 선생은 무슨 놈의 선생이냐?"[18:7]라는 비웃음을 들어 가면서도 인간다운 삶을 재건하기 위해 허위허위 걸어가는 공자의 모습…….

정녕 이 대목, "남들이 알아주지 않아도 성나지 않는다면 군자가 아니랴"는 구절은 그의 목멘 울음소리가 들리는 곳이다. 시인 서정주가

「자화상」에서 표현한 "나를 키운 건 팔 할이 바람이다"라는 시구를 빌리자면, '공자를 키운 건 팔 할이 목울음이다'.

군자가 걷는 '이 길'은 스스로 '배우고 익힐 적에' 피어나는 '기쁨'에서 싹텄다. 그리고 '벗이 멀리서 찾아와 내 손을 잡았을 때' 피어난 '즐거움'에서 그 '길'을 가는 신념은 돈독해진다. 그러나 길을 걷는 것이 내 속에서 충일하는 기쁨을 위해서이거나, 또는 남이 알아주는 즐거움을 위해서는 아닌 터. 도리어 기쁘고 즐거운 흥취의 십자로를 지나 적막하고 팍팍하며, 아무도 지켜보지 않는 오솔길에 참다운 '길다움'이 있으렷다.

이 길을 걷다 보면 어느덧, '배움과 익힘의 기쁨'에서도 벗어나고 또 '인정해 주는 벗이 있어 즐거운 순간'에서도 벗어나 그저 '내가 갈 길이기에 가지 않을 수 없다'는 운명에 대한 잠잠한 인식이 다가서리라. 주변의 시비와 관계없이, 또 물질적 곤궁과도 관계없이 자신 앞에 놓인 그 길을 확고하고 확신에 찬 걸음으로 내딛게 되는 것이다.

이제 그 길은 나를 위해 존재하는 길이 아니라, 내가 걷지 않을 수 없는 길로 변한다. 그럴진대 남이 알아주든 않든 성낼 까닭이 없는 것이니, 그제야 군자君子라는 이름을 획득하게 되는 것이다.

이리하여 학이 편 1장은 공자가 지향하는 완숙한 인간상인 군자가 되는 길에 대한 이야기가 된다. 또는 성숙한 인간이 뚜벅뚜벅 자기 길을 걷는 데 대한 이야기이기도 하다. 혹은 한 인간이 성숙해 가는 일생에 대한 이야기로도 읽힌다. 배움과 익힘에 기뻐 열에 들뜨는 10대와 20대, 나의 길을 알아주는 사람들과 사귀며 기껍게 함께 걸어가는

40대와 50대, 끝내 '나의 길'이 아니라 '길' 그 자체가 나의 주인이 되어 하늘로부터 받은 소명을 묵묵히 실천하는, 그리하여 세평世評이나 나 자신의 즐거움마저도 상관없이, 다만 마땅하기에 걸어가는 외로운 길이 인생의 60대와 70대, 또는 그 이후가 아닐 터인가.

『논어』는 이 세 도막의 이야기를 가정에서부터 사회 – 국가에 이르기까지 펼치고 오므리고, 또 베풀었다가 끌어안는 변주곡에 다름 아니다. 사람다움의 길을 배우고 익히는 와중에서 효孝와 우애弟가 피어나오고, 벗과의 만남과 희열에서 예禮와 악樂, 그리고 신뢰信가 퍼져 나오고, 기쁨과 희열조차 벗어 버린 호젓한 군자의 길에서 극기복례克己復禮, 인仁, 덕德과 같은 철학이 번져 나오기 때문이다.

그러면 정작 공자 자신은 어떤 인생길을 걸어왔던가. 다음 위정 편에서 살펴보자.

나는 이렇게 살았노라

___
2

위정爲政 편

위정 편에는 유교 정치를 덕치德治라고 부르는 까닭을 서술한 대목이 있어 자주 인용된다. "덕德으로 인도하고 예禮로써 가지런히 하면, 백성들은 부끄러워할 뿐 아니라 또 스스로 바로잡는다"[2:3]는 대목이 그렇다. 또 후반부에는 유교 사상의 핵심을 이루는 효孝와 신뢰信에 대한 중요한 언급들이 펼쳐진다.

　　그런데 무엇보다 잘 알려진 것은 공자 자신의 인생을 5단계로 나눈 자전적 약술略述 부분이다. 이를 통해 공자의 삶을 살펴보자.

　　공자 말씀하시다. "내 열다섯에 배움에 뜻을 세웠노라. 삼십엔 섰고, 사십엔 의혹됨이 없었지. 오십엔 하늘이 명하신 내 사명을 알았고, 육십엔 귀가 순해지더니라. 칠십엔 마음이 하고자 하는 대로 좇아도 경우에 어긋나지 않았지." [2:4]

공자의 간략한 자서전이다. 흔히 말하는 사십의 '불혹不惑', 오십의 '지천명知天命' 같은 표현들이 여기서 나온 것이다.

앞서 우리는 배우고 익히는 삶만이 인간다운 것임을 보았다. 여기서도 그 뜻이 이어지고 있다.

배움에 뜻을 세웠다

우선 열다섯 살에 "배움에 뜻을 세웠다志于學"라고 하였다. 열다섯 살이면 우리 학제로는 중학교 2학년쯤이다. 이때에 이르러 '나의 길'을 확정하고, 그 길을 가는 데 필요한 공부를 하리라고 작심했다는 말이다. 하긴 우리도 중학교 2학년이면 인문계 고등학교로 진학할 것인지, 실업계로 진학할 것인지 또는 자연 계열을 전공할 것인지 인문사회 계열을 전공할 것인지 대강 뜻을 세우는 때이다. 그러니 공자도 오늘날 우리 청소년과 거의 같은 시기에 내일을 꿈꾸고 또 거기에 소용되는 학술을 닦으리라 결단을 내렸던 셈이다.•

여기 '열다섯에 뜻을 세웠다'는 배움의 대상이 구체적으로 무엇인지는 학이 편에서 짚어 본 바 있다. 공자가 배우고자 한 것은 육예六藝라고 하여 여섯 가지 과목, 또는 여섯 가지 텍스트였다. 오늘날에 와

• '배움에 뜻을 세우다'는 '지우학志于學'을 풀이한 것이다. 이 말이 귀에 익지 않으신지? 여러분들이 지학사志學社라는 출판사에서 나온 참고서를 본 적이 있을 법한데, '지학사'라는 출판사 이름이 바로 여기 공자가 십대에 배움에 뜻을 품었다는 '지우학'에서 가져 온 것이다. 그러고 보면 『논어』 속 많은 구절들이 우리 주변에서 많이 쓰이고 있음을 발견할 수 있는데 이것도 고전을 읽는 즐거움 가운데 하나다.

서는 법학, 의학, 정치학, 경영학, 공학 등등이 두루 다 배움의 대상에 속할 것이다. 나아가 대학에 개설되어 있는 학문뿐만 아니라 요리 기술, 자동차 기술, 연예 활동 같은 것도 두루 배움의 대상에 속한다고 봐야 할 것이다.

물론 공자는 이런 기술들을 지엽말단이라고 보아 깊이 연루되지 말기를 조언했지만[●] 오늘날처럼 다양한 재능이 요구되는 시대에서는 이런 기예들도 배움의 대상이 되기에 넉넉하다고 해석해야 할 것이다. 시의성을 잃지 말기를 조언한 『중용中庸』의 정신에 비추면,[●●] 공자도 시대 변화를 인정하고 이런 해석에 대해서 반대하지 않았으리라.

이 대목에서 유의할 글자는 '뜻을 세우다'를 의미하는 지志 자다. '뜻을 세우다'란 우리가 새해에 품는 꿈, 가령 '담배를 끊어야지'라든지, '컴퓨터 게임을 하지 말고 책을 많이 읽어야지' 하는 결심 따위와는 다르다. 달성하면 좋지만 또 못 이루어도 크게 문제될 것 없는 '꿈·설계'와는 성격 자체가 다른 것이다.

여기 지志 자엔 목숨과도 바꿀 만한 그 무엇이 들어 있다. '지志' 자를 가르면 '선비 사士'와 '마음 심心'으로 쪼개진다. 그러므로 '지志' 자

● 제자 번지가 농사 기술을 배우고자 했다. 공자 말씀하시다. "난 옳은 농사꾼이 아니네." 번지가 방을 나가자 공자가 혀를 차며 말했다. "저 녀석은 참 소인이다. 윗사람이 예와 의를 좋아하면 자연히 능수능란한 농사꾼들이 몰려들 터인데, 농사 기술을 배운다 한들 어디다 쓴단 말인가." [13:4]
이 대화 속에는 자잘한 기술들을 덮을 수 있는 본질적 기술이 있다는 공자의 생각이 전제되어 있다. 덕을 배우는 것이 어떤 기술보다 훌륭하다는 뜻이다.
●● "오늘날에 태어나서 옛날 방식으로 돌아가려 하는 사람에겐 재앙이 덮치리라." (『중용』)

엔 '선비의 마음가짐'이라는 뜻이 숨어 있다.* 그런데 사士가 우리말로는 선비지만, 일본에선 사무라이로 읽힌다. 여기 지志는 '사무라이(무사)의 마음가짐'으로 풀이할 적에 이 글자에 실린 비장함이 한결 잘 드러난다. 사士의 옛글자 모양이 도끼를 형상한 것도 이런 해석을 뒷받침해 준다.

정의를 위해, 또 모시는 주군을 위해 목숨을 바치는 데서는 선비나 사무라이나 다 같은 마음이다. 그 서슬 퍼런 결기, 두 마음을 갖지 않는 지조는 마찬가지인 것이다(성삼문을 비롯한 사육신의 행동을 연상하면 되겠다). 그렇다면 '뜻을 세운다'는 말 속에는 '배움에 거는 내 뜻이 이뤄지지 않는다면 내 배를 가르겠노라', 또는 '내 학문이 끝을 맺지 못하면 내 목을 치겠노라'는 절박한 의지가 깃든다.

이런 점에 유의해야만 조선의 유학자들, 이를테면 율곡 이이栗谷 李珥(1536~1584)가 배움의 과정에서 가장 중시한 것이 '뜻을 세움', 즉 입지立志였던 까닭을 헤아릴 수 있으리라. 이이가 편찬한 『격몽요결擊蒙要訣』이나 『성학집요聖學輯要』의 첫 번째 장이 모두 '입지'라는 이름을 걸고 있는 것도 그런 뜻이다.

그렇다면 공자가 열다섯에 배움에 '뜻'을 두었다는 말도 목숨을 바칠 각오로 배움에 투신했다는 것이지, 하다 안 되면 그만두는 따위의 한낱 '희망사항'과는 전혀 다른 것이다. 하여, 이 대목에서 다음과 같은 공자의 준열한 꾸지람을 이해할 수 있게 된다.

● 연암 박지원의 「원사原士」에도 이런 뜻이 들어 있다.

제자인 염유가 말하였다. "선생님의 도가 결코 기쁘지 않은 것이 아닙니다만, 따르자니 힘에 부칩니다요."

공자 말씀하시다. "힘이 부족하다는 건, 힘껏 달리다가 지쳐서 쓰러지는 것을 두고 하는 말이지. 한데 지금 자넨 옳게 한 번 달려 보지도 않은 채, 못한다고 지레 선을 긋는구먼." [6:10]

'하지 않는 것'과 '할 수 없는 것' 사이에는 엄연한 차이가 있다. 공자가 말한 "배움에 뜻을 세움"이란 온 몸과 마음을 배움에 바친다는 뜻이었으니, 그 십대의 투신이 등에 땀을 나게 만든다.

삼십에 섰다

다음은 삼십에 "섰다而立"고 하였다. '섰다'는 것은 '자립하였다'는 뜻이다. 열다섯에 뜻을 세우고 공부했던 분야에서 전문가로 우뚝 섰다고 해석할 수 있으리라. 단순하게 셈해 보면 어떤 분야든 전문가로 자립하는 데는 약 15년의 세월이 걸린다, 또는 15년을 작심하고 몸과 마음을 던져 매진하면 그 분야를 나름대로 통달한다고 읽을 수 있다. 이런 맥락에서 다음 대목은 의미가 심장하다.

공자 말씀하시다. "자리가 없음을 근심할 것이 아니요, 자립하지 못함을 근심할 일이다. 요컨대 남이 나를 알아주지 않는다 근심할 까닭이 없고, 오로지 내가 알아야 할 것이 무엇인지 찾을 일이다." [4:14]

이 말씀은 곧 남의 구미에 맞도록 나를 맞출 일이 아니라 내가 세운 '나의 길'에 매진하여 그 분야에 전문가가 되면 그에 합당한 자리가 자연히 생겨나기 마련이라는 뜻이다. 그러니 나를 알아 달라고, 나에게 자리를 달라고 남에게 '껄떡댈 것이 아니라', 나의 꿈을 이루기 위해 필요한 지식과 정보가 무엇인지를 찾아가는 주체적인 공부, 내 인생을 내가 주도하는 인간이 되기를 권하는 것이다.

물론 공자 당대에 "삼십에 섰다"라는 말뜻은 좀더 전통적인 의미가 있었다. 그때 자립한 인간이란 세상살이에 필요한 조건에 부응하는 인간, 즉 예禮를 알고 제대로 실천하는 인간을 뜻하였다. '삼십 대에 이르러 자립한 인간', 성인成人으로서 가정과 이웃, 사회와 국가 간에 요구되는 예의범절을 숙지하고 이를 몸에 익혀 능수능란하게 대처하는 능력을 갖춘 사람을 뜻한다. 이로써 그는 완전한 인간, 즉 말뜻 그대로의 '완성된 사람'이 되는 것이다.

공자가 아들 백어伯魚에게 "예를 배우지 않으면 설 수가 없느니라"[16:13]고 충고한 대목이라든지, 또는 "예를 알지 못하면 자립할 수가 없다"[20:3]는 지적은 두루 '인간관계론'의 관점에서 자립의 길을 논한 것이다. 그렇다면 자립의 길은 폐쇄적인 전문가의 길에 머물러서는 되는 일이 아니다. 내가 한 분야에 우뚝 선다는 것은 남과 더불어 살기 위함이다. 그러므로 자립한 다음에는 그 전문적 식견을 남과 나누는 대승大乘의 길로 나서야 한다.

"무릇 인자仁者는 제가 서고자 하면 남도 세워 주고, 제가 알고 난 것은 남에게도 알려 주는 존재"[6:28]라는 공자의 말씀은 이 대목에서 눈을 부릅뜨고 보아야 한다. 배움에 뜻을 두고 15년 동안 매진하여 삼십에 이르러 자립한 까닭은 남과 함께 더불어 살고자 함이었던 것이다. 이제 열다섯에 세운 '뜻'이 기껏 제 한 몸 호의호식하고자 함이 아니었음이 이 지점에서 밝혀진다. 어쩌면 오늘날의 이기적인 세태에 경종을 울리는 점이 없지 않다.

의혹이 없다

그 다음, 사십에 "의혹이 없다不惑"고 하였다. 의혹이란 내가 살아온 길에 대한 의심을 말한다. 과연 내 길이 올바른가, 딴 길로 가는 것이 옳지 않았을까 하는 의심이다. 프로스트Robert Frost(1894~1963)의 시 「가지 않은 길」이야말로 공자가 40대에 이르기 직전 겪었던 자기 정체성의 혼란을 대변해 주는 듯하다.

노란 숲 속에 길이 두 갈래로 났었습니다.
나는 두 길을 다 가지 못하는 것을 안타깝게 여기면서
오랫동안 서서 한 길이 굽어 꺾여 내려가는 데까지
바라다 볼 수 있는 데까지 멀리 바라다 보았습니다.
그리고 똑같이 아름다운 다른 길을 택했습니다.
그 길에는 풀이 더 있고 사람이 걸은 자취가 적어
아마 더 걸어야 될 길이라고 나는 생각했었던 게지요
그 길을 걸음으로, 그 길도 거의 같아질 것이지만.
그 날 아침 두 길에는

낙엽을 밟은 자취는 없었습니다.

아! 나는 다음 날을 위하여 한 길은 남겨 두었습니다.

길은 길에 연하여 끝없으므로

내가 다시 돌아올 것을 의심하면서.

먼 훗날 나는 어디선가

한숨을 쉬며 이야기할 것입니다.

"숲 속에 두 갈래 길이 있었다.

나는 사람이 적게 간 길을 택하였고

그리고 그것 때문에 모든 것이 달라졌다."고.

공자가 사십에 이르러 '의혹이 없다'고 한 것은 그동안 나의 길을 매진하면서도 그것에 확신하지는 못하였는데 드디어 사십 대의 어느날, 나의 길을 오롯이 확신하기에 이르렀다는 뜻이다. 프로스트가 마지막 연에서 "먼 훗날 나는 어디선가, 한숨을 쉬며 이야기할 것입니다. 숲 속에 두 갈래 길이 있었다. 나는 사람이 적게 간 길을 택하였고, 그리고 그것 때문에 모든 것이 달라졌다고"라고 했던 그 안타까움을 벗어던지고, 말간 자기 확신에 이른 것이다. 이를 고시 합격생들의 체험기를 모은 책 제목, '다시 태어나도 이 길을'이라는 말에 담긴 확신에 비유하면 너무 값싼가? 그러나 그 확신은 오만이나 뻐김이 아님에 유의할 일이다.

그 길은, "제대로 길을 걷는 사람이 드물다. 그 까닭은 지혜롭다는 자는 지나치고 어리석은 이는 모자라기 때문"(『중용』)이라던 지적 속의

'제대로 걷는 길' 즉 중용의 소롯길이다. 지나침과 모자람 사이에 난 파릇하게 세운 칼날보다 더 좁은 길, 이것이 그가 걸어온 길(그리고 걸어갈 길)이다.

내 사명을 알았노라

드디어 오십에 이르러 "하늘이 명하신 내 사명을 알았노라知天命"고 하였다. 장엄하지 않은가! 하느님이 나를 이 세상에 보낸 까닭을 알았다니……. 여기 '천명을 알다', 곧 '지천명知天命'이란 그간 매진한 '나의 길'이 실은 나의 선택이나 의지에 의한 것이 아님을 각성하고 내뱉는 탄성이다. 바로 여기서 40대에 획득한 '나의 길'에의 확신 가운데 '나'가 사라지고, 그 빈 자리에 불가지不可知의 '님'이 자리하는 도약이 이루어진다. 이것이 50대에 이르렀다는 지천명의 경지이다.

이것은 '나의 길'이, 그동안 믿었던 것처럼 내 주체적 판단에 근거한 자율적 선택이 아니라 배후에 어떤 알 수 없는 힘이 있어, 그에 따라 역사役事를 이루는 데 '나'가 소용되고 있다는 느낌 같은 것이다. 그렇다면 지천명이란 곧 신의 뜻(소명)을 느끼는 순간이라고 말할 수 있으리라. 기독교 신자들이 "나를 주님의 도구로 써 주소서"라는 말을 쓰곤 하던데, 이것이 그 턱이다.

다만 공자에게 소명을 내리신 '하느님'은 저 산 위나 하늘에 계시지 아니한다. 그 하느님은 내 본성 속에 자리 잡고 계시니, 곧 『중용』의 첫머리에 나오는 "천명, 이것을 일러 본성이라 한다天命之謂性"는 계명이 그것이다. 여기서부터 유교는 눈길을 저 바깥에서 안으로 되돌려,

인간의 본성과 마음속에서 하느님의 말씀을 찾는다.

귀가 순해졌다

육십에 이르러 "귀가 순해졌다耳順"고 하였다. 여기서 단연 주목해야
할 글자는 '귀'라는 신체 부위다. '눈'을 중시하는 서양의 전통과는 달
리, 동양에서 눈이란 그야말로 겉으로 드러나는 사물의 거죽, 즉 피상
을 스치는 기관에 불과하다고 본다. 그만큼 눈은 불완전하다. 이에 반
해 귀는 드러난 거죽의 속살, 현상의 이면을 헤아리는 기관이다. 귀가
눈보다 더 신뢰할 수 있고 또 진리에 가깝게 다가가는 도구로 여겨졌
다는 뜻이다.

　뿐만 아니라 '듣기'는 '말하기'보다 더 중요한 의의를 갖는 것으로 여
겨졌다. 특히 공자에게서 그러하다. 공자는 누누이 말을 많이 하지 말
기를, 대신에 남의 말을 잘 듣고 또 남과 한 약속은 철저히 지키기를
권유해 마지않는다[4:24]. 눈이나 입보다 귀를 중시한 데 공자의 특징
이, 아니 고대 동양사상 전반의 특징이 있다.

　귀를 중시한 것은 또 다른 내력이 있기도 하다. 고대 중국에서 이상
적 통치자의 모습은 성인聖人, 좀더 구체적으로는 내성외왕內聖外王(안
으로는 성인이면서 밖으로는 군주)으로 개념화한다. 여기 성인의 성聖 자가
지닌 본래 의미에 대해 중국 고대의 문자 사전인 『설문해자說文解字』는
이렇게 설명하고 있다.

　"성聖이란 통通한다는 뜻이다. 성聖은 글자를 쪼개면 '耳+呈'자가 되는데

여기서 귀耳를 뜻으로 삼고 정呈을 소리로 삼았다."

즉 '聖=耳(귀)+呈(드러내다)'의 구조로 본 것이다. 여기서도 성인이란 귀(들음)를 중시한 존재임을 알 수 있다. 성聖 자의 본래 뜻과 공자의 '귀가 순해지는' 경지는 다를 게 없어 보인다.

한편 몸의 구조를 두고 볼 적엔, "귀가 순해졌다"는 대목은 남의 말을 올바로 듣지 못하게 방해가 되었던 내 속의 장애물이 사라졌다고 해석할 수 있다.

우리는 '남의 말을 듣는다'고 하지만 사실 '내 방식'대로 이해하는 데 불과하다. 문제는 '나'에게 있다. 내 속엔 나의 과거와 미래, 욕심과 계획들이 엉켜 있어서 남의 말이 제대로 들리지 않고, 왜곡되거나 퉁겨져 나가 버린다. 남의 말을 '이해'하는 것이 아니라 내 식대로 '오해'한다고 표현해도 좋을 것이다. 인간이란 '오해하는 동물'일지 모를 정도이다. 게다가 오해를 바탕으로 '말하기'에 나서기 때문에 여러 가지 분란과 다툼이 발생한다.

남의 말 잘 듣기야말로 원활한 의사소통을 이끌고 평화로운 사회를 만드는 첩경이다. 이렇게 남의 말을 잘 들어, 그 쪽 사정을 충분히 이해하는 것을 공자는 인仁을 실현하는 지름길이라고 했다.*

그런데 공자는 남의 말을 듣는 데 방해가 되는 내 속의 장애물이 예

---

* "내가 하고 싶지 않은 일은 상대방에게 베풀지 말라. 그리하면 집안에서건 나라에서건 원망을 사는 일이 없으리라." [12:2]

순에 이르러서야 사라졌다고 술회한다. 실은 그만큼 남의 말을 곧이 곧대로 듣기가 어렵다는 토로이기도 할 것이다. 여하튼 공자가 남의 소리를 잘 듣는 점은 다음 대목에서도 엿볼 수 있다.

> 공자는 사람들과 노래를 부를 적에, 잘 부르는 이가 있으면 반드시 앵콜
> 을 청하였다. 그 다음엔 이에 화답하였다. [7:31]

남의 (노래) 소리를 잘 들어서 그 맛을 음미하고 또 그 노래에 화답하는 공자의 듣기 태도는, 소통(커뮤니케이션)을 원활하게 하는 이순耳順으로 가는 길을 잘 보여주는 예화다.

한 걸음 더 나가면 귀가 순해진다는 말은 '말하는 나', 또는 '보는 것을 진리로 삼는' 에고ego가 사라진 상태를 뜻한다. "A는 A이다"라고 규정하는 나, "A는 B가 아니다"라고 부정하는 나가 없어지고 하나의 통로(길)로 변해 버린 것이다. 이제 나는 안팎의 말들이 소통하는 '길'이지, 말을 하거나 말을 갈무리하고 왜곡하는 장치가 아닌 것이다. 달리 말하자면 사회와 자연에 대해 비평하고 평가하던 내가 사라지고, 평가하는 '나'조차 남을 대하듯 지긋이 관조하는 그런 경지에 이르렀음을 말한다.

마음이 하고 싶은 대로 좇아도

드디어 칠순에 이른 공자는 "마음이 하고자 하는 대로 좇아도 경우에 어긋나지 않음"에 도달한다(공자는 73세에 죽었다).

이 경지는 어쩌면 '내가 꽃 피라 하니 꽃이 피고, 꽃을 보고 이제 그만 지라고 하니 꽃이 진다'는 표현으로 비유를 삼을 수 있으리라. 자연과 하나가 되어 버린 나다. 물아일체物我一體, 즉 자연과 내가 하나가 되어 틈조차 사라진 것! 다시 말해 "마음이 하고자 하는 대로 좇아도 경우를 벗어나지 않았다"는 말은 내가 이미 자연 속에 삼투되어 버린 경지를 이름이다. 이제 마음은 욕망의 집이 아니다. 자연의 리듬과 합치된 흐름이다. 자연이 봄·여름·가을·겨울로 변하매 꽃이 피고, 잎이 무성하고, 열매 맺고, 끝내 스스로를 갈무리하듯, 내 마음도 그 변화의 리듬과 착착 들어맞는 것이다.

인도의 구루˙ 라즈니쉬가 시바신을 묘사하면서 표현했던 바를 빌리자면, "춤추는 사람은 사라지고, 오로지 춤만 남은 상태"에 맞춤 들어맞는 경지라고나 할까. 또는 니코스 카잔차키스가 소설 『그리스인 조르바』에서 묘사했던, 조르바가 사업으로 재산을 몽땅 털어먹고 떠나는 마당에 자기를 잊고 추던 춤사위 같은 것, 혹은 카잔차키스의 묘지명에 쓰인, "나는 아무것도 원치 않는다. 나는 아무것도 두려워하지 않는다. 나는 자유!"와 같은 경지에 비할 수 있을까.

이 지점에서부터 유교는 학술이나 지혜로서의 유학儒學이 아니라 종교로서 유교儒敎가 된다. 공자는 이제 철학자나 사상가가 아니라, 성인이요 자연신이 된다. 사상사적 맥락에서 이 장은, 인간이 자기 훈련을 통해 신(성인)이 될 수 있다는 동양 사상의 특성을 드러낸 선언적

˙ 구루guru: 스승 또는 부모를 뜻하는 인도말. '존경하는 사람'을 일컬을 때 쓴다.

대목이다.

"인간이 스스로 성인이 될 수 있다"는 가능성을 열어 준 점에 공자의 위대함이 있다. 이것은 앞으로 맹자가 안연의 말을 빌려 토로한 "요순은 어떤 사람이며, 나는 또 어떤 사람인가. 나 또한 요순 같은 성인이 되지 말란 법이 있는가!"(『맹자』 3a:1)라는 의욕으로 드러날 터전이 될 터였다.

문명은 숨을 쉰다

3
팔일八佾 편

『논어』 전체 스무 편은 대부분 주제의식 없이 공자의 말씀과 일화, 제자들과의 대화와 시대 비평들을 수록한 것이다. 이에 비해 팔일 편은 편집자의 주제의식이 깃들어 있다. 예禮와 악樂이 그것이다. 공자 생각을 예악 사상이라고도 부르는 만큼 예와 악은 중요한 주제라고 할 수 있다.

여기 악은 음악과 시, 그리고 춤 같은 예술 일반을 가리키므로 오늘날도 이해하기 어렵지 않다. 악의 정신은 예술 정신이요, 그것이 지향하는 바는 '자유'라고 보아도 좋다. 그런 점에서 악의 정신은 예나 지금이나 크게 다르지 않다.

예 – 문명의 섬
그런데 예禮가 가리키는 의미는 매우 포괄적이어서 쉽게 이해하기 어려운 점이 있다. 악수나 절과 같은 개인 예절부터, 결혼식·장례식·제사와 같은 생활 의례, 설날·단오·추석 같은 절기와 풍속, 나이 든 사람에게 인사하고 자리를 양보한다든지 나이 어린 사람을 아끼는 따위의 사회적 예의와 규범이 여기 예에 속한다. 또 동성동본은 결혼하면 안 된다는 사회적 금기, 국가원수들이 만날 때 예포禮砲를 쏘는 의례 등등도 다 예라는 한 마디에 포함된다. 그러므로 예라는 말은 그 스펙트럼이 매우 넓은 것이다.

몇 가지 용례를 『논어』에서 짚어 보면, 첫째 효를 두고 "부모가 살아 계실 적엔 모시기를 예에 합당하게 하고, 돌아가셔서는 장례를 예에 맞게 치루며, 또 제사를 예에 맞게 지내는 것"[2:5]이라고 지적한 것은 장례, 제례와 같은 인생의 통과의례를 뜻하는 용법이 되겠다. 둘째, '하나라의 예', '은나라의 예', 또는 '주나라의 예'와 같은 표현은 규범이나 문명을 뜻하는 용례가 된다[3:9].

셋째, 임금과 신하의 관계를 두고 "임금은 신하를 예로써 부리고, 신하는 충성으로 임금을 섬기는 것이 군신 관계라"[3:19]는 지적은 예가 정치적 관계를 소통하는 말길言路의 뜻으로 쓰인 경우다.

그리고 예는 법法이라는 개념과도 맞닿아 있는 부분이 많은데 공자는 법(성문법, 국가의 강제 규범)을 반대했기에 예를 규정하기가 몹시 까다로운 측면이 있다. 다음 예를 보자.

공자 말씀하시다. "정치를 폭력이나 형벌로써 하면 백성들은 피하려고만 들고, 잘못에 대해 부끄러워하는 마음을 갖지 않는다. (이에 반해) 덕으로 다스리고 예로써 인도하면 백성들은 제 잘못에 대해 부끄러워할 뿐 아니라 올바른 사람이 되려고 애쓴다." [2:3]

여기서 예는 엄격한 법 집행을 통해 국가 질서를 유지하려 했던 법가法家*의 법률이나 형벌과 대칭되는 개념으로 묘사되고 있다. 이처럼 예는 그 쓰임새가 다양하다.

예는 매우 복잡하고 미묘한 위상을 갖는다. 우선 예가 필요한 까닭은 인간이 낯선 사람들과 어울려 살아야만 하는 '사회적 특성'에서 비롯된다. 인간은 저 깊숙한 산 속에서 혼자 살 수 없는, 아리스토텔레스의 잘 알려진 정의처럼 '본질적으로 사회적 동물'이기 때문이다.

공자는 인간이 홀로 살 수 없는 존재라고 보았다. 아니 홀로 사는 인간은 동물처럼 야만적인 존재와 같다고 보았다. 인간은 이미 자연이라는 에덴 동산에서 추방된, 혹은 자연(홀로)이 아니라 인위적인 도시(사회)를 만들어 살 때만 그 본래 가치를 드러낼 수 있는 존재로 발전하였다고 보았다.

다음 예화는 '사회론자'로서의 공자와 '자연주의자'인 은둔자 간의 사상적 대결을 잘 보여 준다.

---

* 대표적인 사상가로는 상앙, 한비자를 들 수 있다. 진시황은 이 사상을 통해 중국을 통일하였다. 그러나 12년 만에 멸망하고 말았다. 억압적 통치는 한때의 소나기처럼 힘차게 쏟아지나, 오래 가진 못한다. 노자가 잘 지적한 것처럼, "하루 종일 쏟아지는 소나기는 없다."(『도덕경』).

자연 속에 파묻혀 살던 장저와 걸닉이 가래로 밭을 일구고 있었다. 공자가 그 곁을 지나다 제자인 자로를 시켜 나루터를 물어보게 하였다.

장저가 말했다. "수레 고삐를 쥐고 있는 저 사람은 누구요?"

자로가 말했다, "공자님이시죠."

"거, 노나라 사람 공자 말이유?"

"그렇소이다."

"흠. 그렇담. 나루터를 알게요!"[*]

자로가 그 옆에 있는 걸닉에게 또 물었다.

걸닉이 되물었다. "그대는 뉘슈?"

"저는 자로라고 합니다만."

"공자라는 사람의 제자되는 거요?"

"그렇습니다."

걸닉이 말했다. "홍수가 나서 쿠당탕탕 물이 쏟아져 내리는 듯한 게 요즘 시대라오. 헌데 이런 천하 대세를 뉘라서 바꿀 수 있단 말이오.[**] 그리고 당신도, 자기를 알아주지 않는다고 이 사람 저 사람 찾아 헤매기만 하는 '사람 낯을 가리는 선생' 말고, 우리처럼 '세상을 피해서 사는 사람들'과 함께 사는 게 어떻수?"

그러고는 다시 쳐다보지도 않고 밭을 가는 것이었다.

자로가 되돌아와서 공자에게 사정을 말했다. 공자, 머쓱해하며 말했다.

● '그렇게 똑똑한 공자가 나루터쯤이야 모를 수 있겠나?' 하는 뜻. 비아냥대는 소리.
●● '그러니 그대 스승이라는 공자 양반도 쓸데없이 에너지를 낭비 말고, 시대에 맞춰 목숨이나 부지하고 살라고 하쇼.'라는 뜻. 이것도 비아냥대는 소리.

"날짐승, 들짐승은 인간과 더불어 살아갈 수 없는 법. 내가 이 사람의 무리가 아니고 또 누구와 함께 살아가리오! 천하에 도道가 있다면, 내 바꾸려고 들지도 않았을 터." [18:6]

여기엔 공자가 자연 속으로 숨어들어 자기 한 몸만 보전하려는 이기주의를 거부하는 의사가 매우 분명하게 나타난다. 끝부분에 있는 "내가 이 사람의 무리가 아니고 또 누구와 함께 하리오! 천하에 도道가 있다면, 내 바꾸려고 들지도 않았을 터"라는 절규는 인간 사회에서 더불어 살 수 있는 예를 건설하는 데 공자의 목적이 있음을 잘 드러내 주는 대목이다.

그러나 또 한편, 당시는 이른바 '전체주의'라고 할 폭력 위주의 힘이 넘치는 시대였다. 권력자들의 자의적인 폭력에 인민들은 맨살로 노출되어 신음하고 고통받았다. 힘을 가진 인간들에 의해 침탈당하는 약한 인간들의 모습은, 실로 홉스Thomas Hobbes가 가정한 '자연 상태'를 연상케 할 정도이다. 약육강식의 사회, 정글과 같은 사회가 당시 춘추시대의 모습이었다.

『예기』에 실린 다음 이야기는 조직적 폭력(국가주의, 전체주의)에 시달려 자연으로 도피한 여인을 통해 그 시대상을 보여 준다.

공자가 제자들과 깊은 산속을 가던 어느 날, 한 여인이 통곡하고 있는 것을 발견했다. 우는 이유를 묻자, 여인은 "남편과 자식을 호랑이에게 잡아먹혀 잃었다"고 하소연한다.

이에 공자는 "산을 떠나 마을에서 살면 될 것이 아니냐"고 권한다.

그러자 여인은 "도시의 정치는 호랑이보다 더 무섭기 때문에 이곳을 떠날 수도 없다"고 답한다.

공자는 제자들을 돌아보고 말했다. "단단히 기억해 두어라. 세상의 잘못된 정치는 호랑이보다 더 무섭다는 사실을."

공자의 지향은 제 한 몸을 보전하려고 자연으로 도피하는 이기주의와, 인간을 호랑이가 있는 산속으로 내모는 전체주의 그 틈 사이에 위치한다. 좀 현학적으로 표현하자면, 예禮는 '개체'와 '전체'의 사이에서 중용을 지향한다. 사상적으로 보자면 노장 사상과 법가 사상의 한 중간에 유교 사상이 있다.

어쩌면 예는 섬과 같다. 호랑이보다 무서워 사람을 자연으로 내모는 전체주의(국가주의·법가 사상)라는 밀물과, 내 한 몸의 안전을 위해 자연으로 몸을 숨기는 이기주의(위아주의·노장 사상)라는 썰물이 토해 내는 파도에 시달리는 외로운 섬이, 공자가 지향한 예의 처지로 보인다. 전체주의든 이기주의든 둘 다 야만이다. 오로지 저 외로운 섬만이 인간이 깃들일 수 있는 문명의 터전이다. 그러므로 예는 공자가 지켜야 할 절체절명의 인간 문명의 상징이다. 지금 문명은 국가의 집단 폭력으로 황폐화되어 가기도 하지만(산속의 여인), 동시에 폭력을 피해 자연 속으로 도피하는(장저·걸닉) 지식인들의 이기주의적 속성 때문에도 더욱 심하게 파괴되고 있다고 공자는 판단했던 것이다.

공자는 오랜 세월을 통해 사람과 사람 사이의 관계를 소통시킨 예

禮를 소중하게 보존하고 또 가꾸어 나가지 않는다면 인간 문명은 짐승 수준으로 추락하리라 예감하였다. 공자는 자신의 사명이 예를 보전하고 또 시대에 맞게 고쳐나가는 데 있다고 여겼다(공자가 50대에 자각한 지천명知天命의 '천명'이란 곧 예를 보전해야 하는 사명감이 아닐런지). 공자가 예를 소중하게 여긴 흔적을 살펴보자.

> 공자 제자인 자공이 곡삭례에 쓸 희생양이 아깝다고 없애려 하였다.
> 공자 말씀하시다. "애야. 넌 양이 그토록 아까우냐. 나는 이미 쓸모없이 되긴 했어도 오랜 전통을 가진 그 예가 아깝구나." [3:17]

'곡삭례'란 매월 초하루 한 달에 한 번씩 국가 건설자(노나라엔 주공周公, 조선 시대로 하자면 태조 이성계)의 사당에 조촐하게 양 한 마리 잡아서 인사를 올리는 예다. 춘추 시대가 되어 그 의의가 사라졌으므로, 실질과 물질을 숭상하던 제자 자공은 이른바 '허례허식'을 쓸어 내는 차원에서 곡삭례를 없애려고 하였던 것이다. 그러나 공자는 야만의 파도에 시달리는 '문명의 섬'을 지키려는 결연한 태도로 막고자 한다. '천년을 이어온 예가 아무리 쓸모 없기로서니 양 한 마리보다 못할까 보냐'라는 개탄이 그것이다.

또 노나라 건국자의 사당인 태묘에 간 공자의 모습에서도 예를 소중히 보전하려는 깊은 사려를 엿볼 수 있다.

> 공자가 태묘에 갔다. 술잔을 올릴 때마다, 향을 피울 때마다 매번 집사에

게 물어 보고 행했다.

이를 보고 누가 평했다. "어떤 놈이 공자를 보고 예를 안다고 했노? 태묘에서 온통 묻기만 하던걸!"

공자가 이 말을 듣고 말했다. "일마다 물어 보고 행하는 것이 엄숙한 사당인 태묘의 예절인걸!" [3:15]

허걱, 이 절묘한 뒷발차기! 의례 절차를 모두 다 알고 있을지라도 사소한 실수조차 범해선 안 되는 곳이 위대한 주공의 사당인 터. 지엄하고 엄숙한 공간에선 아는 것이라도 전문가에게 꼬박꼬박 물어 한 치도 흐트러짐이 없도록 행하는 몸짓, 여기에 참된 예가 깃든다. 공자는 예의 참된 의미는 예식 순서에 따라 절하고 분향하는 형식이 아니라, 도리어 그 형식 속에 깃든 '공경하는 마음'을 실천하는 데 있음을 지적한 것이다.

동시에 공자는 시대가 변하면 예법도 바뀌어야 한다고 보았다. 예의 정신이 훼손되지 않는 한도 내에서 시대에 맞게 예법을 개정하는 것 또한 예의 본질이다.

공자 말씀하시다. "삼베로 만든 관을 쓰는 것이 본래의 예법이긴 하다. 요즘 명주로 만든 관이 검소하더구나. 난 요즘 세태를 따르련다. 한편, 마당에서 어른에게 절을 올리는 것이 본래의 예법이다. 요즘은 마루 위로 올라와서 어른께 절을 올리던데, 좀 태만해 보인다. 비록 세태와는 어긋날지라도 본래의 예를 지키련다." [9:3]

삼베로 만든 관이 본래 예법이지만, 시대에 맞춰 싼 옷감이 발명되면 그것으로 모자를 만드는 것은 예의 근본 취지에 합당하다고 본다. 반면, 윗사람에게 올리는 절은 마루 아래에서 하는 것이 존경심을 표하는 본래 정신에 합당하므로 바꾸지 않겠다는 데서 시대 정신에 합당한 예를 찾는 공자의 노력을 본다.

이처럼 예는 중요하다. 동시에 예는 많은 절차와 소소한 의례를 동반한다. 자칫 절차와 형식에 빠져 헤어나지 못하는 형국이 발생할 수 있다. 이미 당시부터 예를 중시하는(특히 장례와 제례) 유교 사상에 대해 비판이 제기되고 있었다. 이웃 제나라의 유명한 재상 안영晏嬰은 당대에 노골적으로 비판을 하였고,* 훗날 묵가墨家 학파 역시 유교의 의례가 허례허식이라고 크게 비난한다.

공자도 예가 인간 문명의 노른자위이지만 자칫 형식주의에 빠져 사람을 억압할 수 있음에 특히 주의하였다. 그는 누누이 예라는 껍질(형

● 『사기』 「공자세가」에는 안영이 공자를 비판한 것이 생생하게 묘사되어 있다. "제나라 임금(제경공)이 공자를 만난 것이 기뻐 이계의 땅으로 공자를 봉하려 하니 재상인 안영이 이렇게 반대했다. '대체로 공자와 그 제자들은 고지식하여 본받을 것이 못 되고, 거만하면서 스스로 공손한 척하니 밑에 둘 수 없습니다. 무엇보다 상례喪禮를 지나치게 숭상하여 파산할 지경으로 장사를 후하게 치르니 나라가 그런 풍속이 되도록 할 수 없습니다. 또 여러 제후들에게 돌아다니면서 정치를 말하고 남의 물건으로 생활하니 그런 사람에게 나라를 맡길 수 없습니다. 성현이 사라진 뒤로 주 왕실이 이미 쇠약하여 예악이 사라진 지가 오래 되었습니다. 지금 공자가 화려한 예복 차림으로 오르고 내리는 예와, 나아가고 물러나는 절차를 번잡스럽게 하고 있으나 여러 세대를 두고 행하더라도 그 절차를 다 배울 수 없고, 한평생 실행해도 그 예를 다 할 수 없습니다. 임금님께서 그를 등용하여 우리나라 풍속을 고치고자 하시면 백성을 위하는 일이 아닙니다.'"

식) 속에 든 속살, 예의 근본 정신을 잊지 말기를 당부한다.

> 공자 말씀하시다. "사람으로서 사람답지 못하다면 예禮는 어디다 쓸 것이며, 악樂은 또 무슨 소용이 있으랴." [3:3]

그리고 어떤 젊은이가 '예의 근본'을 여쭙자, 공자는 '위대한 질문'이라고 무릎을 치면서 참다운 예는 형식이 아니라, 그 형식 속에 깃든 '예의 정신'에 있노라고 천명한다.

> 임방이라는 젊은이가 예의 근본을 여쭈었다.
> 공자, 무릎을 치며 외쳤다. "기막히구나. 이 질문! 예는 사치하기 쉬운 경향이 있는데 실은 검소한 것이 예의 근본이요, 장례식은 남의 눈을 의식해 호화롭게 하기 쉬운데 실은 슬픔에 겨워 어쩔 줄을 모르는 것이 예의 본래 정신에 합당하니라." [3:4]

악의 정신 — 예의 해독제

공자는 예의 본래 의의를 잊지 말기를 강조하지만, 그럼에도 예의 본래 기능은 사람 사이(부모와 자식, 형과 아우, 임금과 신하)를 구별하고 또 차이(남과 여, 남편과 아내)를 두는 것이다. 그러다 보면 서로가 화합하기보다는 차별하기 십상이다. 차이는 차별과 다르다고 하겠지만, 세상사 뜻대로 되지 않는 것이다. 그러므로 예가 횡행하는 곳에는 대부분 엄격한 계급 의식이 발생하고 또 예로 말미암아 사람이 죽임을 당하기도 한 것이 역사의 실제였다. 근대 중국의 작가 루쉰이 유교를 두고 "예교禮敎가 사람을 잡아먹는다"고 일갈했던 것도 그런 현실을 두고 한 말이다.

이에 공자는 예가 타락하면 빠져들기 십상인 경직성과 형식주의를 제어할 방안이 필요했다. 그것이 악樂이다. 악은 노래요, 시요, 춤이요, 예술이다. 이것들은 서로를 구별하고 차별하는 예의 기능을 뛰어넘어 서로를 조화롭게 만든다. 마치 회사에 사장, 부장, 과장 그리고 일반 사원의 계급이 있어 서로 엄격하게 구분된 일을 하다가 한 달에 한 번씩 회식 자리를 마련하여 노래방에서 스트레스를 푸는 데 비유할 수 있을까?

나아가 인간은 악樂을 통해 사회적 관계 속에서는 얻을 수 없는 자유 의지를 발휘한다. 인간은 더불어 사는 존재이긴 하지만, 개미처럼 사는 동물은 아니다. 인간은 자유 의지를 가지고 있고 자기 세계를 만들고 표현함으로써 인간다움을 획득한다. 실은 더불어 살아가는 이유가 자기 세계를 창조하고 표현하는 악樂, 예술의 건설을 위해서인지도 모른다. 이렇게 본다면 공자는 예술의 가능성을 누구보다도 긍정하고 또 중시했던 사람이다.

공자 말씀하시다. "시詩에서 흥취를 얻어, 예禮의 의미를 알고, 악樂에서 성취하리라." [8:8]

나아가 진리를 추구하는 길의 궁극처에 '예술 정신'이 존재한다고까지 주장한다.

> 공자 말씀하시다. "진리道에 뜻을 두고서, 덕德을 베풀고, 인仁을 체화하여 끝내 예藝에 노닐리라." [7:6]

이들은 두루 가치의 궁극으로서 악樂의 정신, 예술의 자유를 높이 본 주장들이다. 그렇다고 이런 주장들이 제3자로서, 악을 사회 통합의 수단으로 삼기 위해 겉치레로 한 말은 결단코 아니다. 공자는 스스로 악樂에 심취하였으니, "제나라에서 고전 음악을 듣고는, 석 달 동안 심취하여 고기를 먹어도 그 맛을 모를 정도였다. 흥취에서 깨어나서 토로하기를 '음악의 세계가 이 경지에까지 이르렀을 줄은 진작에 몰랐노라'라고 하였다." [7:13]

이렇게 공자는 탁월한 음악 감상자였다. 어디 그뿐이었을까. 공자는 날카로운 감식안을 갖춘 음악 비평가이기도 하였다.

> 공자가 고전 음악 소韶를 듣고는 "아름다울 뿐 아니라 선하기도 하다"고 평하였다. 무武 음악을 듣고는 "아름답긴 하지만, 선한 점에는 미흡하구면"이라고 평하였다. [3:25]

더욱이 그는 국가의 음악 체제를 바로잡은 예술 정책 담당자이기도 하였다.

공자 말씀하시다. "내가 위나라에서 조국(노나라)으로 돌아온 다음에야 악樂이 바로잡혔다. 막 섞여 있던 아雅 스타일과 송頌 스타일을 각각 바로잡았지." [9:14]

그러면 공자가 지향한 '악樂의 정신'은 무엇이던가.

공자 말씀하시다. "『시경』의 첫 번째 시편, '관저關雎'는 즐거우면서도 음탕하지 않고, 슬프지만 아프지는 않더구나." [3:20]

즐거움과 음탕함의 사잇길, 슬픔과 아픔의 틈새, 공자의 악은 이 '가운데'를 지향한다. 지나치지 않고 모자라지도 않는, 치우치지 않고 똑바른 중용의 길. 악은 이 사잇길을 간다. 『중용』에서 말한 바, "천하 국가를 편케 할 수 있고, 벼슬과 명예도 사양할 수 있고, 하얀 칼날 위로 걸을 수 있지만, 중용만은 정녕 능숙하기 어렵다"던 그 길이다.

그러면 악이 지향하는 중용의 세계란 구체적으로 어떤 것일까. 한마디로 화음, 조화, 화목을 뜻하는 화和이리라. 가화만사성家和萬事成이라고 할 때의 '화' 말이다. 사회를 유지하기 위해서, 혹은 야만에 떨어지지 않고 문명을 유지하기 위해서는 꼭 필요한 예이지만, 도리어 사람을 차별하고, 또 형식주의로써 삶을 질식시킬 때 그것을 구제하는 해독제가 악인 셈이다. 쪼개진 사회의 틈새에 따뜻한 화음의 기운을 불어넣어 재생시키는 힘이다. 위대한 것이다, 악의 역할이란.

예와 악 – 문명의 두 요소

한편 화목함이 좋다고 해서 내내 악에 빠져 들면 사회는 이완되다 못해 해체되고, 개인의 자유에 치우치다 보면 공동체의 질서가 망가지는 법. 무엇이든 지나치면 독이 되는 것이다. 유교 사상의 지혜란 요컨대 '산이 높으면 골이 깊고, 볕이 바르면 그림자가 짙다'는 중용의 원칙에서 벗어나지 않는다. 역시나 자유를 중시하는 악과 예술에 치중하다 보면 그 기반인 사회 질서가 무너지게 되기도 한다. 그때 내우외환이 한꺼번에 덮치는 법. 공자도 이를 두고 "사람에게 먼 계책이 없으면 언제나 가까운 데서 근심걱정이 생긴다"[15:11]라고 지적한 바 있다.

그러니 예(구별, 질서, 절차)와 악(화합, 자유, 즐김)은 서로를 보완하면서, 청실홍실로 새끼 꼬듯 문명을 이루어가는 것이다. 공자 제자인 유자有子가 악에만 집착하는 인간 심리에 대해 경고했던 대목은 여기서 귀 기울일 만하다.

> 유자가 말했다. "예禮는 화목을 이루기 위한 수단이다. 선왕들이 하신 정치는 오로지 화목을 귀중하게 여겼으니, 작고 큰 정책들이 화목을 목표로 만들어졌다.
> 그러나 뜻대로 되지 않는 경우도 많은데, 화목함이 좋다고 하여 여기에 탐닉하는 경우가 그렇다. 그러니 엄정한 예로써 뼈대를 세워 주지 않으면 화목함은 오래 유지되지 못하는 법이다."[1:12]

이 지적은 예와 악의 상관성, 또는 상호보완 관계를 잘 표현해 주고 있다. 사람의 몸이 부드러운 살만으로 이루어질 수 없고, 그 속에 딱딱한 뼈로써 틀을 잡아 주어야만 제대로 된 몸일 수 있다는 데 비할 수 있을까.

공자는 두 방면에서 덮치는 야만의 사태를 두려워하였다. 사회를 버리고 제 한 몸의 안전만 추구하는 이기주의가 그 하나요, 또 하나는 국가(또는 집단)가 개인을 위협하는 폭력의 발휘(전체주의)였다. 이 두 방면의 압력 사이에서 공자는 전통문화를 지키고자 하였다. 자칫 전통문화가 사라지면, 인간은 짐승과 다를 바 없으리라고 몹시 절박해 하였다. 이에 그는 예와 악을 통해 '전체에 기울지도 않으면서, 개인에 머물지도 않는' 중용의 길을 보존하려고 내내 애를 썼던 것이다.

뿐만 아니라 예와 악의 내부조차도 염려하였다. 예가 굳어지면 썩고(형식주의), 악도 넘치면 녹아내린다(매너리즘). 예와 악은 서로 긴장하면서 보완해 주어야 하는 것인데, 안팎으로 인간의 문명을 유지하기가 얼마나 힘든지를 공자는 깊이깊이 깨달았던 것이다. 공자는 바람 앞에 등불처럼 흔들리는 인간다운 삶을 지켜 내려고 예와 악의 변주를 내내 주장하고 또 연주한 것이었다. 그 척박하고 어려운 시대에!

이 자리에 공자의 눈물 한 방울이 툭 떨어진다.

크리스털 그릇 같은 문명이여! 보석처럼 아름답지만, 자칫하면 깨지거나 금 가고 마는 크리스털 그릇이여! 그러나 아슬아슬한 문명이 어디 꼭 공자 시절에만 국한되랴. 우리 민주주의는 또 얼마나 쉽게 타락하고, 변질하던가. 그러니 공자의 염려를 어찌 구시대의 것으로 치부할 수 있으랴.

사랑의 길

___
4

이인里仁 편

예수님 말씀을 '사랑'으로, 부처님의 생각을 '자비'로 압축할 수 있듯, 공자 사상을 한 마디로 요약한다면 '인仁'이다. 그런데 인이 무엇인지에 대해선 공자가 정의한 바가 없다. 유교 사상이 명사·정의定義·개념화를 혐오한다는 점을 감안하더라도 핵심 사상의 말뜻이 무언지 몰라서는 공자 생각의 전모를 헤아리기 어렵다.

실은 근본적이고 또 참된 진리는 말로 표현할 수 없는 것일지 모른다. 노자가 지적했듯, "개념화할 수 있다면 이미 그것은 진리가 아니다"(『도덕경』)라는 말이 이에 적합할 것이다. 혹 공자는 자신이 발견한 진리에 근접하는 말을 찾다가 그 중 인仁이 가장 그럴싸하다고 여겨 이름 붙였을 뿐인지도 모른다. 이렇게 되면 인이라는 글자를 아무리 깊이 파 본들(어원을 추적한들) 공자가 알리고자 했던 참된 뜻은 찾아낼 수 없을 것이다. 그렇다면 인이라는 말뜻을 글자 속에서 찾을 것이 아니라, 인이라는 말을 가지고 공자가 표현하는 내용이 무엇인지를 찾다 보면 혹시 그 뜻이 희미하게나마 드러날지도 모른다.

이런 생각을 갖고 이인里仁 편을 죽 훑어보면, 인仁과 군자君子, 그리고 효孝에 대한 이야기로 구성되어 있음을 발견할 수 있다. '인'이라는 모호한 개념을 실현해 내는 인간상이 '군자'요, 또 인의 구체적 실현이 '효행孝行'으로 표현되고 있는 것이다. 인이 공자 사상의 핵심이듯, 군자는 공자가 지향하는 이상적 인간상이요(그 반대는 소인小人이다), 또 효는 우리가 유교하면 금방 떠올리는 기본 개념이다.

이렇게 놓고 볼 때, '인－군자－효'라는 세 개념이 유교의 핵심어임을 확인할 수 있고, 이 셋을 중심으로 편찬된 이인 편의 내용은 정작 『논어』의 '꽃'으로 와 닿는다. 이 속에 공자가 정말 하고 싶은 말씀이 들어 있겠다는 예감이 드는 것이다. '인－군자－효'는 공자 사상의 핵심어일 뿐 아니라, 가장 기초적인 삼각형 구조를 이루는 요소라고 할 수 있다.

또 그렇게 보면, 이인 편은 공자 제자들 중에서도 유자有子*가 편찬한 것이 아닌가 하는 생각이 든다. 왜냐하면 학이 편에서 인과 군자, 효 사이의 밀접한 상관성을 지적한 이가 유자이기 때문이다.

유자가 말했다. "사람됨이 효성스럽고 또 공손하다면, 윗사람 뜻을 거스

---

* 유자有子: 공자 제자로서 성은 유有, 이름은 약若. 노나라 사람. 『사기』의 기록에 따르면 공자보다 43세 아래였다.

르는 경우가 드물다. 윗사람 뜻을 거스르지 않는 이가 반란을 일으키는 경우는 더욱 없다. 그러므로 군자君子란 근본에 힘을 쓰나니 근본, 즉 효성과 공손이 바로 서면 유교의 진리는 싹을 틔우는 법. 효와 공손이야말로 인仁을 실천하는 근본일 터." [1:2]

인이 딱히 무엇인지는 몰라도, 유자는 "효행이 인을 실천하는 근본"이라고 하였으니, 효와 인의 밀접함을 확정할 수 있다. 또한 효도를 하고, 또 인을 실천하는 사람에게 군자라는 이름을 부여한다는 것도 알았다. 그렇다면 인을 추적하기 위해서는 아무래도 효로부터 시작하지 않을 수 없다.

효도 – 인의 출발점

효에 대해 기술하고 있는 대목부터 살펴보자.

공자 말씀하시다. "부모님도 잘못을 저지를 수가 있다. 그럴 때에도 자식은 그 잘못에 대해 에둘러 지적할 일이다. 부모님이 조언을 받아들이지 않는다 할지라도 또 공경하는 마음을 놓지 말고 어긋나지 말아야 한다. 끝내 힘든 상황에 처하게 되더라도 부모를 원망해서는 안 된다." [4:18]

부모와 자식의 관계는 하늘이 맺어준 '자연적 관계天倫'이다. 친구 사이나 군신君臣 관계는 '사회적 관계人倫'에 불과하다. 부모를 사랑할 줄 모르는 이가 친구나 국가를 사랑할 수는 없다는 것이 공자의 생각이다.

부모님의 잘못을 지적할 줄 아는 똑똑한 나, "저러시면 큰일 날 텐데"하고 내일의 실패를 예측할 줄 아는 지혜로운 나! 그런데 이 '똑똑하고 지혜로운' 나를 만들어 준 존재가, 잘못해도 잘못하는 줄 모르고 또 조언을 해도 알아듣지 못하는 저 '멍청한' 부모들이다.

그러나 저 '멍청한' 부모님을 온 세상 사람들이 다 비난해도 오로지 단 한 사람, 나만은 비난할 수가 없다. 이 똑똑한 나는 저 멍청한 부모의 몸과 뼈, 머리카락과 살갗을 받아 이 세상에 태어난 사람이기 때문이다. 『효경孝經』 첫 장에서 말하는 '신체발부 수지부모身體髮膚受之父母'라는 말의 뜻이 이것이다. 곧 나의 기원이 부모님이기에, 부모를 욕하는 것은 '내 얼굴에 침 뱉기'가 된다.

단, "부모님의 잘못을 부드러운 말로 충고하고, 끝내 그 충고를 듣지 않아 어려운 결과를 초래하더라도 원망하지 않음"은, 부모의 권력에 복종하라는 뜻이 아니다. 도리어 극단적인 경우에서도 부모에 대한 효심을 잃지 말아라, 또는 그런 순간에도 효심(사랑)을 길러 내라는 권고다.

공자 말씀하시다. "부모가 계실 적엔 멀리 떠나지 말 것이며, 멀리 갈 경우엔 반드시 그곳을 알려 드려야 하느니라." [4:19]

여기엔 부모에 대한 두 측면의 사랑이 얽혀 있다. 하나는 부모님이 연로하면 언제 돌아가실지 모르는 일. 멀리 떠났다가 혹 돌아가시는 것을 보지 못하면 천추의 한이 되니, 멀리 떠나지 못한다는 뜻이 있다. 또 하나는 자식이 눈앞에 보이지 않으면 내내 안위安危를 걱정하는 것이 부모의 마음이니, 멀리 떠나서 근심케 해서는 안 된다는 뜻이다.

속담에 "여든 먹은 어머니, 예순 아들에게 차조심하라고 한다"는 말처럼 어버이는 다 늙어 당신 몸을 추스르지 못하는 팔십 노인이 되었어도, 손자까지 본 60대의 할아버지 아들을 염려한다. 이런 부모 사랑을 헤아려 근심을 끼쳐 드리지 않으려는 '마음가짐', 그 마음 한 자락에 효도가 있을 따름이다.

그러니 "맹무백이 효를 여쭘에, 공자 말씀하시다. '부모는 오로지 자식이 아플까 근심하느니라.'"[2:6]는 대화는 이 대목에서 적절하다. 자식들이 호의호식하더라도 끝내 떨치지 못하는 마지막 근심이 자식의 건강이니 그 '부모의 마음'을 거슬러 알아채는 것이 효도라는 뜻이다. 그러면 그 효도하는 마음은 어떤 것일까.

공자 제자 자유가 효를 여쭈었다.
공자 말씀하시다. "오늘날 효라고 하면 부모를 잘 봉양하는 것을 연상하더구나. 한데 집에서 기르는 개나 말에게도 먹이기야 하지 않느냐. 그러니 공경하는 마음이 없다면 무엇으로 구별할 수 있겠더냐." [2:7]

집이 가난하여 멀건 죽을 부모님 상에 올리더라도 '공경하는 마음'이 깃들어 있으면 효가 되고, 수백만 원을 들여 세계일주 여행을 시켜

드려도 '공경하는 마음'이 없다면 효도가 아니라는 뜻이다(하긴 어느 부모인들 자식이 실업자가 되어 살기 힘겨운데, 그 자식이 기름진 불고기를 상에 올린다고 하여 흔쾌할까).

부모가 자식에게 내리는 사랑을 자애慈愛라고 한다. '내리사랑'은 동물들도 마찬가지다. "고슴도치도 제 새끼는 함함하다"는 속담처럼 아무리 못난 자식도 부모 눈에는 세상에 비할 데 없이 귀한 존재들이다. 이것이 하늘이 모든 동물의 유전자 속에 심어 둔 사랑이다.

부모가 자식을 내리사랑하는 것은 모든 동물이 다 그렇지만, 부모의 사랑을 알아채고 감사히 여겨 되갚겠다는 동물은 인간밖에 없다. 공자는 이 인간만의 '사랑 되돌려주기'(치사랑)에 깊이 감동하였고 '되돌려주는 사랑'을 확산시켜 세계를 평화롭게 만들겠다고 작정한 것이다.

'되돌려주는 사랑' 곧 효에서 피어나는 '치사랑'이 화목이다. 예컨대 할아버지와 할머니가 '동물적으로' 퍼 내린 사랑(자애)을 아버지와 어머니가 거꾸로 쳐서 올리면(효도), 할아버지와 할머니는 그것을 또 손자와 손녀들에게로 흘러내리는 식이다. 이렇게 사랑의 에너지가 오고가는 가운데 발생하는 따뜻한 기운이 화목이다. '가화만사성家和萬事成'이라는 글을 본 적이 있을 텐데, '사랑 되돌려주기'(효)를 계기로 형성된 가족 간의 화목이 사회에서 또는 국가에서 행하는 사업들을 성취하게 만드는 원동력이 된다는 뜻이다.

그러므로 공자가 꿈꾸는, 사랑으로 충만한 관계가 고작 가정 안에만 머물 수는 없다. "효행은 백 가지 행동의 뿌리"(『효경』)라는 말에서 보듯, 가정에서 익힌 '사랑 거슬러 올리기'의 훈련은 가족 내에 머물고 마는 것이 아니라 마을과 사회, 국가와 세계, 더 나아가 식물과 동물에까지 미쳐야 한다는 뜻이 깃들어 있다. 따라서 유교를 두고 자기 가족만을 아끼는 가족이기주의familism, 또는 사랑이 집안의 문턱을 넘어서지 못하는 편협한 효행으로 비난하는 것은 적어도 『논어』의 맥락에서는 잘못된 비판이다.•

『논어』 속에서 우리가 배울 것은, 가족 안에만 머무는 사랑의 문턱을 허물고, 효행을 통해 닦은 사랑하는 마음을 문 밖으로 펼쳐 나가는 일이다. 끝으로 다음 대목을 보자. 나는 이 구절 속에 효의 가장 지극한 표현이 들어 있다고 본다.

공자 말씀하시다. "부모의 나이는 알지 않을 수 없다네. 한편으로는 기쁘고 또 한편으로는 두렵기 때문이지." [4:21]

아, 한편으로는 기쁘고, 또 한편으로는 두렵다니! 사랑의 본질이 이와 같을 것이다. 만남의 기쁨과 동시에 겹쳐 드는 이별의 두려움. 이것이 사랑의 내막 아니던가. 한 사태를 두고 겹쳐 드는 역설적인 이중二重의 마음. 사랑의 진실은 두 겹으로 이뤄진 것일 테니, 여기서 공자의 사랑에 대한 날카로운 통찰을 엿본다.

부모님이 살아 계셔서 내게 사랑을 베풀어 주시니 기쁘지만, 그러

• 이 점에 대해 '에필로그'에서 부연 설명할 것이다.

나 이미 서쪽으로 기운 해가 부모의 현재. 머지않아 내 곁을 떠날 것이니 하루하루가 안타깝고 두려움마저 생긴다. 그러니 부모님의 연세를 알지 않을 수 없다. 그 연세에 맞춰 효도를 해야겠기에 그렇다. 맹자가 말했듯 "나이 오십에 접어들면 추위를 타니 명주로 옷을 해드리고, 칠십이 넘어 서면 고기가 아니면 허기를 면키 어려우니 고기 반찬을 밥상에 올리고 싶기"(『맹자』1a:3) 때문이다.

이처럼 한 사태에 깃들인 두 겹, 즉 부모를 대함에 느끼는 기쁨과 두려움의 변주야말로 효도를 통해 배우는 사람다움(사랑)이다. 세상사 모든 일은 겹으로 이뤄졌으니, 기쁨과 두려움이 청실과 홍실로 짜인 것이리라.

효도에서 익힌 '사랑의 기술'을 발효시켜 세상에 펼쳐 내면 그것이 순정한 인仁이요, 세상에 펼쳐 내는 계기를 마련함이 정치의 몫이다(이것을 '인정仁政'이라고 한다). 또 그 과정을 "수신-제가-치국-평천하"(『대학』)라는 연속된 점증법으로 표현하는 것이고.

군자 - 인仁의 실천자

다음 대목을 보자.

공자 말씀하시다. "부귀富貴는 모든 사람이 바라는 것이다. 그러나 올바른 방법으로 얻은 것이 아니라면 누리지 말라. 빈천貧賤은 모든 사람이 싫어하는 것. 그러나 빈천은 군자의 본분이니 견디며 살아라. 군자가 인仁에서 벗어나면 어찌 그 이름을 이루랴. 군자란 짧은 순간에도 인을 벗

어나지 않고, 놀랍고 당황할 때에도 인을 떠나지 않는다." [4:5]

군자와 인仁은 한 몸이다. 인은 군자의 가슴에서 숨쉬고, 군자를 통해 발현한다. "군자가 인에서 벗어나면 어찌 그 이름을 이루랴"라고 하였으니 뜻이 명확하다. 물질적 욕망과 명예에 대한 집착, 곧 부귀나 빈천에서 벗어나 마음에서 우러난 사랑을 실천하는 사람이 군자다. 그러면 군자의 행동을 관찰해 보자.

공자 말씀하시다. "군자란 어느 곳에서든 무슨 일을 하든, 꼭 해야만 하는 일도 없고, 꼭 하지 말아야 하는 일도 없이 다만 올바름義에 따를 뿐."
[4:10]

세속의 욕망에서 벗어나 바른 길을 걷는 이가 군자다. 그렇다고 세상사를 버리고 저 구름 덮인 산속에서 초탈하게 사는 신선은 아니다. 다만, 모든 일에 자기 책임을 앞세우는 이가 군자요, 잘못을 남 탓으로 돌리는 자가 소인이다.

공자 말씀하시다. "군자란 덕德을 생각하며 살고, 소인은 이익을 좇으며 살고, 군자는 제 잘못을 먼저 헤아리고 소인은 남부터 탓하니라." [4:11]

일을 행함에 사양과 배려를 앞세우는 사람이 군자요, 자기 이익부터 앞세우는 사람이 소인이다. 우스갯소리를 빌리자면 소인이란 "내가 하는 사랑은 로맨스요 남이 하는 사랑은 불륜이고, 내가 하는 운전은 곡예 운전이요 남이 하는 운전은 난폭 운전"이라는 식으로 세상일을 생각하는 사람이다. 물론 군자는 그와 반대로 생각하는 사람이다. 요즘 우리 사회는 소인 사회인가, 군자 사회인가?

또 한 가지 군자의 특징은 과묵하다는 데 있다.

공자 말씀하시다. "옛사람들은 말을 함부로 하지 않았다. 자칫 행실이 그 말을 따르지 못할까 염려해서였다." [4:22]

말을 삼갈 뿐 아니라 물건이든, 돈이든, 물이든, 시간이든 두루 절약하는 사람이 군자다.

공자 말씀하시다. "아껴서 실수할 일이 적은 법." [4:23]

한 걸음 더 나아가 말은 삼가되 행동은 민첩한 존재가 군자다. 이를테면 '말'은 없고, '일'은 충실하게 처리하는 사람이다.

"군자는 말은 어눌하되 실천은 민첩하게 하려고 한다." [4:24]

요컨대 인을 체득한 군자는 우선 과묵하게 실천하는 사람이며, 둘째 자기 책임을 앞세우는 리더십을 갖춘 사람이며, 셋째 물욕과 명예욕 같은 세속적 욕망을 벗어나 남을 배려하고 사양하는 사람이니 '세속 속의 성인'이라고 이름 지을 수 있겠다.

인仁의 정체

군자의 속성인 인은 어떤 모습을 보일까. 무엇보다 인자仁者는 '물질적 욕망'에 얽매이지 않는다.

> 공자 말씀하시다. "불인자不仁者는 빈곤을 오래 버티지 못할 뿐더러, 부 유함도 오래 누리지 못한다. 인자仁者는 '베푸는 사랑'을 즐기며 살고, 지 혜로운 자知者는 '사랑의 의미'를 안다." [4:2]

또 인이라고 하니 대단한 보물인 양 여길 수 있는데 실은 인은 내 주 변 일상 속에 있을 뿐이다. 부모에게 효도하는 순간에, 친구 간에 우 정을 나누는 곳에, 어린 사람을 아끼고 아픈 사람을 안타까워하는 마 음 자락에 인이 숨쉰다. 내 곁의 힘든 사람에게 문득 손을 내미는 자리 에 인이 있지, 할리우드 영화 〈인디아나 존스〉(1984)에서 주인공 해리 슨 포드가 찾던 사막 속의 성궤처럼, 멀고 깊숙한 곳에 있는 보물이 아 님을 공자는 누누이 지적하고 있다.

> 공자 말씀하시다. "인이 어디 먼 곳에 있으랴. 내가 인을 실천하고자 하 면, 그 자리에 인이 이르는 것을." [7:29]

인은 멀리 있지 않다. 바로 내 안에, 내 곁에 있을 따름이다. "내가

하고 싶은 것을 상대방에게도 해 주고 싶은 마음 자락"[6:28]이 인이
다. 결국 인이란 무엇인가.

번지가 인을 여쭈었다.
공자 말씀하시다. "사람을 아낌이지!" [12:22]

상대방이 아까워서 손을 갖다 대기조차 어려운 마음, 이것이 '사람
을 아낌愛人'이요, 곧 인이다. 상대방의 마음을 헤아려 부족한 것은 메
워 주고 넘치는 것은 걷어 내어 편안하게 만들어 주고 싶은 마음이 인
仁인 것이다.

드디어 집안에서 효를 통해 익힌 상대(부모)에 대한 사랑은 마을로,
국가로, 천하로 점차 나아가는 길이 생겨난다. 그 상대방도 점점 친
구, 동료, 연인, 회사, 국가로 바뀔 참이다. 급기야 시인 윤동주가 「서
시序詩」에서 읊었듯, "모든 죽어가는 것을 사랑"함에까지 미친다. 애틋
하지 않은가, 사랑하는 마음이란. 결코 멀리 떨어져 있는 것이 아니지
않은가, 인仁의 실천이란.

한편 공자는 특별히 정치하는 사람에게 이 사랑하는 마음이 더욱
요긴하다고 믿었다. 그는 인정仁政을 그리고 덕치德治를 바랐던 것이
다. 남의 아픔을 내 아픔으로 여기는 사랑으로 다스리는 정치. 이것이
그의 꿈이었다.* 장정들은 전쟁터에 끌려가 죽고, 남은 식구들은 굶어

● 이 점은 13장 '정치란 무엇인가' – 자로 편에서 더 자세히 살펴보기로 하자.

죽어가는 난폭한 세상에서, 그는 '모든 죽어가는 것들을 사랑'하는 인仁의 정치를 꿈꾸었던 것이다.

이 자리에 공자의 눈물이 또 한 방울 투둑 떨어진다.

'자공, 이라는 제자

5
공야장公冶長 편

말 잘하고, 돈 잘 버는 사람이 있었다. 말을 몹시 잘해 외교관으로 나서서 나라를 구하기도 하고, 돈을 너무 잘 벌어 『사기』의 「화식열전貨殖列傳」에 실리기도 한 사람이다. 세속적 기준으로는 그보다 더 성공한 사람이 없을 정도다.

이런 사람이 공자 문하에 들어왔다. 어떤 목마름이 있었을 것이다. 인생이란 눈에 보이는 거죽, 이를테면 일류 대학 나와 좋은 직장 다니면서 잘 먹고 잘 사는 것, 또 예쁜 아내 맞아 귀여운 자식 기르는 것만은 아니라는 생각이 들었을 것이다.

그의 이름은 자공子貢. 어릴 적 이름은 단목사端木賜(성이 '단목', 이름은 '사'). 위衛나라 출신으로서 공자보다 31세 아래였다고 한다. 사마천은, 자공을 두고 "구변이 날카롭고 말이 공교하여 공자는 내내 그의 능변을 꺼려하였다"고 전한다.

그러나 공자도 자공의 정치적 능력에 대해서만은 의심치 않았던 것 같다. 노나라가 제나라의 침공 위기에 직면하였을 때 다른 제자는 다 제쳐 놓고 그를 외교관으로 추천하였을 정도였으니. 자공 역시 스승의 기대를 저버리지 않아 "그가 한 번 나섬에 노나라는 국체를 보전하고, 제나라는 위기에 봉착하였으며, 오나라는 파국에 직면하고, 진나라는 강국으로 부상하고, 월나라는 우두머리가 되었다. 자공이 한 번 순회하면서 세력들을 서로 부딪치게 하여 십 년간 다섯 나라에 각기 다른 변화를 초래하였다"(『사기』 「중니제자열전」)는 평을 얻었다.

이러한 자공의 외교적 능력과 정치적 감각 그리고 탁월한 언변으로 말미암아 공자는 제자들의 재능을 가늠하는 자리에서 자공의 '외교적 능력'을 특별히 인정하였던 것으로 보인다. 즉 "언어에는 재아와 자공"[11:2]이라는 평이 그것이다.

한편 장사로 돈 버는 자공의 재주 또한 공자도 인정한 바 있다.

공자 말씀하시다. "자공은 타고난 부자가 아닌데도 재산을 잘 불리고, 계산을 하면 꼭꼭 들어맞는다니깐." [11:18]

이재理財에 밝은 자공의 재능과 그를 둘러싼 상업적 환경은 자연히 대화의 바탕으로 드러나기도 하는데, 상거래에 비유하여 질문을 취하는 방식이 꼭 그렇다.

자공이 여쭈었다. "아름다운 구슬이 여기 있다고 합시다. 궤짝 속에다 감취 두어야 할까요, 아니면 좋은 값에 팔아야 할까요?"

공자 말씀하시다. "팔아야지. 팔아야 하고말고! 다만 난 제값에 팔리길 기다릴 뿐이다." [9:12]

이렇게 세속적인 가치를 추구하던 자공이 훗날 훌륭한 제자가 되어 『논어』를 편찬할 적에 깊숙이 개입하였으니, 특히 여기 공야장 편은 자공과 그 제자들이 편찬한 것으로 보인다(『논어집주』). 공야장 편에는 자공의 체취가 많이 묻어 있다.

엄한 스승

그러면 공자의 가르침이 어떻게 사람을 변화시키는지 자공의 성장 과정을 통해 살펴보자.

우선 자공의 질문에 대해 공자는 무안할 정도로 잘못을 지적하는 대화가 많다. 다음을 보자.

자공이 여쭈었다. "저는 어떤 수준의 인간입니까?"

공자 말씀하시다. "넌 그릇 정도지."

자공이 물었다. "어떤 그릇인지요?"

공자 말씀하시다. "흠. 제기 그릇쯤은 되려나." [5:3]

『논어』에는 따로 "군자는 그릇이 아니다君子不器"[2:12]라는 대목이 있으니, 위의 인용문과 겹쳐 보면, 자공을 그릇이라고 평한 것은 곧 그가 아직 군자가 아니라는 말뜻이다. 다만 제자의 거듭된 질문에, 그릇 가운데 가장 고귀한 제기 그릇이라고 여운을 남겼으니, 오늘날 평점으로 하자면 A급은 아니겠고 B급 인간 정도라는 평가다. 자공으로서는 실망스러운 응답이었겠다.

이런 점에서 공자가 제자들을 어루만지며 가르친 사람이 아니라, 매우 엄격한 스승이라는 느낌을 받는다. 시장에서 몸에 밴 돈 냄새를 털어 낼 작정이었을까. 자공에 대한 스승의 엄격함은 눈에 띌 정도여서 다른 제자를 대하는 것과는 사뭇 다르다.

자공이 말했다. "전, 남이 나에게 하지 말았으면 하는 일을 저 역시 남에게 베풀지 않는 사람이 되고 싶습니다."
공자 말씀하시다. "애, 넌 아직 그런 사람이 되려면 멀었다." [5:11]

이 역시 공자의 가르침이 엄격하고 가차 없는 것임을 보여 주는 동시에 자공이 매우 힘든 수련 과정을 거쳤음을 보여 주는 예이기도 하다. 그러나 다음 대목만큼 공자의 매서운 가르침과 또 자공의 사람됨을 잘 보여 주는 것도 없다.

공자가 자공에게 물으시다. "애, 너와 안연을 비교하면 누가 더 낫다고 생각하느냐?"
자공이 말했다. "제가 어찌 감히 안연을 바라보기조차 하겠습니까? 안연은 하나를 들으면 열을 아는 사람이고, 저야 기껏 하나를 들으면 둘을 알

뿐인걸요!"

공자 말씀하시다. "음. 잘 알고 있구먼. 넌 아직 안연에겐 안 돼." [5:8]

이렇게 싸늘하다니! 당사자를 앞에 두고 다른 제자와 비교하는 것
도 그렇거니와, 겸손을 다해 답하는 제자에게 따뜻한 격려의 말씀 한
마디쯤 있을 법하련마는 냉정하게 그 우열을 판정하는 스승의 차가움
은 등줄기가 시릴 정도다. 안연이 공자의 수제자로서 그 수준이 스승
에 비견될 만한 인물이긴 하지만,* 자공도 나름의 특장이 있었던 사람
이다. 오늘 우리로서도 이런 비교에서 느꼈을 자공의 섭섭함을 감지
하기란 어렵지 않다.

그런데 이 대화에서 눈여겨볼 점은 자공이 제 키 높이를 냉정히 파
악하고 있다는 사실이다. 동료와 비교당하는 일은 그 자체로도 스트
레스일진대, 동료의 우월을 툭 터놓고 인정하기란 더더욱 쉽지 않다.
그런데도 자공은 "안연이 하나를 들으면 열을 아는 사람이라면, 자신
은 기껏 하나를 들으면 둘을 알 뿐"이라고 정확한 비유를 들어 우열을
지적할 만큼 객관적인 안목을 지녔던 것이다.

나는 이 점, 저 자신을 철저하게 객관적으로 헤아리는 '성찰의 힘'에
서 자공의 학문이 발전하기 시작한다고 본다. 그러므로 이 대목은 자
공이 한낱 흙덩이에서 도자기로 바뀌는, 또는 한낱 쇳가루를 품은 돌
덩이(철광석)에서 단단한 쇠로 바뀌는, 이른바 도야陶冶의 분수령에 해

● 안연에 대해서는 11장 '사제 : 안연과 스승' – 선진 편에서 자세히 다룬다.

당한다. 스스로를 냉정하게 객관적으로 성찰할 수 있는 눈, 바로 여기서 '돈 잘 벌고 구변 좋은' 세속적 인간이던 자공의 인격적 발전이 시작된다.

자기 성찰의 눈이 있느냐 없느냐 하는 문제는 사소한 것 같지만 그 끝은 하늘과 땅의 차이를 가르게 되는 법이다. 소인배는 자기 성찰의 자세가 없기 때문에 남의 잘된 것을 보면 꼭 나쁜 점을 찾아 비난하고, 자기가 거둔 성과는 훌륭하다고 스스로 뻐기는 것이다.

위대한 질문

배움에 갈증을 느끼면서 질문하고 또 질문하는 가운데 모진 꾸지람을 듣던 자공에게 드디어 위대한 순간이 닥쳤다. 우리는 다음 대목에서 새로 태어나는 자공의 모습을 만나 볼 수 있다.

> 자공이 여쭈었다. "가난하지만 알랑대지 않고, 넉넉하지만 뽐내지 않는 것은 어떻습니까?"
>
> 공자 말씀하시다. "나쁘진 않지. 그러나 가난한데도 즐기고, 넉넉한데도 예를 좋아하는 것만은 못하지."
>
> 자공이 대답했다. "『시경』에 이르기를 '자르고 쓸고 쪼고 닦는 듯 하는구나'라고 하였더니 그게 이를 두고 하는 말이군요!"
>
> 공자 말씀하시다. "녀석. 이젠 더불어 시를 말할 수 있겠구나! 지난 것을 퉁겨 주니깐 올 걸 알아채는구먼." [1:15]

자, 이 극적인 대화를 한 대목 한 대목씩 나눠서 맛을 보자.

(1) 자공이 여쭈었다. "가난하지만 알랑대지 않고, 넉넉하지만 뽐내지
않는 것은 어떻습니까?"

앞서 보았듯 자공은 돈 버는 데 일가견이 있었던 사람이다. 그러다
보니 가난함과 부유함을 가지고 질문을 삼는다. '내 주변에 진리가 숨
쉬고 있다'는 것이 공자의 기본 생각이므로 자공의 출발점은 옳았다.
장사꾼은 장사하는 일 속에서, 음악을 전공하는 사람은 음악 속에서
진리를 찾아야 하는 것이다.

대개 사람들은 '목구멍이 포도청이라', 가난하면 아무래도 돈 있는
사람 앞에 위축되어서 아첨하는 소리를 내게 마련이다. 그런데 자공
은 '가난하더라도 그런 알랑방귀를 뀌지 않고' 또 내게 재산이 넉넉하
더라도 남에게 과시하지 않는 사람이 되겠노라, 이런 뜻을 밝힌 것이
다. 돈이나 재물로는 잴 수 없는 인간의 가치가 따로 있음을 깨달았다
는 점에서, 혹은 그런 삶을 지향했다는 점에서 자공의 뜻은 가상하다
고 할 수 있다.

(2) 공자 말씀하시다. "나쁘진 않지. 그러나 가난한데도 즐기고, 넉넉한
데도 예를 좋아하는 것만은 못하지."

그런데 공자의 첫 말씀이 "나쁘진 않지."이다. 이 말은 원문의 '가피'

를 풀이한 것이다. '가'는 우리가 '수·우·미·양·가'라고 할 때의 '가'로 새기는 것이 좋겠다. 아예 못쓸 것은 아니어서 셈에 넣긴 하되 아직 통 여물지 못했다는 평가다.

이 말씀은 곧 자공이 목표로 삼은 "가난하지만 알랑대지 않는 삶"이 아직 '가난/부유함'과 같은 물질적 조건에서 완전히 벗어나지 못했다는 지적이다. 정말로 '가난/부유함'을 벗어났다면 "가난하지만 알랑대지 않는다", "넉넉하지만 뽐내지 않는다"는 말 속의 '~이지만'이란 접속사가 없어야 하는 것이다. 곧 "가난하지만 알랑대지 않는다"고 말하는 자공의 마음속엔 아직도 가난과 싸우는 욕망의 찌꺼기가 남아 있다. 이를테면 마음으로는 가난이 싫은데도 겉으로는 그렇지 않은 척할 뿐인 것이다. 이렇게 '가난'과 싸우는 전쟁 상태, 또는 실제와 꿈 사이의 힘겨운 다툼 속에서 자공의 마음은 허덕이고 있다.

이 대목에서 제자의 뒤통수를 쳐 주는 스승의 일격이 "가난한데도 즐기고, 넉넉한데도 예를 좋아하는 것"이다. 여기 "가난한데도 즐길 줄 아는 삶貧而樂"이란 결코 '달동네 체질'을 두고 하는 말이 아니다. 즉 가난을 즐겨하는 미친 상태를 뜻하는 것이 아니다. 도리어 가난을 가난으로 여길 겨를이 없음, 또는 물질적 조건이 나의 일상생활을 침해하지 못하는 그런 '경지'를 이른다. 이미 가난은 내 마음속에 찌꺼기조차 존재하지 않는 것이다. 가난의 콤플렉스를 벗어던진 말간 평화의 자리다.

그러므로 공자가 제시한 새로운 삶, "가난한데도 즐기고, 넉넉한데도 예를 좋아하는 삶"은 '가난/부유함'과 같은 물질적 조건, 또는 욕망에서 벗어난 곳이다. 이제야 마치 한여름의 태풍이 지나간 해맑은 하늘처럼, 티 없고 왜곡 없이 사물을 바로 볼 수 있는 세계가 열린다.

(3) 자공이 대답했다. "『시경』에 이르기를 '자르고 쓸고 쪼고 닦는 듯 하는구나'라고 하였더니 그게 이를 두고 하는 말이군요!"

이 대목에선 자공의 날렵한 응대를 주목하자. 인용문(2)와 인용문(3) 사이에 비어 있는 짧은 여백을 말이다. 스승이 "가난한데도 즐길 줄 아는 삶이 있느니라"고 귀띔하자마자 곧 바로 터져 나오는 "『시경』에 이르기를, 자르고 쓸고⋯⋯" 운운하는 대답 사이에 존재하는 실로 미세한 비어 있음! 그것은 눈 깜짝할 사이에 불과하겠지만 사제 간에 지혜가 전승되는 찰나이며 자공으로 보자면 깨달음을 얻는 전광석화 같은 순간이다. 정녕 이 구절의 "자공이 대답했다"라는 말 앞에 감춰진, 공자의 통김이 끝나자마자 자공의 머리와 가슴에서 터지는 섬광을 느끼지 못한다면 이 장은 제 맛을 보지 못하고 넘어가는 것과 같다.

공자의 뒤통수치기에서 문득 자공은 깨우침을 얻은 것이다. 외부적인 물질(물욕)에 매여 있던 자신의 삶의 조건을 냅다 찢어 버리면, 또는 뚫어 버리기만 하면 바로 그 자리에 말간 즐거움과 전혀 새롭게 다가올 일상이 있다는 스승의 촌철寸鐵을 그는 퍼뜩 깨달아 삼켜 버린 것이다.

'아, 선생님. 저의 질문은 기껏 돌덩이에 불과한 것이었군요! 한참을 더 갈고 닦아야만 제대로 된 보석이 되리라는 말씀이시군요. 아직

갈 길이 너무나 멀군요. 다만 길만은 제대로 들어선 것이라니 감사합니다'라는.

그것은 물질에 대한 욕망 또는 결핍의 그늘을 벗어 버린 자리에 참된 인간의 삶(일상)이 존재하며, 그 일상이야말로 무엇과도 바꿀 수 없는 궁극적 가치를 뜻한다는 깨우침이다. 한 걸음 더 나아가자면 문제의 핵심은 물질적 욕망이지, 물질 그 자체는 아니라는 것. 자공은 그걸 알아챈 것이다. 드디어 자공은 준열하면서도 새로운, 그 '툭 트임'의 지평을 제대로, 화들짝 깨달아 버린 것이다.

바로 그 자리에서 자공은, 제 깨우침을 불현듯 『시경』의 시 한 구절로 도려내어, 전광석화같이 스승에게 되던진다.

"아! 선생님. 『시경』에 이르기를 '자르고 쓸고 쪼고 닦는 듯 하는구나'라고 하였더니 그게 이를 두고 하는 말이군요!"

그러면 되날린 자공의 칼날을 스승은 어떻게 받아넘기셨을까.

(4) 공자 말씀하시다. "녀석. 이젠 더불어 시를 말할 수 있겠구나! 지난 것을 퉁겨 주니깐 올 걸 알아채는구먼."

여기서 스승의 기꺼워하는 모습을 본다. 냉큼 낚아채어 제 식대로 소화하여 진리의 언저리로 뛰어오르는, 그 사이 훌쩍 커 버린 제자를 바라보는 스승의 입가에 함초롬한 웃음이 묻어 난다.

'녀석! 이제야 더불어 동료로서 문학과 사회를 논할 수 있겠구나.'

아! 이 말씀을 접한 자공의 기쁨을 또 어찌 말로 다 형용할 수가 있을까. 후다닥 스승과의 일합—合이 끝난 자리. 저 자신도 모르게 일합을 겨루고서 발을 땅에 딛고 겨우 몸을 추스르니, 벌써 그 땅은 좀전에 박차고 떠오른 그 땅이 아니다. 팽팽하고 치열하며 숨 막히는 일합 끝에, 이기는 사람도 없고 또 지는 사람도 따로 없는, 은근한 기쁨과 벅차오르는 감동을 사제 간의 자리 외에 또 어디서 맛볼 수 있을까.

공자의 뒤통수치기에서 퍼뜩 시 구절로써 화답한 자공의 성취는 그의 핏발지도록 절절한 질문에서 비롯하였음에 분명하다. 즉 자공이 문득 깨우치게 된 것은 물론 스승의 제대로 된 찌르기의 덕택이지만, 이미 반쯤은 자공 스스로 이룬 것이란 말이다. 비유컨대 계란 속의 병아리가 껍데기를 반쯤은 쪼아 낸 상태에서 어미 닭이 톡 쪼아 준 것이다. 병아리가 스스로 반쯤 쫀 흔적이란, 자공의 질문이 제 주변에서 문제를 발견하고 이를 스스로 곰삭힌 것이었음을 상징하는 것이다. 즉 절실하고 집요한 질문 만들기에서 벌써 배움의 절반은 끝나 있었다.

그렇다면 일합이 끝나고 난 정적의 긴 시간. 스승으로부터 인가認可를 얻은 자공이 취한 포즈는 무엇이었을까. 아마 흐느끼면서 무릎을 꿇고, 한순간에 높고도 깊은 경지를 맛보여 준 스승에게 감사의 예를 취하는 것이었을 터다. 눈에서는 눈물이 줄줄 흐르고.

그리하여 "실천보다 말이 앞서는 놈"[2:13]이라는 꾸지람과, 안연과 비교될 때 느꼈음 직한 가슴살 찢어지는 고통을 거름으로 삼아, 바로 이 일합을 통해 스승의 학술의 고갱이를 그 나름의 그릇만큼, 그리고 그에 걸맞게 안아 들일 수 있었다.

환골탈태

드디어 자공은 스승의 학술의 연원을 파악하기에 이르렀으니, 일찍이 스승이 "너는 내가 많이 읽어서 외우고 있는 사람으로 아느냐?"고 질문한 데 대해 "그렇습니다. 그렇지 않은가요?"[15:2]라고 되물었던 데에 비하면 그 질적 도약의 크기를 짐작할 수 있을 것이다. 다음 예를 보자.

위나라 대부, 공손조가 자공에게 물었다. "공자는 어디서 배웠소?"
자공이 말했다. "'성왕의 꿈'이 아직 땅에 떨어지지 않고 사람들 마음속에 남아 있소. 현인은 그 전모를 알고, 무지렁이라도 그 조각은 알아서 '성왕의 꿈'을 간직하지 않은 자가 없지요. 그러니 공자께서 누구에겐들 배우지 않았겠으며 또 어찌 일정한 스승이 있었겠소이까?" [19:22]

자공은 어느새 스승의 학술의 연원이 일상에서 우러나온 것임을 알아챘으니, 스승의 학술을 마치 백과사전을 읽어 외운 결과로 여겼던 초창기와는 얼마나 큰 차이가 있는 것인가!

이런 질적 도약으로 말미암아, 자공은 스승이 돌아간 뒤 공자에 대한 세간의 평가와 자신에 대한 인사치레에 다음과 같이 변호할 수 있었던 것으로 생각된다.

노나라 집정관, 숙손무숙*이 조정에서 대부들에게 말하였다. "자공은 공자보다 더 똑똑해." 자복경백**이 자공에게 말을 옮겼다.

자공이 말하였다. "집의 담장에 비유해 볼거나. 내 담장이 어깨 높이쯤이어서 집안이 환히 다 들여다보일 지경이라면, 우리 선생님 담장은 몇 길이나 높다네. 그러니 문으로 들어가지 않고선 종묘의 아름다움과 온갖 관리들의 호화로움을 볼 수가 없지. 허나 그 문 안으로 들어가 본 사람조차 드문 듯하니 그 양반(곧 숙손무숙)의 가당찮은 지껄임도 또한 그럴듯하다고 해야 할는지. 쯧!" [19:23]

자공의 말 가운데 "그 문 안으로 들어가 본 사람조차 드문 듯하다"는 데 유의하면, 자공은 자신이 '가까스로' 공자의 내밀한 경지에까지 들어가 보았던 경험을 매우 기꺼워하였음에 분명하다. 또 그 경험 때문에 이러한 비유, 즉 "높은 담 때문에 문으로 들어가지 않고서는 공자의 참 맛을 볼 수 없다"는 표현을 할 수 있었을 것이다. 그리고 그 경험이란 앞에서 스승과 벌인 일합에서 받은 감동이었을 것이다.

한편 공자가 자공의 키 높이를 인정하고, 자신의 동반자로 허락한 이후의 증거를 『논어』 속에서 찾아볼 수는 있을까? 다음 대목을 보자.

* 노나라 대부. 당시 노나라 권력층 가운데 일족一族인, 숙손叔孫 씨의 우두머리. 무숙武叔은 그가 죽고난 다음 붙여 준 시호.
** 노나라 대부. 자복子服은 성, 경백景伯은 자字. 어릴 적 이름은 하何.

96

자공이 여쭈었다. "군자도 미워하는 것이 있습니까?"

공자 말씀하시다. "미워하는 게 있지. 남의 잘못을 드러내는 짓, 수준이 낮은 자가 높은 사람을 헐뜯는 짓, 용맹스럽지만 무례한 짓, 과감하기만 하고 꽉 막힌 짓을 미워한다네."

공자 말씀하시다. "자네도 미워하는 게 있는가?"

"주워들은 걸로 자기 지식인 양 여기는 짓, 불손함을 용기로 오해하는 짓, 고자질을 정직으로 여기는 짓을 미워합니다." [17:24]

이 대화에서 공자는 자공의 질문에 대해 신중한 답을 내리고, 나아가 자공의 견해를 되묻고 있다. 그리고 자공의 응답에 대해 가타부타 딴 말씀이 없었던 것으로 보아, 고개를 주억거리면서 긍정한 것으로 여겨도 큰 잘못은 아니리라. 이것은 이미 공자가 "더불어 시를 논할 수 있는" 동반자로 자공을 대접하고 있는 표지이다. 그리고 사제 간의 짙은 교유交遊의 증거는 훗날 스승이 죽음에 즈음하여 자공에게 자신의 사후 처리를 맡기는 데서도 잘 나타난다. 요지는 당신이 은나라 후예이므로, 은나라 예법에 따라 장례를 치러 달라는 것이다.

스승은 돌아가셨으나, 자공의 뼛속 깊이 사무친 스승에 대한 고마움과 안타까움은 이루 형언할 수 없었을 것임은 2500년을 사이에 둔 오늘날 우리로서도 충분히 짐작할 만하다. 자공은 스승에 대한 삼년상조차도 아쉬워 차마 발을 떼지 못하고 다시금 삼 년 세월을 더 거듭하여, 도합 '육년상'을 치른다. 『맹자』가 전하는 다음 기사記事에서 우리는 스승에 대한 자공의 절절한 마음을 재확인할 수 있다.

옛날 공자가 돌아가시고 삼 년이 지났다. 제자들이 삼년상을 마치고 제각기 돌아가려 할 적에 자공의 여막˙에 들어가 서로 고별 인사를 나누며 통곡하였다. 다들 목이 쉰 다음에야 돌아갔다.

자공은 홀로 스승의 묘 옆에 여막을 다시 짓고 삼 년을 더 산 다음에야 돌아갔다. [3a:4]

자공의 예화는 사람이 인간답게 성장하는 데 스승의 적절한 가르침이 얼마나 중요하고 대단한가를 잘 보여 주는 것이다.

공자가 가르침을 베풀어, 이토록 큰 도약을 이룬 사람으로 자공만 한 인물이 없을 듯하다. 안연은 워낙 자질이 뛰어났으나 일찍 죽어 스승의 가슴에 못을 박고 말았고, 자로는 끝내 스승의 가르침을 받아들이지 못한 채 제 방식대로 삶을 마쳤던 데 비하면 그렇다.

˙ 여막: 무덤 가까이에 지어 상제가 거처하는 초막.

멋진 녀석들

6

옹야雍也 편

『논어』에는 공자의 세태평, 인물평이 한 축을 이룬다. 공자가 본 세계상을 살피면 거꾸로 공자의 '눈'을 읽을 수 있다. 공자가 좋아한 것과 싫어한 것을 헤아리면 그의 가치관을 알 수 있는 것이다. 이것은 선조들이 『논어』를 읽는 중요한 이유이기도 했다.

여기 옹야 편에는 공자가 그의 제자들과 당시 정치가들, 그리고 선배들에 대해 품평한 내용이 많이 실려 있다. 사마천의 「사기열전」이 사람 이야기여서 흥미가 있듯, 『논어』 속 사람 이야기도 흥미로워서 부담 없이 읽는 가운데 또 교훈을 얻을 수 있다.

그러면 옹야 편을 중심으로 멋쟁이들을 불러모아 보자. 안연이나 자로처럼 유명한 제자들은 따로 또 살필 기회가 있을 터이니 여기서는 잘 알려지지 않은 이들을 보자. 첫째는 맹지반, 둘째는 칠조개, 셋째는 민자건, 그리고 담대멸명, 네 사람이다.

맹지반

맹지반孟之反은 노나라 대부였을 것으로 추측되는 인물이다. 노나라 역사책 『춘추』에서는 맹지측孟之側으로, 『장자』에서는 맹자반孟子反이란 이름으로 출현한다.

공자 말씀하시다. "맹지반은 자랑할 줄 모르는 사람이더구나. 싸움터에서 앞장 서 용감하게 싸우다가 후퇴할 적엔 제일 뒤에 처져 아군을 보호했다지. 성문을 닫으려는 아슬아슬한 참에야 말에 채찍질을 하면서 겨우 들어왔다더군. 그러고는 하는 말이 '내가 용감해서 뒤에 처진 것이 아니라, 이 놈의 말이 늦어 빠져서 말이야'라고 했다네." [6:13]

나는 이 대목을 『논어』 전체에서 가장 멋진 장면으로 꼽고 싶다.

여기 '맹지반'이라는 장수가 있다. 성문을 나서 적과 대치하는데 둥둥둥 공격의 북이 울리면 제일선에 앞장서서 나가 싸운다. 그러다가 쟁쟁쟁 후퇴의 징소리가 울리면 가장 후미가 될 수밖에. 그런데도 그는 아군이 성 안으로 다 퇴각할 때까지 뒤에서 적의 추격을 막는다. 적의 추격은 더욱 맹렬하여 성문 앞에 이르러 성 안으로까지 쳐들어올 기세다. 놀란 수비대는 급히 성문을 내려야 할 참이다. 그런데도 맹지반은 아군들이 모두 성문 안으로 들어가는 것을 확인한 다음, 성문이 거의 닫히려는 아슬아슬한 찰나, 그제야 말에 박차를 가하고 채찍질하면서 날 듯이 성안으로 뛰쳐 들어온다. 그러고서는 한다는 말이 "이 놈의 말은 왜 이렇게 느려터진 거야!"

멋있다. 서부 영화의 한 장면 같지 않은가? 그 용맹에 감탄하여 다들 우레 같은 박수로 환호하는 와중에도, 자기가 용감해서 더디 온 것이 아니라 말이 느려서 그랬을 뿐이라고 변명하는 말투라니!

맹지반은 역사적으로 실재했던 인물인 것이 분명하다. 노나라 역사책 『춘추春秋』에도 이 사건이 실려 있는 것으로 봐서 그렇다.

노나라 군사들이 제나라군 쪽으로 공격해 들어갔지만, 오른쪽 편대는 궤멸되고 말았다. (……) 그때 오른쪽 편대의 장수 맹지측(맹지반)이 뒤에 처져 맨 후미가 되었다. 그는 화살촉은 빼어 내고 화살대로 말을 채찍질하며 말하기를 '이놈의 말이 늦어 빠져서 원!'이라고 하였다.

공자가 맹지반을 칭찬한 것은 '자신의 공적을 자랑하지 않음', 즉 겸손함 때문이다. 용기는 육신의 힘 자랑이 아니라 그 힘으로 얻은 공을 뻐기지 아니할 때에야 얻어지는 것이다. 쉽게 오해하듯 용기는 센 주먹이나 날랜 발길질에서 생기는 것이 아니라, 나를 낮추고 남을 배려하는 마음가짐에서 피어나는 것이다. 용기의 집은 '몸'이 아니라 '마음'이라는 것. 그러므로 용기는 정의, 덕성 같은 말과 깊이 관련된다. "정의를 보고도 행동하지 않는 것이야말로 용기 없는 짓이다"[2:24]라는 지적은 이 대목에서 유용하다.

나아가 용기는 타인에 대한 사랑을 뜻하는 인仁과도 관계가 밀접하다. 『중용』에서 용기를 "지혜, 인仁과 더불어 인간의 위대한 세 덕성" 중 하나로 꼽은 것도 그런 관련성을 염두에 둔 결과이다.

흥미롭게도 공자 자체가 용맹과 관련이 깊은 인물이다. 공자의 아버지 숙량흘은 성문의 빗장을 들어올릴 정도로 힘 세고 용맹스러운 용사였다고 한다. 공자 역시 키가 크고 몸집이 장대하였으며 생김새는 우락부락하고 머리통은 울퉁불퉁한 짱구머리였다고 하였으니(『공자세가』) 전형적인 무인의 모습이었다.

자칫 우리는 공자를 샌님 풍의 백면서생으로 오해하기 쉬운데, 실은 조선 시대 선비들의 초상화에 보이는 문인이 아니라 '한 주먹'하는 무골풍이었음을 염두에 둘 일이다. 더욱 흥미롭게도 『여씨춘추』*에는 "공자가 도읍 성문의 빗장을 들어올릴 정도로 힘이 세었다"는 기사가 있다. 아마도 아버지의 피를 이어받아 공자 또한 용사의 자질이 있었던 것 같다. 물론 함부로 힘을 쓰지 않았기에 용사로서 알려지지는 않았지만 말이다.

이런 공자였기에 맹지반의 용맹과 그 덕성에 감동하고 또 칭찬할 수 있었으리라. 그런데 『논어』에는 맹지반과 같이 용맹을 갖추었지만 도리어 공자한테 비판을 당하는 장사도 있어 비교가 된다.

공자 말씀하시다. "난 아직 진정한 강자를 보지 못했네."
누가 대답하였다. "왜 신정이란 사람이 있지 않습니까?"
공자 말씀하시다. "그자는 억지로 힘을 쓰는 것이니, 어찌 제대로 강한

● 『여씨춘추呂氏春秋』: 진나라 시황제의 진짜 아버지로 알려진 여불위呂不韋가 편찬하였다는 역사서. 공자가 편찬했다는 노나라 역사서 『춘추』와는 다른 것임에 유의할 것.

사람이라고 할 수 있겠더냐." [5:10]

추측컨대 '신정'이란 인물은 차력사처럼 힘 자랑을 해서 당시 사람들 입에 오르내리던 용사였던 모양이다. 힘을 쓰는 용사라는 점에서는 앞서 맹지반이나 여기 신정이 다 같은 부류이다. 도리어 문맥으로보면 신정이 맹지반보다 더 힘이 세다고 할 수 있는데 공자가 그를 비판한 것은 신정이 몸에서 나오는 힘에 얽매여 겸손이나 겸양의 도리를알지 못한 '천한 사내賤丈夫'였기 때문이다.

요컨대 용기란 힘을 발휘하는 것, 즉 '몸의 윤리'가 아니다. 용기는벌써 겸손과 겸양이라는 '마음의 윤리'인 것이다. 공자에 이르러 용기는 덕과 밀접한 관련을 갖는다.

흥미롭게도 고대 그리스의 소크라테스 역시 젊은 시절 보병여단에소속된 용맹스러운 전사였다. 소크라테스는 『대화』에서 용기라는 덕목이 전쟁터에서 생긴 것임을 추론하고 있는데, 두려움을 무릅쓰고재빨리 적을 공격하는 것과 죽음을 무릅쓰고 참호를 지켜 내는 행동들을 모두 '용기'라는 덕목 속에서 논하고 있다.

뿐만 아니라 고대 그리스 작가 호메로스 역시 '덕이란 곧 용기에서비롯된 것'으로 보았다. 호메로스 시대의 용기는 남자다움의 핵심 요건이었기 때문에 용기가 곧 덕이고 또 지고의 가치였던 것이다. 이렇게 보자면 고대 중국에서도 고대 그리스와 마찬가지로 용기는 전쟁터에서 생겨난 것임에 분명하다.

어쨌든 공자가 전쟁터에서 태어난 용기 속에 공로를 뻐기지 않고 사양하며, 또 남을 배려하는 마음을 특별히 중시하였음을 알 수 있다. 그리고 이것이 발전하면 유교에서 숭상하는 덕德으로 승화된다는 점도 짐작할 수 있다. 공자가 맹지반을 크게 칭찬한 까닭이 이 지점에 있으며, 또 수천 년을 흐른 오늘날 우리들 눈에조차 그가 멋있게 느껴지는 까닭도 '용기 ─ 덕 ─ 사양하는 마음'들이 공유하는 호감 때문일 것이다.

칠조개

성은 칠조漆彫, 이름은 개開. 무협武俠의 냄새가 나는 인물이다.

> 공자가 제자 칠조개에게 벼슬자리를 알선해 주었다.
> 그는 "저는 아직 그 자리를 맡을 만한 깜냥이 되지 못합니다."라고 하였다. 공자가 이 말 듣고 기뻐하였다. [5:5]

오늘날처럼 직장이 흔전만전한 시대에도 지도 교수가 직장을 알선해 주면, 학생들은 그저 고마워서 어쩔 줄 모른다. 옛날 춘추 시대라면 직장도 변변찮을 뿐만 아니라 그 숫자도 많지 않았을 것이다. 혹 칠조개는 가난했을지도 모른다. 이에 스승이 나서서 직장을 알선해 주었던 것이리라.

그런데 그 당사자가 기뻐 날뛰기는커녕, "저는 아직 그런 자리를 맡을 만한 실력이 없습니다"라고 하였다니, 스승의 놀라움이 어땠을까? 요컨대 칠조개는 자기 실력을 객관적으로 파악할 만큼 '성찰하는 힘'

이 있었다는 뜻이고, 또 외부의 편안한 자리에 목매는 소인배가 아니라는 뜻이기도 하다.

공자 학교의 제자들조차 대부분은 삼 년쯤 공부하면 "어디 직장이 없나"하고 두리번거리기가 일쑤였다. 공자 스스로, "삼 년을 나에게 배우고 나서 직장을 구하려 들지 않는 녀석을 찾기 어렵더구나"[8:12]라고 개탄한 적이 있을 정도인 것이다.

많은 제자들의 세속적 욕망에 실망하고 있던 공자는 칠조개의 겸양에 티끌 없이 기뻤다. 차가운 자기 성찰과 더불어 가난과 부유함이라는 물질적 조건 너머에 인간다움이 있다는 가르침의 핵심을 파악한 제자에게서 큰 기쁨을 느낀 것이다. 이미 어지간한 수준은 넘어섰기에 스승이 직장을 알선해 주었을 텐데도 말이다.

스스로 미숙함을 인정하고 남이 내게 보내는 칭찬을 거부하기는 쉽지 않다. 이것 역시 '용기'인 것이다. 위에서 맹지반이 보여 준 용기가 전쟁터에서 피어난 원초적인 것이라면, 칠조개가 보여 준 것은 일상생활 속에서 펼친 용기라고 할 수 있으리라.

그런데 어느 일본 야구 선수의 몸짓에서도 칠조개의 냄새를 맡는다. 무려 84년간 난공불락이던 미국 프로야구 메이저리그에서 한 시즌 최다 안타 기록을 여봐란 듯이 깨 버린 스즈키 이치로鈴木一朗라는 야구 선수이다. 2004년 당시 31세라니, 선수로서는 야구 철학을 가질 만하지만 아직 젊은 나이이다. 이런 그가 일본 정부에서 수여하는 국민 영예상 제의를 "나는 아직 미숙한 사람이다"라면서 거부한 것이다. 이를 두고 한 신문 기자는 이렇게 썼다.

국민 영예상을 웬만한 선수라면 '무한한 영광이다. 더욱 열심히 하라는 뜻으로 알겠다'며 슬그머니 받아들였음 직한데도 그는 끝내 도리질했다. 고이즈미 준이치로 일본 총리가 '100년 만에 한 번 나올까 말까한 위대한 선수'라고 치켜세우지 않아도 이치로의 위업은 더 이상 말이 필요하지 않다. 국민 영예상을 마다한 이치로의 영웅적인 겸손에 한 번 더 가슴이 찡해진다.

사실 인간의 본성 가운데 가장 넘기 힘든 장벽이 겸손의 반대말인 오만이다. 오죽하면 성경에 겸손을 주문한 구절이 32곳이나 될까. 가수 조영남도 '겸손은 힘들어'란 퍽 특이한 노래로 이를 방증해 준다. '……돌아가신 울아버지 울어머니 겸손하라 겸손하라 하셨지만 지금까지 안 되는 것은 딱 한 가지, 그건 겸손이라네.' 이치로의 겸양은 그래서 빛난다.[•]

2004년 야구 선수 이치로가 말한 "저는 아직 미숙한 사람입니다"라는 겸양의 변과, 2500년 전 "저는 아직 그 자리를 맡을 만한 깜냥이 되지 못합니다"라는 칠조개의 겸손은 그 얼마나 흡사한가. 또 얼마나 뭉클한가. 시대를 초월하여 공자와 우리가 더불어 느끼는 뭉클함의 보편성은 그들의 용기, 즉 겸양이 빚어 낸 멋에서 비롯하는 것이다.

민자건

이 사람 역시 공자 제자다. 성은 민閔, 자건子騫은 자, 그리고 이름은

• 김학순 기자, 『경향신문』, 2004. 10. 13.

손損이다. 공자보다 15세 연하였다.

당시 권력자인 계씨季氏가 민자건을 요충지 비費 성의 책임자로 삼으려고 사신을 보냈다.

민자건이 사신에게 말했다. "날 위해 잘 좀 말해 주오. 만일 또다시 날 보고 그런 일을 맡으라면, 난 문강 너머 가 있을 거요!" [6:7]

문汶강은 우리나라 압록강처럼 노나라와 제나라 사이 국경을 가르는 강이다. 그러므로 문강을 건넌다 함은 '또다시 나더러 이 정권에 참여하라고 권한다면 고국을 떠나 망명하겠노라'는 뜻이 된다. 이로써 민자건은 계씨 정권이 노나라 왕정을 찬탈한 부당한 정권이기에 그들과 함께 하지 않겠다는 결연한 의지를 보인 것이다.

진한秦漢 시대를 지나면서 천하통일이 된 이후는 달라지지만, 공자가 살던 춘추 시대는 사士(지식인 또는 무사) 계급에게 정권에 대한 충성을 일률적으로 강제할 수 없는 자유 공간이 남아 있었다. 뜻이 맞으면 벼슬 살지만, 뜻에 어긋나면 언제든지 망명할 수 있었던 것이다. 이런 자유 공간이 있었기에 사 계층의 의기는 그 어느 때보다 높았다. 먹고 사는 것은 곤궁했을지라도.

한편 부당한 정권에 대해서 매몰차게 대하는 민자건이 집안에서는 대단한 효자였다.

공자 말씀하시다. "민자건은 정녕 효자로구나. 부모형제들이 자기 가족

을 자랑하면 사람들이 입을 삐죽거리게 마련인데 민자건이 효자라는 말
에 대해서는 누구도 군소리를 달지 않으니." [11:4]

국가에 대해서는 정의를 내세워 저항하고, 집에서는 효성을 다해
내남없이 두루 인정받을 만한 효자였다니, 민자건은 안팎으로 반듯한
선비였음에 분명하다. 민자건의 사례는 오늘날 유교 사상을 충효 사
상으로 오인하는 데 경종이 되어 준다. 즉 '부모에 대한 효도'와 '국가
에 대한 충성' 사이에 등호를 긋는 이른바 충효 사상은 『논어』와 상관
없는 훗날 천하통일 시대의 논리라는 점이다.•

이런 사람을 어찌 공자가 아끼지 않았으리오. 공자가 민자건을 사
랑했던 흔적은 『논어』의 여기저기서 발견할 수 있다. 그의 굳센 의기
를 느낄 수 있는 대목을 소개한다.

노나라 사람들이 창고를 새로 지었다. 민자건이 말했다. "옛 창고를 고쳐
쓰면 될 걸, 꼭 새 창고를 지어야 하는가?"
공자 말씀하시다. "저 사람은 말을 안 할지언정, 하면 꼭 들어맞는 말만
하더구나." [11:13]

• 『논어』에서 충忠은 자기 행위에 대한 성찰, 즉 '충실성'을 의미한다. 이것이 국가(군주)에 대
한 충성의 뜻으로 쓰이기는 전국 시대의 『순자荀子』에서 비롯된다. 그리고 충과 효를 연결하
여, "부모에게 효도하는 사람이 임금에게도 충성한다"는 '충효 이데올로기'는 한漢나라가 천
하를 통일하면서 유교가 통치의 도구로 변질되면서부터다. 이렇게 유교의 변화를 이끈 대표
적 사상가가 동중서董仲舒(B.C 170~B.C 120?)다. 저작으로는 『춘추번로春秋繁露』가 유명하다.

여기 새로 지었다는 창고란 곧 세금 창고를 말함이니, 창고를 새로 늘려 짓는다는 것은 백성들에 대한 수탈이 심해질 것이라는 뜻을 예고한다. 이에 스승은 민자건을 두고 "평소에는 과묵하지만, 말을 하면 합당한 말만 하노라"고 무릎을 치며 칭찬한 것이다. 따로 『논어』에는 "민자건이 스승을 모실 때는 있는 듯 없는 듯 조용하였다"[11:12]는 평이 있는 것으로 보아, 그는 평소에 과묵한 사람이었던 듯하다. 그럼에도 집에서는 효도하고 또 나랏일에는 정의로운 사람이니, 공자가 그리워하던 군자의 모습에 부합하는 인물이었던 셈이다.

공자가 "군자란 말은 어눌하면서 행동은 민첩한 사람"[4:24]이라고 정의한 대목이나, "사람됨이 강직하고 굳세고 소박하면서 말은 어눌할 때 인仁한 경우가 많더구나."[13:27]라는 경험론을 편 것도 민자건의 경우에 들어맞는다. 군자와 인의 덕목들을 두루 갖춘 민자건이기에 수제자인 안연과 더불어 덕행德行을 성취한 제자로 일컬었을 것이다[11:2].

담대멸명

이 사람에 대한 정보는 확실한 것이 없으나, 훗날 공자의 제자가 되었다고 전한다. 성은 담대澹臺, 이름이 멸명滅明.

공자 제자인 자유가 무성武城 땅의 책임자가 되었다.

공자 말씀하시다. "자네, 사람을 얻었는가?"

자유가 말했다. "네. '담대멸명'이란 자가 있습지요. 길을 가도 샛길을 걷

지 않고, 공적인 일이 아니고선 한 번도 저의 집에 들른 적이 없는 사람입니다." [6:12]

　행정 책임자가 된 제자에게 공자가 던진, "사람을 얻었는가得人"라는 질문은 평범하게 보이지만 실은 공자 정치학의 핵심이 깃든 말이다. 공자 정치학은 법이나 제도로써 다스리는 이른바 법치法治가 아니라, 유능하고 또 인격적으로 탁월한 사람賢能이 다스리는 이른바 덕치德治를 중심으로 하기 때문에 '사람 쓰기'에 공자 정치학의 사활이 걸려 있다.

　지금 담대멸명은 공공 의식이 투철한 사람이어서, 길을 걸어도 큰길을 걷는다고 하였다. '샛길을 걷지 않는다'라는 말은, 사람됨이 공명정대하여 사사로이 자기 이익을 탐하는 짓을 한 적이 없다는 뜻이다.

　뿐만 아니라 직속 상관인 자유의 집에는 공적인 보고 사항 이외에, 선물을 가지고 온다든지 관청에서 쓰는 물건을 상납하는 따위의 일은 한 번도 없었다고 했다. 요컨대 공공성에 투철한 관료의 모습을 담대멸명의 행동에서 잘 볼 수 있다.

　이것은 앞으로 '선비 정신'으로 전개될 공자 사상의 한 특징이라고 할 수 있다. 공자가 "'공공을 위해 살겠노라' 뜻을 세운 선비가 옷이 헐하다고, 또는 먹는 것이 박하다고 부끄럽게 여긴다면, 더불어 의논할 사람이 되지 못한다"[4:9]라고 했던 그 선비의 면모는 담대멸명의 공공 의식과 통하는 바가 있는 것이다.

　나아가 이런 공공 의식은 차후 선비들이 '세상을 구하겠노라'는 구

세救世의 책임 의식으로 전개된다. 증자曾子가 이를 잘 지적하고 있다.

> 증자*가 말했다. "선비라면 뜻을 넓고 굳세게 갖지 않으면 안 되리라. 맡
> 은 임무가 무겁고 나아가야 할 길은 멀기 때문이다. 인仁으로 자임하
> 였으니 얼마나 무거운가? 죽어서야 끝나는 길이니, 또 얼마나 먼가?"
> [8:7]

이런 공공 의식과 책임 의식은 훗날 조선 시대 선비들에게서 풍성
한 열매를 맺을 것이니, 그 의의가 크다고 할 수 있다. 유교의 핵심 가
치를 곧 선비 정신으로 평가하는 까닭도 이런 맥락에 있는 것이다.**

『논어』속에 등장하는 잘 알려지지 않은 인물들 중에서 공자가 칭찬
한 멋쟁이들을 추려 살펴보았다. 자기 공적을 자랑하지 않는 전쟁터
의 영웅(맹지반), 직장을 구해 주어도 거기에 미칠 수 없다고 겸양하는
속 깊은 선비(칠조개), 옳고 그름을 명확하게 판단하고 부당한 정권을
비판하지만 집에서는 둘도 없는 효자(민자건), 공공 의식에 투철하여 조
금도 사사로움이 틈입할 수 없었던 관료(담대멸명)들이 공자가 기꺼워
하였던 인물상이다.

물론 이들만이 공자가 칭찬했던 인물은 아니다. 공자가 제자들을
평하면서 덕행德行이라는 항목 속에 넣은 안연, 염백우, 중궁 같은 이

● 증자曾子는 성은 증曾, 이름은 삼參. 자는 자여子輿이다. 노나라 출신으로 공자보다 46세
어린 후반기 제자이다. 효성으로 이름났다.
●● 선비에 대한 보다 상세한 논의는 14장 '선비가 걸어온 길'—헌문 편을 참고하자.

들도 두루 몹시 아꼈던 제자들이다. 이들에 대해서는 따로 또 이야기
할 기회가 있을 것이므로, 여기서는 생략한다.

7

술이述而 편

공자의 학교

한 시인은 오늘날 학교의 모습을 "돈만 내면 즉석에서 흔쾌히 모든 걸 전수해 주는 화끈한 싸부님들"과 "아무 때나 발랄하게 하산"하는 제자들로 이뤄졌다고 조롱한 바 있다.

그러면 '학이시습지 불역열호'라, 배움과 익힘을 이마에 붙이고 있는 『논어』에서 그려지는 공자 학교의 모습은 어떠할까. 여기 술이 편에는 공자의 가르침에 관한 이야기들이 모여 있다. 즉 공자 학교의 현장 중계가 술이 편의 주제다.

공자가 학교를 '정식으로' 꾸린 기간은 죽기 직전 3년 정도에 불과하다. 자신의 정치 철학을 제후들에게 설파하느라 중년기를 다 보내고, 69세라는 늙은 몸을 이끌고 조국인 노나라로 돌아와 73세의 나이

• 유하, 「돌아온 외팔이―영화사회학」, 『무림일기』, 세계사, 1995.

로 죽기 전까지 고작 3년 남짓이 '교사'라는 자의식을 가지고 학생들을 가르친 기간이었다.

14년 가까이 유랑하고도 정치적 이상을 실현할 방도를 얻지 못한 늘그막의 공자는 진陳 땅에서 이런 푸념을 토로하고 있다.

공자 진나라에서 말씀하시다. "돌아가야겠다. 돌아가야겠어! 우리나라 젊은이들 뜻만 높지 실력을 갖추지 못했다니. 눈부신 비단천은 가졌으나 제대로 옷을 만들지 못한다는구나!" [5:21]

훌륭한 재질을 갖고 있으면서도 이를 옳게 다듬지 못하고 있는 조국의 젊은이를 가르치겠다는 교육 열정이 담긴 각오다.

열린 학교

공자는 어떤 자세로써 제자들을 대했을까. 우선 그는 학교 문을 활짝 열었다. "배우고 싶은 자는 누구든 와라!" 이것이 공자 학교가 갖춘 가장 큰 특징이었다. 민주·평등 교육을 이미 2500년 전에 실천한 인물이 공자인 셈이다.

공자 말씀하시다. "스스로 '간단한 인사'를 차릴 줄 아는 사람이라면, 나는 누구에게든 가르침을 베풀었노라." [7:7]

'간단한 인사'로 번역한 속수束脩란, '말린 고기 한 묶음'을 말한다.

모양으로 하자면 육포, 쥐포, 오징어포 같은 것이다. 이 한 묶음만 가져와 스승과 제자의 예를 차릴 줄 안다면 기꺼이 자신의 가르침을 베풀었다는 것. 오늘날로 치면 '캔 커피 한 박스'나 '주스 한 통' 정도에 해당하는 것이 속수다(그래서 '간단한 인사'로 번역하였다). 요컨대 입학 조건이 물건(학비)이 아니라 학생의 '배우려는 마음가짐'에 달려 있었다는 뜻이다.

이런 열린 자세는 '양반 자식들'에 국한된 것이 아니었다. 당시 천민으로 버림받은 사람들에게조차 다 열려 있었다.

호향은 말이 통하지 않는 천민 집단이었다. 그 쪽 아이가 공자를 뵈러 왔다. 제자들은 당황하여 이러지도 저러지도 못했다.

공자 말씀하시다. "발전하려고 애쓰는 사람은 손을 잡아 주고, 뒤로 퇴보하는 이는 꾸짖어 주어야 하는 법. 그런데 어찌 이다지도 사람 차별이 심하신가! 과거에 잘못이 있는 사람도 제 잘못을 뉘우치고 나아가려 한다면 그 뉘우친 것을 기꺼워하고, 과거의 잘못은 눈감아 주는 법이거늘!"

[7:28]

한마디로 계급과 인종을 초월하여 누구든 와서 배우라는 것이니, 인간에게 지성의 중요성을 깨달은 공자의 '트임'이 아니고서는 불가능하였을 일이다. 진리를 깨우치고자 하는 공자의 치열한 구도정신求道精神은 다음 말에서도 잘 드러난다.

공자 말씀하시다. "아침에 진리道를 깨달으면, 저녁에 죽어도 좋으리!"
[4:8]

본인 스스로 진리 추구와 그것을 획득한 지성에의 갈증, 또 이를 얻기 위한 과정에 치열한 고투가 있었기에 전후좌우로 툭 트인 학교를 건설할 수 있었을 것이다.

엄격한 학교

이렇게 활짝 열린 학교 문은 또한 제대로 공부하지 않는 사람에겐 금방 닫혀버리는 문이기도 했다. 곧 공자 학교의 두 번째 특징은 엄격함이다. 공자가 안연과 자공을 비교하여 자공의 '가슴'을 무자비하게 찢는 장면을 보았듯, ● 결코 쉬엄쉬엄 배우는 곳이 공자 학교가 아니었다.

공자 말씀하시다. "첫째, 나는 학생이 '모르는 것이 분해서 어쩔 줄 몰라' 하지 않으면 깨우쳐 주지 않는다. 둘째, 학생이 '말로 표현하려고 애쓰지' 않으면 틔어 주지 않는다. 그리고 '한 모퉁이를 들어 보여 주었는데 나머지 세 모퉁이를 알아채지 못하는 이'에겐 두 번 다시 반복하지 않는다." [7:8]

배우려는 이에게는 다 열려 있는 문, 그러나 옳게 배우려 들지 않는

● 5장 '자공이라는 제자' - 공야장 편 참고.

이는 남겨 두지 않는 엄격함. 이것이 공자 학교의 모습이었다.

우선 배우려는 자가 열의에 넘쳐야 한다. 이를테면 '똑같이 하루에 밥 세 끼 먹고 똑같이 스물네 시간을 지내는데, 저이는 어찌하여 저렇게 뛰어나고 나는 어찌하여 이다지도 무지한가!'라며 발분發憤하여 배움에 매진하는 자세를 이름이다. 이것은 맹자가 전한 바, 안연이 품었다는 '해맑은 분노', 즉 "성인이신 순舜은 어떤 사람이며, 난 또 어떤 사람인가. 나도 순과 같은 성인이 되지 말란 법이 있는가"(『맹자』 3a:1)라던 자책과 같은 것이다.*

의자를 바짝 끌어당기고 반듯하게 앉아 스승이 가르치는 것을 하나도 빠뜨리지 않겠다는 자세로 눈을 부릅뜨고 배움에 임하는 것이다. 그리하여 "닿지 않는 물건을 집으려고 손끝을 안타까이 뻗듯, 또 손 안에 든 것은 흘려버릴까 조심조심하듯"[8:17] 배운 것을 안타깝게 여기지 않는 제자에게는 가르침을 다시는 내리지 않았다는 것이다.

한 걸음 더 나아가 배움에 대한 열정뿐만 아니라 지혜 또한 요구하였던 것이니, 책상에 비유하자면 스승이 그 중 "한 모퉁이를 들어 보여 주었을 때" 학생이 "그 나머지 세 모퉁이를 알아채지 못하면" 또 "두 번 다시 반복하지 않는다"는 엄격한 원칙을 갖고 있었던 것이다. 이렇게 공자 학교는 학생들에게 배움에 대한 열정과 애정, 그리고 지혜를 모두 요구한 엄격한 학당이었다.

---

* 순임금이나 안연이나 다 똑같은 사람인데, 어찌 한 사람은 성인이 되고 또 한 사람(안연 자신)은 이렇게 밥만 축내며 사느냐는 무서운 자책의 뜻.

질문해야만 가르친다

공자 학교의 세 번째 특징은 '질문하지 않으면 답하지 않는다'는 원칙이 관철되었다는 점이다. 『논어』 대부분은 제자들이 스승에게 질문하여 획득한 답변들로 이뤄져 있다. 요컨대 질문할 줄 아는 자만이 제자이며, 질문에 정답을 내릴 수 있는 자가 스승이다. 이 장 첫머리에 인용한 시인 유하의 조롱처럼, "돈만 내면 즉석에서 흔쾌히 모든 걸 전수해 주는 화끈한 싸부님들"은 결코 『논어』 속의 스승이 아니며, 또 돈을 내고 배우다가 "아무 때나 발랄하게 하산"하는 제자는 더더욱 원래의 제자가 아니다.

문제는 '질문다운 질문'은 결코 쉽게 만들어지지 않는다는 사실이다. 아마 여러분들도 당혹스런 순간들을 가끔 맛보았을 것이다. 수업시간 말미에 선생님이 "자! 질문 있는 사람, 질문해 봐라."라고 말씀하셨을 때, 갑자기 몰려드는 그 '멍'한 느낌 말이다. 어쩌면 대답보다 질문이 더 어려울지 모른다. 그래서일까? 서양의 소크라테스는 질문자였다. 플라톤이 기록한 『대화』에는 끊임없이 질문을 통해 진리를 찾아가는 스승 소크라테스의 모습이 잘 그려져 있다.

이에 반해 공자는 답변자이다. 『논어』에서 질문은 제자들이 행한다. 우리는 앞서 자공이 질문을 통해 진리를 획득해 가는 찬란한 과정을 지켜본 바 있다. "가난하지만 알랑대지 않고, 넉넉하지만 뽐내지 않는 것은 어떻습니까?"라는 질문에 대해 스승이 내린 "나쁘진 않지. 그러나 가난한데도 즐기고, 넉넉한데도 예를 좋아하는 것만은 못하지." [1:15]라는 답변과 이 과정에서 자공이 획득한 깨우침 말이다.

다만 질문이 없으면 대답하지 않는 교육 방식은 공자에게만 국한된 것이 아니다. 어쩌면 동양의 학술 승계가 두루 질문과 답변의 형식을 통해 이뤄졌을 것이다. 신화학자 조셉 캠벨이 지적한 바, "동양 학문의 특징은 아무리 현자라도 질문을 받지 않으면 가르쳐 주지 않는 것"이라는 말이 그런 뜻을 잘 보여 준다.*

공자 학교는 크게 세 가지 특징을 갖고 있었다. 첫째는 열린 학교로서의 면모요, 둘째는 엄격한 교육 과정이요, 셋째는 질문하여야만 대답을 내리는 교육 방식이다.

커리큘럼

그러면 공자 학교의 커리큘럼은 어떠했을까.

공자는 네 가지를 가르치셨는데, 글文과 올바른 몸짓行, 성실한 마음忠, 신뢰信가 그것이었다. [7:24]

이것은 공자 학교의 교육 이념이라고나 할까, 그런 것이다. 이보다 현장감이 묻어나는 교육 과정 자료로는 다음이 더 구체적이다.

공자는 표준말로 가르치셨다. 시詩와 서書를 강독하고, 예禮를 실습할 적엔 꼭 표준말로 하셨다. [7:17]

● 조셉 캠벨, 이윤기 옮김, 『신화의 힘』, 고려원, 1996.

즉 공자 학교의 교과 과정은 시詩와 서書, 그리고 예禮 실습으로 이뤄졌음을 알 수 있다. 이들 과목에 대해 공자는 매우 신중하였고, 그 표준적인 의미를 잃지 않기 위해 '주나라 서울말'을 사용하고자 했음을 알 수 있다. 그러면 이 가운데 시에 대해 잠시 살펴보자.

시詩란 옛 노래 가사집이다. 멜로디는 사라졌지만 중국 도처에 전래된 민요, 노동요, 그리고 찬송가들의 노랫말을 모아 묶은 것이다. 수많은 노랫말 가운데 가장 뜻깊은 삼백 편을 추려서 묶은 것인데 오늘날도 『시경詩經』이란 이름으로 전해지고 있으며 '사서삼경'이라고 할 때의 삼경三經 가운데 하나다.* 그런데 『시경』을 편집한 사람이 공자였을 것이라는 주장이 많다. 그 진위 여부는 내버려 두더라도 『논어』 속에는 공자가 시를 편찬한 기본 정신을 지적한 구절이 있어 눈길을 끈다.

공자 말씀하시다. "시경 삼백 편의 뜻을 한 마디로 압축하면, '진솔함'일 따름이다." [2:2]

공자가 진솔함을 시경 편찬의 원칙으로 삼았다고 한 것은, 예를 들어 연애시라면 사랑하는 마음이 오롯이 담긴 것을, 노동요라면 힘든

---

* 나머지 둘은 『서경書經』과 『주역周易』이다. 본문에 "시와 서를 강독하였다"고 하였으니 곧 『시경』과 『서경』이 공자 당대에도 책으로 존재하였음을 말한다. 그리고 "내게 몇 해가 더 있어, 오십에 주역을 배울 수 있다면, 큰 허물은 없을 터인데"[7:16]라는 공자의 한탄으로 보아, 『주역』도 당시에 책으로 존재하고 있었음을 알 수 있다. 즉 사서삼경 가운데 사서四書, 즉 『논어』·『맹자』·『대학』·『중용』은 공자 후대에 생긴 것이지만, 삼경, 즉 『시경』·『서경』·『주역』은 공자 당대에 있었고 또 공자 학교의 교재이기도 했다는 점을 알 수 있다.

여름 농사일엔 힘겨워하고 가을 추수는 흥겨워하는 농민의 마음이 투명하게 드러난 것을, 또 반체제 가요라면 정부에 대한 증오가 뚝뚝 떨어지게 묘사된 것을 중시했다는 뜻이다. 곧 '노래를 위한 노래'. '음악을 위한 음악'이 아니라 삶 속에 묻어 있는 진실이 노랫말로 잘 승화된 것을 최상으로 쳐서 그 가운데 삼백 편을 뽑아 선집으로 만든 것이라는 뜻이다.

이처럼 수많은 시들 가운데 선집을 편찬할 수 있을 정도로 시 정신의 핵심을 꿰뚫은 공자였기에 시어詩語가 함축하고 있는 문학적 의미를 파악하는 데도 웅숭깊은 통찰력을 보여 주고 있다. 다음을 보자.

"당체꽃이여. 바람에 휘날리는구나. 어찌 그대가 생각나지 않으리오마는, 서로 떨어진 거리가 너무 멀구나."
공자가 비평하기를, "생각이 없어서 그런 거지, 거리가 먼 게 무슨 문제가 될까!" [9:30]

공자가 어디서 노래를 들었다. '꽃나무가 바람에 살랑살랑 흔들거리는 것이 마치 고향 떠날 때 나를 보고 흔들던 애인의 눈물진 손수건 같구나. 그러나 너무 멀리 떨어져 있어 사랑하는 사람을 만날 수가 없다네'라는 내용의 노래였던 것. 이에 대해 공자는 "정녕 사랑한다면 떨어진 거리는 문제가 되지 않는다. 도리어 문제는 '멀다'고 핑계를 대는 그 마음에 있다"는 비평을 가하고 있다.

날카롭지 않은가. 공자의 눈이! 정작 사랑하는 마음만 있다면 나이도 뛰어넘고 국경도 초월하는 법. 공자의 시 비평은 진솔한 마음을 기반으로 작품의, 또는 작가의 질을 판별하고 있었던 것이다. 이렇게 공자 스스로가 시에 깊은 조예를 갖추었기에 그의 학교는 시 교육을 학문의 첫걸음으로 삼았던 것이리라.

> 공자 말씀하시다. "일단 시詩를 배워 세상 보는 눈을 닦은 다음, 예禮를 익혀 반듯한 인간으로 서고, 결국엔 악樂을 통해 사람다움을 완성하는 것이다." [8:8]

여기서도 공자 학교의 핵심이 시와 예 그리고 악에 있음을 확인할 수 있거니와, 그 교육 과정의 출발은 단연 시로부터인 것이었다.

다만 공자 학교의 중요 커리큘럼인 시 강의가 오늘날 식의 문학 수업을 뜻하는 것이 아님은 특별히 주목을 요한다. 시를 통해 얻는 것은 인간 심리학, 정치 외교학, 나아가서 자연 지식을 두루 포함한다. 즉 시는 문학 작품이기 이전에 정치 용어의 샘이요, 외교 교섭의 수단이며, 자연과 사물의 이름들이 가득 찬 백과사전으로서 기능하였다는 사실이다. 두어 가지 예를 들어 본다.

> 공자 말씀하시다. "시 삼백 편을 달달 외운다 한들, 정치를 맡아 옳게 처리하지 못하고, 외교관으로 파견되어 능숙하게 군주를 대리하지 못한다면 외운 시를 다 어디다 쓰리?" [13:5]

이것은 시가 정치와 외교를 행하는 데 중요한 수단이 된다는 뜻이다. 또 다른 곳에서 시의 효용성에 대해 지적하고 있는데, 이것은 훗날 한문학 이론의 논리적 토대가 된다.

공자 말씀하시다. "얘들아. 어찌 시를 배우지 않을소냐! 시는 흥을 돋우고, 세상 보는 눈을 갖춰 주고, 함께 어울려 사귀는 방법을 가르쳐 주고, 또 원망을 표현하는 도구이기도 하느니라.
가까이로는 부모를 모시고 멀리는 국가에 봉사하게 만드는 기술이며, 나아가 날짐승, 들짐승, 푸새와 나무 등등 자연 생물의 명칭까지도 모두 시를 통해 알 수 있지 않으냐!" [17:9]

시는 가정 생활의 지침, 정치의 통치 기술, 외교 관계의 표현술, 사회적 사교술, 대정부 비판 의식, 나아가 동식물에 대한 지식까지 담겨 있는 '백과사전'과 같은 가치가 있다. 그러므로 공자 학교에서 가르치고 배우는 시, 서, 예라는 교과목은 오늘날의 인문, 사회, 자연 과학이 통틀어 포함되는 종합 학문이라고 할 수 있다.

교육 철학

서書, 즉 『서경』에 대해서는 바로 다음 태백 편에서 살펴보기로 하고, 다시 공자 학교로 돌아가자. 공자 학교의 밑바탕에 깔린 교육 철학은 첫째, 주술로부터의 해방 또는 합리성이라고 부를 수 있는 것이었다. 다음 지적은 공자의 교육 철학이 '세속적 합리성'에 기초하고 있음을 보여 준다.

> "선생님께서는 괴상한 것, 폭력에 관한 것, 혼란한 것, 그리고 신비한 것
> 에 대해선 말씀이 없으셨다." [7:20]

그리고 제자 번지가 지혜를 물었을 때 "귀신을 공경하되, 가까이하
진 말라"[6:20]고 답한 충고도 공자가 현세적 삶에 가르침의 초점을 맞
추고 있음을 보여 주는 예라고 하겠다.

공자 교육 철학의 두 번째는 강한 '실천성'이다. 즉 단순히 머리로
배우는 것이 아니라, 몸소 실천하는 데 이를 때에야 배움이 완성된다.
『논어』의 첫 구절, "배우고 때로 익히면 기쁘지 아니하랴"는 데서부터
익힘, 즉 실천에 대한 강조가 개진되었거니와 공자 학교에서 배움이
란 근본적으로 '실천성'을 배제하고서는 불완전한 것이다. 공자가 지
적한 다음 설명은 공자 학교의 실천적 측면을 잘 보여 주는 것이다.

> 공자 말씀하시다. "학생들은 집에선 효도하고 사회에 나와선 공손할지어
> 다. 말은 언제나 삼가서 하고, 말한 것은 꼭 지켜야 할 일이다. 또 나보다
> 못한 이도 널리 아낄 줄 알아야 하며, 나보다 훌륭한 이는 가까이하여 배
> 우려 들어라. 이렇게 행하고서도 남은 힘이 있거든 그제야 글을 배울지
> 니라." [1:6]

여기서 주목할 부분은 단연 마지막 줄의, "남은 힘이 있거든 그제야

글을 배울지니라."라는 지적이다. 오늘날 학교에서 가르침의 전부라고 해도 과언이 아닌 '글을 통해 배우는 것學文'이 공자 학교에서는 배움 가운데 가장 마지막에 불과하다는 지적은 곧 상대적으로 몸소 행하는 실천이 얼마나 중시되었던가를 반증한다.

셋째, 공자 교육 철학의 또 한 특징은 강한 '도덕성'이다. 이 점은 덕, 군자, 덕치와 관련하여 여러 모로 지적한 바이므로 여기서 또 반복하지는 않겠다.

성왕의 계보

8

태백泰伯 편

공자의 눈길은 뒤로 향한다. 과거는 그에게 '오래된 미래'다. 공자는 인간 삶과 사회 질서, 실천 방법이 모두 과거 성왕들의 정치 속에 갖춰져 있다고 보았다. 당시 춘추 시대는 이것들이 모두 부서지고 무너졌으므로, 이를 시급히 복구해야만 하는 것이 지식인으로서의 자기 책임이라고 여겼다.

그러므로 공자가 동시대 사람들을 설득하기 위한 방법으로 '과거 회상' 방식을 사용했던 것은 어쩌면 당연한 일이다. 즉 그는 복원해야 할 중국 문명의 원형을 역사(또는 신화) 속에서 찾아냈다. 그것이 대표적으로 요堯임금과 순舜임금이었다. 이런 점에서 "공자가 쓴 방법은 교훈적인 목적을 위해 역사를 이용하는 교묘한 방법이었다. 다른 문명에서 신의 계시가 맡았던 역할을 중국에서는 역사가 행했다."는 지적

126

은 정곡을 찌른 것이다.[*]

　물론 요순은 실존한 역사적 존재로서가 아니라 공자가 혼란한 현실을 극복하기 위해 만든 장치로 봐야 한다. 요순은 공자가 상정한 '좋은 정치'[12:17]를 당대인들에게 설득하기 위해 요청한 구성물이라는 뜻이다. 공자에게 요순은 자연법칙을 본받아 인간 사회에 최초로 질서를 부여한 문명 창조의 아버지, 즉 최초로 '문화의 원형'을 제시한 영웅들이다.

　요순이 수립한 '문화의 원형'은 중국 최초의 왕조, 하나라 건설자인 우禹임금에게 전달되었다가, 또 그 다음으로 은나라 건설자인 탕湯임금에게로, 그리고 주나라 건설자들인 문왕文王과 무왕武王 및 주공周公에게로 연결되었다고 본다. 이것이 도통론道統論인데, 여기 태백 편에는 고대 성왕들이 건설한 '문화의 원형'과 그 의의를 많이 기록하고 있다. 우리는 이를 통해 고대 중국에서 '문화의 원형'이 어떻게 묘사되는지 그 의미와 계보를 살펴볼 수 있다.

요임금

위에서 지적했듯 고대 중국에서 최초로 '문화의 원형'을 만들어 낸 영웅, 즉 성왕이 요堯다. 그는 자연의 법칙을 기준으로 삼아 인간 사회에 최초로 질서를 부여한, 문명 창조의 어버이였다. 그러므로 요의 위대함은 도저히 말로써는 표현할 수 없는 것이었다.

● 모오트, 『중국문명의 철학적 기초』, 인간사랑, 1991. 71쪽

공자 말씀하시다. "크도다! 요의 임금 노릇하심이여. 높고 높도다! 오직 하늘이 큰데, 오로지 요만이 이를 법도로 계승하였구나. 넓고 넓도다! 사람들이 뭐라 이름조차 짓지 못하는구나. 높고 높도다! 요가 이룬 공적이여. 눈부시구나! 그가 성취한 문명이여." [8:19]

공자에게 요임금은 "자연법칙을 기준으로 인간 사회에 최초로 질서를 부여한" 문명 창조의 어버이다. 이에 요의 위대함은 도무지 "이름조차 지을 수 없는 것"으로 묘사되었다. 요의 성취는 '크고' '우뚝하며' '까마득하고' '눈부신' 것이니, 내용을 가진 언어가 아니라 감탄하는 탄성일 따름이다. 마치 '아!'나 '억!'처럼. 그러기에 요의 행적은 "뭐라 이름조차 짓지 못하는" 것이어서, 기껏 "그가 이룬 공적과 문명이 눈부시다"고밖에 표현할 수 없다는 말이다.

이런 표현들은 요임금이 말(언어·표현)을 넘어선 곳에 존재함을 가리킨다. 이름 지을 수 없다는 것, 뭐라고 형용할 수 없다는 것은 곧 인간의 가치판단 영역을 넘어서 존재한다는 뜻이다. 그러면 요는 신인가? 그렇지는 않았다. 그가 높이 우러름을 받는 까닭은 "그가 이룬 공적" 때문이며, 또 "그가 성취한 문명" 때문이다. 즉 "높고 높도다!" 또는 "눈부시구나!"라는 칭찬을 받는 까닭은 그가 신이기 때문이 아니라 사업(최초의 문명)을 이뤄 낸 인간이기 때문이다.

그가 이룬 공적이란 구체적으로 무에서 유를 창조한 데 있다. 혼돈 속에서 최초의 질서를 부여한 존재, 자연 속에서 문화를 처음으로 꽃피운 인물, 무와 유의 경계선상에 존재하는 신화적이고도 역사적인 인물이 요임금인 것이다. 우리로 보면 단군이요, 그리스로 보면 불을 처음 가져온 프로메테우스가 그다.

순임금

요임금으로부터 정권을 물려받은 이가 순舜이다. 그러나 순이 요의 자식은 아니었다. 피가 섞이지 않았는데, 현명한 사람을 추천받아 그에게 정권을 물려주는 왕위 계승 방식을 선양禪讓이라고 한다. '요순'이라는 말 속에는 민주적인 정권 승계에 대한 동양인들의 열망이 숨어있다. 이제 왕위를 승계한 순은 요임금이 만든 '문화의 원형'을 어떻게 발전시켰던 것일까.

『맹자』에서 순은 '큰 효자大孝'로 묘사되지만, 『논어』에서는 위대한 정치가, 요컨대 "억지로 하는 일 없이도 잘 다스린 임금"으로 그려진다.

> 공자 말씀하시다. "억지로 하지 않고도 잘 다스린 이는 아마 순일 터다! 도대체 어떻게 하셨던 걸까? 몸을 삼가 남쪽을 향해 앉아 있기만* 하셨을 따름인 것을." [15:4]

여기서 '억지로 하지 않고도 잘 다스렸다無爲而治'는 의미의 무위정

---

* "남쪽으로 앉아 있기만 하다"는 것은 임금의 의자가 남쪽으로 향해 있기 때문에 붙여진 말이다. 임금의 지위는 북극성에 비유된다. 즉 임금의 지위는 모든 행성과 방위의 기준이 되는 붙박이별인 북극성과 같은 것이다.

치는 '행동으로 실천하지 않는데도 잘 다스려진 신비한 정치'를 뜻하는 것이 아니다. 무위無爲란 '행동(실천)이 없음'을 뜻하는 말이 아니라는 것이다. 실제로 순임금만큼 힘들게 정치를 행했던 사람도 없다. 즉 순의 '임금다움'은 그의 눈부신 정치적 성취 때문이지, 맥 놓고 앉아서 남을 감화시키는 '신비로운 힘' 때문이 아니었다.

『서경』에 따르면 그는 짐승들의 해악에서 백성들을 보호하고, 운하 공사를 통해 물길을 바로 텄으며, 예악의 기준을 세운 임금이다. 그러므로 순의 무위정치란 '저절로 다스려졌다'기보다는 '억지로 정치를 하려고 하지 않았지만 잘 다스려졌다', 혹은 '올바름正'이라는 기준에 맞추려 의도하지 않았는데도 잘 다스려졌다'라고 해석해야 마땅하다. 또 달리 표현하자면, 무위정치란 '정치의 기준'을 다른 데서 가져오지 않고, 제 스스로 합당하다고 여겨 행한 정치가 이치에 딱 맞아떨어진 지극한 경지를 말한다.

그러면 순임금은 무위정치를 어떻게 해서 달성할 수 있었을까. 『논어』에는 두 가지 예화를 다루고 있다.

"순임금은 신하 다섯만을 두고서도 천하를 잘 다스렸다." [8:20]

"순이 천하를 다스림에 백성들 중에서 고요皐陶를 뽑아 재상에 임용하니, 올바르지 못한 사람들이 바르게 바뀌었다." [12:22]

무위정치는 현명한 사람을 뽑아 적재적소에 배치하여 부리는 일,

즉 용인用人에 핵심이 있음을 말해 주고 있다. 첫 번째 예화는 순임금이 수많은 신하를 직접 부리지 않고 고작 다섯 명의 신하만으로도 천하를 통솔했다는 것이다. 순임금은 그 일에 맞춤한 사람을 뽑아 그 일을 맡기기만 했을 뿐, 나머지 업무는 다섯 신하들이 모두 처리했다는 뜻이다. 그러니 임금인 순은 "하릴없이 남쪽으로 향해 앉아 있기만 하면 되었던 것"이다.

두 번째 예화는 순임금의 용인술을 좀더 구체적으로(또는 극적으로) 묘사한 것이다. 현명한 '고요'라는 인물을 발탁하여 그에게 전권을 위임하니 부정직한 사람들이 모두 정직한 사람으로 바뀌었다, 또는 정치가 맑아져서 부정이 사라져 버렸다는 것이다. 무위정치의 효과를 말하고 있는 셈이다. "윗물이 맑아야 아랫물이 맑아지는" 정치의 원리를 순임금은 너무나 조용히 실천해 낸 것이다.

무위정치의 놀라운 경지를 따로 성聖이라고도 표현하는데, 이를 실현한 임금을 성왕聖王이라고 일컫는다. 즉 요임금이나 순임금 같은 분들이 다 성왕이다. 동양인들이 꿈꾸는 정치적 리더십의 이상은 '겉은 정치가이면서 속은 성인'이라는 '내성외왕內聖外王' 속에 함축되어 있다. 순임금이야말로 이런 내성외왕의 원형인 것이다.

우임금

우禹임금은 순임금한테서 왕위를 선양을 받은 사람이다. 즉 요임금과 순임금이 그러했듯 우임금도 요나 순과 피가 섞이지 않은 인물이다. 이런 그가 순에게 왕위를 선양받고 행한 정치에 대해 공자는 "흠잡을 데가 없다"고 찬탄한다.

> 공자 말씀하시다. "우임금에 대해선 흠잡을 데가 없더구나. 자기가 먹는
> 음식은 소박하면서 조상들에게 올리는 제사상엔 산해진미를 진설하였
> 다. 자기 옷은 허름하면서 예복은 치장을 다했다. 자기 사는 집은 나지막
> 하면서도 논밭 도랑 정비에는 온 힘을 다 쏟아 반듯반듯하게 만들었으
> 니, 우임금은 흠잡을 데가 없더구나." [8:21]

요컨대 자신을 위해서는 검소하고, 공공을 위해서는 역량을 다하
는, 이른바 선공후사先公後私의 한 모범이라는 것이다. 우임금은 첫째
제 한 몸 살찌우기 위해 먹는 밥과 국은 변변치 못한 것을 들었으나,
조상을 기리는 제사 음식에는 산해진미를 두루 차렸고 또 제 한 몸 가
리는 의복은 허름한 옷으로도 만족하였지만, 조상께 제사를 드릴 때
입는 제복이나 국민들 앞에 나설 때 입는 예복은 사치를 다하였다는
것이다.

그리고 제 한 몸 거처하는 집은 처마가 낮아 몸을 숙일 형편이지만,
백성들의 살림살이와 직결되는 논도랑, 밭도랑의 토목 공사는 반듯하
게 하여 홍수나 가뭄에 대비하였다는 것이다.

공과 사를 구분하면서, 사는 낮추고 공은 앞세워 조상과 백성을 위
함에 힘을 다하였으니, 공자로서는 더 이상 시비나 비판을 가할 여지
가 없다는 것이다. 큰 칭송인 셈이다. 공자는 성왕들한테 통치자 자신
의 사사로움은 뒤로하고, 공공의 복리를 앞세우는 선공후사를 통해

획득하는 덕의 통치, 즉 덕치德治의 교훈을 배우고 있는 것이다.

덕치와 선공후사, 이것이 우임금이 피워 낸 새로운 '문화의 원형'인 셈이다. 이리하여 중국 고대의 성왕들에게서 비롯된(또는 비롯되었다고 공자가 유추한) 덕치사상, 무위정치, 그리고 선공후사와 같은 덕목들이 유교 문화의 원형질로 스며들게 된다.

문왕과 주공

공자는 주周나라 사람이다. 당시 주나라 정치는 극도의 혼란 속에 빠져 들었지만 형식적으로나마 아직 주왕실은 존재하고 있었다. 공자는 흔들리는 이 왕실을 복원하고자 하는 꿈을 가지고 있었다. 이 편 서두에서 "공자의 눈길은 뒤를 향한다. 과거는 그에게 오래된 미래다"라고 했던, 그 '오래된 미래로서의 과거'가 바로 주나라가 건설되던 초창기, 즉 문왕, 무왕, 주공의 시대였던 것이다. 일찍이 공자는 이렇게 말한 바였다.

> 공자 말씀하시다. "주나라는 앞서 하나라와 은나라를 비춰 보아 그 가운데 장점은 취하고 단점은 버렸다. 빛나고 빛나도다! 주나라 문명이여. 나는 주나라를 따르리라." [3:14]

요순 시절은 역사 이전의 선사 시대이므로 신화나 설화로 전해져 오는 것이지만, 주나라의 정치는 실제 역사서 속에서 낱낱이 찾아볼 수 있다. 공자는 역사 연구(즉 『서경』에 대한 연구)를 통해 주나라야말로 앞선 하나라와 은나라의 장단점을 감안하여 장점은 취하고 단점은 버린 완벽한 제도를 갖춘 국가로 보았다. 그러므로 "나는 주나라를 따르리라"라고 감히 말할 수 있었던 것이다. 공자에게 문왕과 무왕, 그리고 주공은 행동규범으로서 또는 반성의 거울로서 기능하였다. 다음을 보자.

공자 말씀하시다. "문왕이 이미 돌아가셨으니, 이제 그 문명이 내 어깨 위에 있지 않으냐?" [9:5]

공자 말씀하시다. "심하구나. 나의 쇠함이여! 오래되었도다. 내 다시 꿈 속에서 주공을 뵙지 못한 지가." [7:5]

주나라 건설자인 문왕이 수립한 문명이 춘추 시대에 들어 망실될 위기에 처하여, 주나라 문명을 부흥하고 또 후세에 전달할 책임자로서 스스로를 자부하는 대목이 첫 번째 인용문이다.

또 공자가 젊어서 문명의 재건을 위해 뛰어다닐 적엔, 존경해 마지않는 주문명 설계자 주공周公께서 꿈속에 자주도 나타나시더니만, 늘 그막에 들어 그 꿈이 실현될 가망이 흐릿해지자 꿈자리에서도 주공이 나타나지 않는다는 개탄이 두 번째 대목의 내용이다.

공자는 이렇게도 요·순·우·탕, 문·무·주공으로 이어지는 고대 성왕들의 정치, 그리고 그들이 이룩한 문명을 재건하고 또 계승하는 데 온 힘을 쏟았던 것이다.

『서경』

이 편의 첫머리에서 공자가 동시대 사람들을 설득하기 위한 방법론으로서 '과거 회상'의 방식을 사용했고, 이런 방식으로 '문화의 원형'을 역사(또는 신화) 속에서 찾아냈다고 지적했다. 공자가 과거 회상 방식을 통해 이상적인 문명을 제시하고자 하였을 때, 그가 의지한 중요한 텍스트가 『시경』과 『서경』이다. 이 둘 가운데서도 고대 성왕의 정치는 주로 『서경』 속에 담겨 있었다. 그러므로 요순과 주나라 건설자 문·무왕, 그리고 주공이 이룩한 성스러운 정치를 부활하기 위해서는 『서경』을 통하지 않을 수 없었다.

공자 학교에서 사용한 '교재'가 시詩와 서書임은 바로 앞 편(술이 편)에서 살핀 바 있다. 또 시의 의미와 쓰임새에 관해서도 간단하게나마 살폈다. 여기서는 서書, 즉 『서경』은 어떤 책인지 잠시 알아보자.*

『서경』은 옛날 임금들의 정치를 기록한 역사책이다. 아직 유물이 발굴되지 않아 실증되지 않은 머나먼 신화들, 예컨대 요순임금의 치적도 포함한다. 우리 『삼국유사』에 단군에 대한 기록이 있는 것과 같다. 거슬러 올라가다 보면 어디부터가 역사인지 또 어디까지가 신화인지 모호한 것은 우리나 저쪽이나 다 마찬가지다.

『서경』은 요순으로 대표되는 신화 시대부터 하나라, 이를 혁명을 통해 전복하고 나라를 새로 세운 상나라(뒤에 은나라로 개칭), 또 상나라를

---

* '서書'는 전한前漢 시대까지는 '서', 한대漢代 이후에는 '상서尚書', 송대宋代 이후에는 '서경書經'으로 일컬었다. 우리에게는 사서삼경 가운데 하나인 '서경書經'으로 귀에 익다.

무너뜨린 주나라 역사를 포괄한다(공자는 주나라 말기, 즉 춘추 시대를 산 사람이다).

『서경』은 역대 국가들을 경영하면서 생긴 자료들, 이를테면 전쟁 포고문, 수도를 옮기기 위한 대국민 담화문, 왕위계승 문서, 신하들의 정책 건의, 그리고 혁명을 일으키기에 앞서 하느님(상제)께 올린 고유문 등 다양한 정치 문건들로 이뤄져 있다. 『서경』은 실제 정치를 하는 데 도움이 되는 역사 자료집인 것이다. 특히 그 가운데서도 나라를 세운 국가 건설자들의 정치는 좋은 모범이 된다. 마치 미국을 건설한 건국의 아버지들, 예컨대 워싱턴이나 제퍼슨 등이 제시한 헌법과 민주정치의 원리 등이 오늘날도 미국을 이끄는 모범이 되는 것과 같은 이치다.

이런 왕조 건설자들을 성왕이라고 일컫는데, 대표적으로 우리 귀에 익은 이름이 요와 순이다. 그 뒤를 이어 하나라를 건설한 우임금, 은나라를 건설한 탕임금, 그리고 주나라를 건설한 문왕과 무왕, 또 주나라 문물을 정비하여 공자에게 깊은 영감을 불어넣은 주공 등이 그렇다. 이런 성왕들이 행한 정치 기록은(그것의 진위 여부에 대해서는 시비가 분분하다. 어쨌건) 훗날 평범한 왕들과 제후들의 정치에 모범례로 기능하였다. 그러므로 정치를 하기 위해서는 『서경』을 배워 정치의 규칙과 예를 익히는 것이 무엇보다 중요한 일이었다.

앞서 살폈듯 공자 학교의 목적은 집안에서 익힌 '사랑의 기술孝'을 결국 만백성에게 베푸는 데까지 미쳐 온 세상을 평화롭게 만드는 데 있었다. 공자 학교 출신들이 곧 임금이나 제후가 될 수 있는 것이 아니지만, 조정에 나아가 정치 지도자들을 잘 계도하여 덕을 베풀도록 만들겠다는 꿈이 있었던 것이다. 이에 공자 학교의 교육 과정에서『시경』과 더불어『서경』에 대한 교육이 중시되었다.『서경』에 대한 학습을 통해 공자 제자들은 고대 성왕들의 정치 행적을 배우고, 이를 재해석하여 당시 춘추 시대의 혼란을 극복하고자 했던 것이다.

공자가 정치에 있어『서경』을 얼마나 중시했는지는 다음 예들을 통해 엿볼 수 있다.

> 자장이 말했다. "『서경』을 보니까 '은나라 고종임금은 삼년상을 치르는 동안 아무런 말씀이 없었다'고 되어 있던데, 그러면 그동안 정치는 하지 않았다는 말씀인지요?"
> 공자 말씀하시다. "꼭 고종임금만 그랬던 것이 아니고 옛날 임금님들은 다들 그렇게 하셨지. 선왕이 돌아가시면 재상이 정치를 도맡아 이끌고, 후계 임금님은 삼년간 정치에 대해선 입을 다무셨지." [14:43]

이처럼 공자 학교에선『서경』의 예화가 중요한 학습 교재로 활용되고 있었다. 마치 법과 대학에서 판례 분석이 법률 연구의 중요한 학습 과정인 것처럼.『서경』에서 배운 성왕들의 행적과 이들의 행동 연구를 통해 해석한 정치 철학은 '정치가 교육'에 있어서 큰 의의를 갖는 것이다. 즉『서경』을 통해 고대 정치가의 모델을 몸에 익혀야만 제대로 정치를 할 수 있다고 본 것이다. 이런 맥락을 통해서만이 "서경을 읽지 않아도 정치를 할 수 있다"고 본 자로를 공자가 왜 꾸짖었는지를 이해할 수 있다.

자로가 『서경』을 읽어 보지 않은 '자고'를 비費 땅 책임자로 추천하여 임명하도록 하였다.

공자 말씀하시다. "저 놈, 또 남의 자식 하나 잡겠구나!"

자로가 말했다. "백성들 있겠다, 사직社稷이 있어 귀신들이 보호하시겠다, 그러면 되는 것이지 꼭 『서경』을 읽은 다음에야 정치를 배웠다고 하겠습니까?"

공자 화를 내며 말씀하시다. "내가 이래서 저 입치레만 번드레한 놈들을 미워한다니깐!" [11:24]

여기서도 우리는 공자가 학교에서 『서경』을 배우고 익히는 과정을 얼마나 중시했는지 엿볼 수 있다. 공자는 꼭 『서경』을 읽어서 거기 기록된 고대 성왕들의 행적과 철학을 학습한 다음에야 실제 정치에 나설 수 있다고까지 여긴 것이다.

공자의 사생활

9
자한子罕 편

이 편에는 공자의 일상생활이 관찰자 시각을 통해 잘 묘사되어 있다. 우리는 제자들 눈에 비친 공자의 모습을 통해, 그가 위대한 영웅이 아니라 평범한 사람에 불과했음을 알 수 있다. 동시에 유교란 '평범한 일상 속에서 빚어 내는 비상함'에 그 사상적 특징이 있음도 발견할 수 있어야 한다. 요컨대 위대함이란 저 멀리 떨어져 존재하는 어떤 신비가 아니라 일상생활 주변에서 빚어지는 중용적 삶에서 드러나는 것임을 알아채야 한다.

사실 객관적 관찰이란 존재하지 않는 것이다. '본다'는 것은 관찰자의 주관이 실리게 마련이기 때문이다. 어차피 제자들이 기술한 스승의 모습은 어딘가 위대하고, 또 존경스럽게 되어 있다. 그런 점에서 공자의 일상생활을 기술한 대목들에도 의심의 눈길을 떼지 말아야 한다. 동시에 공자가 공자인 까닭은, 자신을 위대하게 묘사하려는 제자들의 눈길을 슬며시 떨치면서, 스스로를 평범한 사람으로 자리매김하는 정확한 자기 인식에 있다.

공자의 안과 밖

가령 '술'에 대한 공자의 자기 술회와 제자들의 관찰이 다른 데서 그런 틈새를 발견한다. 다음을 보자.

> 공자 말씀하시다. "술을 마실 적에 취해서 술에 휘둘리지 않는 것은 나로서도 참 힘든 일이노라." [9:15]

> (제자들은 말하기를) "공자께서는 술에 관한 한 일정한 양이 없었으나, 취해서 휘청거리는 지경에까진 이른 적이 없었다." [10:8.4]

먼저 인용한 것은 술에 관한 한, 적당하게 즐기기가 쉽지 않았다는 공자 자신의 술회이고, 뒤의 것은 공자가 한 번도 술에 취해서 고주망태가 된 적이 없었다는 제자들의 관찰기이다. 위나 아래나 모두 공자가 술에 엉망으로 취한 적이 없었다는 사실을 말한다는 점에서 현상적으로는 같을지 모르지만, 공자의 내면에서는 술자리의 흥을 깨지 않으면서도 술에 휘감기지 않으려고 얼마나 노력했는지를, 그리고 그것이 얼마나 어려운 일인지를 보여 준다는 점에서 차이가 난다.* 그러므

● 이런 틈새에서 우리는 '본다'는 것이 얼마나 주관적이며 '기록한다'는 것이 또 얼마나 파편

로 겉만으로는 전모를 파악할 수 없다. 묘사(겉)와 술회(속)의 차이를 통해, '보이는 것이 곧 진리'라고 믿는 오늘날 경박한 세태를 성찰할 수 있어야 하리라.

어쨌건 술 역시 음식인지라, 예의가 없을 수 없다. 예컨대 "멀리서 친구가 나를 찾아와서 즐거운 경우"[1:1]라면 밤새도록 술잔을 나누어야 할 것이다. 반면 "마을 잔치에서 동네 사람들과 어울려 술을 마실 땐, 노인들이 일어나면 공자도 따라서 자리를 털고 일어났다"[10:10]고 하였으니, 예의상 한두 잔 마시고 마는 경우도 있는 법이다. 그런데 그 자리에 합당한 처신을 하기가 쉽지 않다. 특히 술자리에서 술에 취해 긴장이 풀리는 경우는 더더욱 그렇다.

술이란 매혹적인 음료이기에 사람들은 술에 탐닉하여 몸과 마음을 망치는 경우가 허다하다. 특히 술로 인한 실수에 관대한 동양 사회에서는 더욱 그렇다. 사람이 술을 먹다가 결국엔 술이 사람을 잡아먹는 역설적인 상황이 자주 벌어지는 것이다. 그런데 공자 역시 술을 그 자리에 합당하게 마시기 쉽지 않다고 술회하였으니 이런 데서 공자의 진솔한 모습을 발견할 수 있다.

요컨대 공자는 술에 대해서 즐기면서도 탐닉하지 않는, 말하자면 낙이불음樂而不淫[3:20]의 태도를 갖기 위해 노력했다. 이런 노력은 그

적인 것인지 알 수 있다. 그리고 '전달한다'는 것이 얼마나 왜곡에 노출되어 있는지도 짐작할 수 있다. 이런 점에서도 공자의 사상을 이해하기 위해선 『논어』가 가장 중요한 텍스트이지만, 그 속에서도 제자들의 전언(겉)과 공자의 진술(속) 사이에는 또 진실상 차이가 있을 수 있음을 헤아려야 하리라.

의 일상생활 전반을 관통하는 것으로서, 한마디로 중용中庸이라고 할 수 있겠다. 술자리에서의 중용이란 '마셔서 분위기를 즐겁게 만드는' 술의 용도를 인정하면서 동시에 '술에 취하면 난장판을 만들 수 있다는' 사실을 함께 인식하여 그 최적 상태를 유지하는 것이다. 과유불급 過猶不及[11:15]이라, "지나친 것은 모자람과 같다"는 태도를 견지하는 것이다.

중용

중용의 자세는 자칫 '이것도 좋고 저것도 좋다'는 식의 어정쩡한 태도를 뜻하는 것으로 오해될 수 있다. 그러나 중용이란 한 사안이 가진 둘 이상의 의미를 이해하면서 그 당시에 합당한 이치를 찾는 것이지, 결코 '이것도 흥, 저것도 흥' 하는 식의 포용주의가 아니다. 어쩌면 중용이란 가장 날카로운 선택이다. 『중용』에서 지적하듯, "천하 국가를 평화롭게 만들 수도 있고, 높은 지위를 사양할 수도 있으며, 하얗게 선 칼날 위로 걸을 수도 있지만, 중용만큼은 가능하기 어렵다"라는 표현에서 그 어려움이 실감나게 그려진다. 즉 어렵지만 세계 평화를 이룩하는 것도 인간이고, "평양감사도 제 하기 싫으면 그만"인 것도 인간이다. 또 하얗게 선 작두날 위를 걸을 수 있는 무당 역시 인간이다. 그러나 사람으로서 중용만은 해내기 어렵다고 하였으니, 중용의 길이란 칼날 위보다 더 걷기 힘든 길인 셈이다. 섬뜩하지 않은가? 중용의 힘겨움이.

자, 다음을 보자. 이것은 공자가 제자들에게 일을 맡기면서도 서로 다르게 대접하는 장면인데, 중용이 무엇인지를 잘 보여 준다.

공자가 제자인 자화子華를 멀리 제나라로 심부름을 보냈다. 회계를 담당하던 염유가 자화의 집에 수고비를 보낼 것을 청하였다.

공자 말씀하시다. "쌀 두어 되쯤 보내려무나."

염유가 적다 싶어 더 줄 것을 청하였다. 공자가 "두어 말 보내거라." 하니 그것도 적다 싶어 염유는 한 가마니를 보냈다.

공자가 말했다. "제나라로 떠나는 자화를 보니까 살진 말을 타고, 고급 가죽옷을 입었더구나. 군자는 가난한 사람에게 돈을 쓰지, 부자를 더 부유하게 만들지 않는 법이니라." [6:3. 상단]

공자의 고향인 노나라에서 제나라까지는 먼 거리다. 지금 공자는 부담이 될 일을 제자에게 시켜 놓고 대가를 치르려 하지 않는다. 공자학교의 살림을 맡은 염유가 그 점을 지적하여 자화의 집에 수고비를 보낼 것을 청한다. 그런데 공자는 몹시 귀찮은 듯 응대한다. 애초부터 수고비를 내줄 의향이 없었던 것이 분명하다.

스승의 체면을 생각한 염유는 자화네 집에 넉넉하게 비용을 치르고 말았다. 염유는 '아무리 제자라도 일을 시켰으면 당연히 보상을 해주어야 하는 것이 도리'라고 생각했던 것이다. 공자는 염유의 처사를 꾸짖는다. 겉으로 드러난 뜻은 자화가 부자이기 때문에 따로 수고비를 줄 필요가 없다는 것이다.

한 걸음 깊이 들어가 공자의 속뜻을 헤아리자면, 사제지간에 스승의 사사로운 부탁을 제자로서 들어줄 수 있는 일이고, 또 머나먼 길을 보내는 심부름이기에 특별히 부유한 제자(자화)를 택했을 것이다. 그런데 심부름 값을 치르게 되면, '스승을 향한' 자화의 행동은 결국 '돈을 위한' 행동으로 추락하고 만다.

이렇게 되면 공자가 일부러 자화를 택하여 심부름 보낸 뜻이 변질되어 버린다. 또 기껍게 스승의 뜻을 맡아서 행한 자화의 행동은, 염유의 보상으로 말미암아 그 기쁨이 망가져 버리는 셈이다. 요컨대 공자는 여러 제자들 가운데 경제력과 마음가짐 등을 두루 감안하여 자화를 골라 심부름을 보냈고, 자화는 또 여러 제자들 중에 자신이 스승의 심부름을 맡게 된 데 대해 크게 즐거워하며 길을 떠난 것이다(초등학교 시절 담임 선생님이 특별히 나를 지목하여 심부름을 시키면 얼마나 으쓱 기뻤던지를 연상하면 자화의 기분을 이해할 수 있으리라).

이렇게 볼 때 공자의 중용적인 처신을 느낄 수 있다. 그러나 이런 설명이 아무리 그럴 듯해도 떨치기 어려운 의구심은 "공자가 재물을 아까워한 것은 아닌가?" 하는 점일 것이다. 이런 의구심을 『논어』 편찬자들도 느꼈던 것인지, 이 문단 바로 밑에 서로 상반되는 예화를 싣고 있는데, 이로 말미암아 공자의 중용적 체취를 더욱 물씬 느끼게 된다.

공자가 제자 원사原思를 집사로 삼았다. 월급을 주자, 원사가 사양했다.
공자 말씀하시다. "사양하지 말거라. 네 이웃 사람들에게 나눠 주는 한이 있더라도." [6:3. 하단]

원사는 따로 원헌原憲이라고도 불리던 사람인데, 공자 제자 가운데 가장 가난했다고 한다. 이런 제자를 학교의 관리자(또는 공직의 책임자)로 삼았다면 스승의 뜻을 넌지시 짐작할 수 있는 터다. 배고픔을 조금이라도 면하게 해주려는 뜻이다. 그렇다고 공자가 가난하다고 해서 아무에게나 일을 맡길 사람이 아니다(공자의 차가울 정도로 엄격한 모습은 자공을 통해 엿본 바다).

또 원사 역시 성격이 칼칼하기로 이름난 인물이니, 가난하기는 하지만 경위 없이 아무것이나 덥석 무는 소인배는 아니었다. 이를테면 다음 대화가 그의 깨끗한 성품을 잘 보여 준다.

원헌이 '부끄러움'이란 무엇인지를 여쭈었다.
공자 말씀하시다. "나라에 도가 있을 때 벼슬을 살다가, 나라가 도를 잃었는데도 벼슬을 살고 있는 것이 부끄러움이다." [14:1]

'부끄러움恥'에 대한 문제의식을 갖고 있던 사람이 부끄러운 짓을 하기는 어려운 법. 역시 예상대로 스승의 경제적 배려에도 불구하고 원사는 관리직에 따른 월급을 사양하는 것이다. 원사의 생각으론 사제지간에 스승을 위해 자발적으로 한 일을 두고 돈을 받는다는 것은 치욕이었을 것이다. 앞서 스승을 위해 제나라로 심부름을 간 자화가 수고비를 받고서 느꼈을 치욕처럼.

하지만, 공자는 이번 것은 경우가 다르다는 생각이다. 앞서 자화의 경우가 사사로운 사제간의 부탁이어서 돈이 개입되면 불쾌하게 되는 경우라면, 이번 원사의 건은 공식적인 채용이어서 마땅히 업무 수행에 대한 보상이 있어야만 한다는 것이다. 그러므로 원사(피고용자)가 그 월급이 싫어서 자기 이웃에게 주고 말망정, 고용자인 공자로서는 또 마땅히 월급을 주지 않을 수 없다는 것이다. 이렇게 보면 공자가 제자들에게 일을 시키면서도 그 맥락과 의의에 따라 합당한 이치를 쫓으려 했음을 알 수 있다.

이처럼 공자는 사람이 맞닥뜨린 정황의 맥락과, 그가 행하는 업무의 성격, 그리고 사람 사이의 관계들에 깊이 유의하여 최적의 길, 즉 중용의 길을 걸으려는 인간이었음이 분명해진다.

역설의 품성

중용적 삶을 사는 사람은 결코 뻐기거나 스스로를 내세워 자랑삼는 짓은 저지르지 않는다. 그러므로 제자들 눈에 비친 공자의 생활태도는 억지로 하는 일이 없는, 자연스런 모습이었다.

선생님에겐 네 가지가 전혀 없었다.

첫째, 억지로 하는 일이 없었다.

둘째, 이것만은 꼭 해야겠다는 결의가 없었다.

셋째, 고집하는 것이 없었다.

넷째, '나'라는 의식이 없었다. [9:4]

또 널리 알려진 다음 묘사도 공자의 일상생활을 잘 보여 준다.

선생님께선 괴상한 것, 폭력에 관한 것, 혼란한 것, 그리고 신비한 것에 대해선 말씀이 없으셨다. [7:20]

일상생활에서 공자의 모습은 눈부시게 빛나지도 않고, 또 신기한 행동으로 사람의 눈길을 빼앗지도 않고, 그렇다고 기막힌 말씀으로 사람을 놀라게 하지도 않는 것이어서, 그저 물맛처럼 매양 담담할 따름이었다. 제자들이 공자의 일상생활을 두고 '명사'로 개념화하지 못하고 고작 부사(의태어)로 표현할 수밖에 없었던 것도 다 공자의 억지로 하지 않는 자연스러움 때문이리라.

공자께서 집에서 시간을 보낼 적엔 언제나 해맑아서 환한 듯하였고, 또 호젓한 듯하였다. [7:4]

억지로 하는 일이 없었고, 목표를 달성하려고 치달리는 욕망도 없었고, 또 남과 경쟁하면서 이기려 들지 않았으니 하루하루가 일요일 아침처럼 한가하고 호젓하였다는 것이다. 매일매일 삶을 산책하듯, 관찰하고 느끼면서 살아가는 삶. 이것이 공자의 일상생활이었다. 마침내 공자는 일상생활 속의 즐거움을 이렇게 말하기에 이른다.

공자 말씀하시다. "거친 밥 먹고 맹물을 마시며 팔베개를 베고 잠을 자도 즐거움이 그 가운데 있나니. 의롭지 않은 재산과 명예는 내겐 한낱 뜬구름과 같도다." [7:15]

이런 공자였기에 고향 사람들은 그를 두고 "박식하건만 이름을 드러내는 적이 없다"[9:2]고 칭찬할 정도였던 것이다. 내로라고 뻐기지 않고, 남을 시기하지 않으면서 주어진 삶에 최선을 다하며 사는 모습이 공자의 진면목일 것이었다. 그리하여 어느 눈 밝은 제자는 공자를 모순된 단어로 묘사하였으니, 나는 이 역설적인 표현 속에 공자의 참된 모습이 들어 있다고 생각한다.

> 공자께서는 따뜻하면서 엄격하였고, 위엄이 있으면서 사납지는 않았고, 공손하시면서 태연자약하셨다. [7:37]

상반되는 것이 한 초점에 수렴되는 순간 빚어지는 현상은 필시 역설paradox일 것이다. 공자라는 한 사람 속에서 '따뜻함과 엄격함', '위엄과 친절', '공손과 태연'이라는 상반된 가치가 더불어 깃들어 있다고 하였으니 정녕 그러하다. 그만큼 제자들이 공자 인격의 깊이를 알기 어렵기 때문이기도 하겠지만, 역시나 심오한 중용이 평면 위에 현상적으로 드러날 적에는 이런 역설적인 말로밖엔 표현할 도리가 없었으리라.

공자의 진면목인, 역설로 드러나는 중용은 지나치지도 모자라지도 않고, 실하지도 비어 있지도 않은 제3의 차원에 존재하는 것이리라.

공자의 웰빙

10

향당鄕黨 편

웰빙well-being 바람이 불고 있다. 좋은 음식 먹고, 편안한 집에서 지내며, 쾌적한 환경에서 사는 것이 웰빙이란다. 유기농 채소를 먹고, 허리의 군살을 빼고, 손가락 까딱하지 않아도 되는 편리한 전자 장비가 갖춰진 집에서 사는 식이다. 문제는 이것들이 다 비싸다는 점이다. 그러니 웰빙의 조건을 갖추기 위해서 죽도록 일을 해야 하는 역설이 생긴다. 그러면 웰빙이 정말 웰빙인지 의심이 든다. 진짜 웰빙이란 뭘까?

여기 향당 편엔 공자가 살아가는 모습들이 그려져 있다. 먹고, 마시고, 잠자는 이야기들이다. 공자가 뱉은 이야기가 아니라, 관찰자(제자)들이 그의 일거수일투족을 디지털 카메라로 스냅사진 찍듯 올려놓은 것들이다. 인간 공자의 진솔한 모습을 볼 수 있는 곳이다.

공자는 옛날 사람으로는 보기 드물게 73세라는 장수를 누렸다. 춘추 시대라는 대혼란기의 와중에 정치적 비전을 펼치기 위해 천하를 돌아다녔지만 실패했고 도리어 '상갓집 개'라는 원치 않은 비평을 듣기도 했다. 자식을 앞서 잃고 또 사랑하는 제자인 안연과 자로가 죽는 꼴을 보기도 했다. 즉 한평생 쌓인 스트레스가 이만저만한 사람이 아니었던 것이다. 그럼에도 건강하게 오래 살았던 데는 나름의 비결이 있었으리라. 공자의 일상생활, 그 중에서도 음식 기호와 옷차림을 통해 그 비결을 찾아보자.

까다로운 식생활

무엇보다 공자의 식생활이 눈에 띈다. 그는 함부로 마구 먹지 않았던 사람이다.

> "쉬거나 선 밥을 먹지 않았고, 상한 물고기나 부패한 고기는 먹지 않았다. 또 색이 변한 것, 군내가 나는 것, 제대로 익히지 않은 것, 제철이 아닌 것은 먹지 않았다." [10:8.2]

우선 까다롭다는 생각이 들 정도로 공자의 식생활은 조심스러웠음을 알 수 있다. 밥은 꼭 적당하게 잘 지은 것이라야 먹었고, 생선류나 육류도 상한 것은 먹지 않았다고 하였다. 또 과일 가운데 제철이 아닌 것, 예컨대 겨울에 나오는 여름 과일은 먹지 않았다는 것인데, 하우스 작물이 범람하는 요즘 시대에 공자가 살았다면 어떨까 싶다.

한편 공자가 즐긴 음식은, 잘 찧은 쌀로 지은 밥과 가늘게 썬 회였다[10:8.1]. 공자도 회를 먹었을까 싶지만(특히 노나라는 내륙 지방인 터), 생선회뿐만 아니라 육회도 있으니 공자가 좋아한 회는 육회였지 싶다. 사람들 입에 자주 오르내리는 것을 두고 '인구人口에 회자膾炙한다'라는 고사도 있으니만큼 중국인들이 육회를 자주 먹었던 것으로 볼 수 있으므로, 가당찮은 해석은 아니다.

한편 "칼집이 반듯반듯한 것이 아니면 먹지 않았고 또 음식에 합당한 장(소스)이 갖춰져 있지 않으면 먹지 않았다."[10:8.3] 내놓은 음식에 칼집이 반듯하지 않은 경우는 두 가지다. 첫째 그 재료가 상한 것이거나, 아니라면 조리사가 칼을 함부로 놀린 것이다. "가늘게 썬 회를 좋아했다"는 말과 상통한다. 음식에 합당한 간장이 갖춰져야 먹었다는 것은 고급스런 입맛 때문이기도 하겠지만, 실은 위생 문제를 염려했기 때문이기도 하다. 오늘날에도 회를 먹을 때는 초장을, 만두를 먹을 적엔 식초를 탄 간장을 곁들이는 것을 생각하면 좋겠다. 한편 "고기는 많이 먹을 경우라도 밥보다 더 먹지는 않았으며, 술은 정해진 양이 없었지만 취해서 정신을 잃을 지경에는 이르지 않았다"[10:8.4]고 한다. 고기보다 밥을 많이 먹었다는 것은 공자의 식습관이 서양 사람들처럼 육식을 위주로 한 것이 아니라 밥반찬으로 고기를 먹었다는 뜻이다. 고혈압·심장병의 원인이 육식 과다로 인한 고지혈증, 콜레스테롤의 증가 때문이라는 최근 의학계의 연구 결과에 따르면 공자는 일찌감치 건강식을 실천한 셈이다.

또 술도 즐겨하긴 했으나 탐닉할 정도는 아니었다는 것이니, 이런 식습관, 즉 식물성 위주의 식단과 과음을 하지 않은 건전한 음주 습관이 그로 하여금 건강을 유지하게 만든 비결이라고 해야겠다.

한편 공자는 "시장통에서 파는 술이나 육포는 먹지 않았다"[10: 8.5]고 했다. 이 역시 위생 문제 때문이라고 해야겠는데, 오늘날도 툭하면 터져 나오는 비위생적인 식품 공장들 모습을 생각하면 공자의 염려가 기우가 아님을 알 수 있다.

무엇보다 공자의 깔끔하고 조심스런 식생활 습관은 다음 보고에 잘 표현되어 있다.

밥을 먹을 땐 말을 하지 않았고, 잠자리에 들어서 이야기를 나누지 않았다. 비록 거친 밥에 푸성귀 국일지라도 꼭 감사 기도를 드린 다음에 숟가락을 들었다. [10:8.7~8.8]

밥 먹을 땐 밥만 먹고, 잠잘 땐 잠만 자는 것, 아무리 헐한 음식이라도 감사하는 마음으로 드는 자세, 이 세 가지 태도야말로 공자의 건강 비결이라고 할 수 있을 것이다. 어느 철학자는 먹는 일에 대해 다음과 같은 주장을 하였는데, 이 대목에 인용할 만하다.

음식을 무심코 먹지 말라. 음식을 먹을 때는 자신이 먹고 있다는 것을 분명히 알고 있어야 한다. 몸과 음식이 만나는 지점을 놓치지 말고 붙잡고 있어야 한다. 옛 어른들이 그래서 밥 먹을 때는 말을 하지 말라고 했다. 그 권고는 입 다물고 밥만 퍼 넣으라는 말이 아니라, 밥에 감사하며 밥을 느끼라는 충고였다. 적절한 대화를 마다할 일은 아니나, 음식을 먹고 있다는 자각의 끈은 놓쳐서는 안 된다. 가십에 열중하거나, 남을 비난하거나, 두고 온 일을 걱정하거나, 쓸데없는 논쟁에 마음을 빼앗겨서는 안 된다. 그래서는 음식을 느낄 수 없고, 마음 또한 그에 따라 혼란하고 탁해진다. 이렇게 '상념'이 몸을 가로막고 있어서는 소화가 잘 될 리가 없다.

선가禪家에서는 이 훈련이 선의 핵심에 이르는 길이라고까지 한다. 어느 선사에게 누가 물었다. "스님도 도를 닦고 있습니까." "닦고 있지." "어떻게 하시는데요." "배고프면 먹고, 피곤하면 잔다." "에이, 그거야 아무나 하는 것 아닙니까. 도 닦는 게 그런 거라면, 아무나 도를 닦고 있다고 하겠군요." "그렇지 않아, 그들은 밥 먹을 때 밥은 안 먹고 이런 저런 잡생각을 하고 있고, 잠잘 때 잠은 안 자고 이런 저런 걱정에 시달리고 있지."

정말이지 밥 먹기 힘들다. 세상에 어려운 것이 밥 먹는 일이다.●

위생적이고 깔끔하며, 또 감사하는 마음을 가지고서, 먹을 때는 먹는 일에만 열중하는 자세가 공자의 '음식 웰빙'의 정체임을 보았다.

가장 옷 잘 입는 남성

한편 그는 옷을 입는 데도 상당히 높은 식견을 보여 주고 있다. 공자의 '복식 웰빙'은 어떠했는지 살펴보자. 무엇보다 공자는 멋쟁이였다.

●한형조, 「밥에서 깨달음을 구하다」, 『문화와 나』, 삼성문화재단, 2004 봄호.

검은 옷을 입을 적엔 새끼 염소털 외투를 걸쳤으며, 흰 옷에는 담비털 외투를, 누런 옷에는 여우털 외투를 입어 조화를 주었다. [10:6.4]

염소털은 검은색, 담비털은 흰색, 여우털은 노란색이다. 검정색 옷을 입을 땐 염소털 가죽옷을 걸쳐 앙상블을 이루고, 흰 바탕의 셔츠를 입을 땐 또 거기에 맞춰 담비털 외투를 입어 멋을 부리고, 노란 색상의 옷에는 황금색 여우털 가죽옷으로 맞춰 입었으니 그의 멋스러운 감각을 2500여 년이 흐른 지금에도 물씬 느낄 수 있을 것이다. '앙드레 공자'라고나 할까? '춘추 시대 중국에서 가장 옷 잘 입는 남성'으로 뽑아도 손색이 없을 판이다.

그러나 이런 멋스러움이 결코 예를 벗어나는 데까지 이르지는 않았다. 즉 '튀는 디자인'을 선호했다는 뜻은 아니다. 예컨대 다음을 보자.

여름을 맞아 더울 적엔 홑겹의 갈옷을 입되 반드시 속옷을 안에 입었다.
[10:6.3]

이것은 공자의 여름 입성을 묘사한 것이다. 여름옷이 '두 겹'이면 벌써 덥다. 그래서 홑겹으로 된 옷을 입었다는 것이다. 그런데 모시나 삼베를 홑겹으로 만든 옷은 속살이 다 비치게 된다. 선비 체면에 아무리 덥다고 하더라도 속살을 다 보일 수는 없는 법. 이에 속옷을 입고 난 다음 홑겹의 갈옷(모시 또는 삼베옷)을 걸쳤다는 것이다. 아무리 더워도 러닝셔츠 바람이나 잠방이 차림으로 나다니지는 않았다는 뜻이다.

멋을 부리면서도 예를 갖출 줄 아는 진정한 멋쟁이가 공자였음을 이런 섬세한 감각에서 느낄 수 있다. 잠시 뒤에 언급하겠지만 문명이나 문화란 멋(맛)을 추구하되 멋에 빠지지 않고 주변과 어울리도록 세심하게 조화를 이루는 노력을 말한다.

섬세함! 이것이 문명의 정체다. 맛있는 음식을 마구 먹어 대는 것은 '식도락가'이다. 그러나 신사(미식가)의 음식 기호는 재료와 양념의 조화를 음미하는 데 더 중점을 둔다. 옷 역시 마찬가지다. 유명 디자이너를 찾아 값비싼 옷을 입는 것은 졸부들의 짓거리다. 진짜 멋쟁이는 자신의 나이와 처지, 몸매를 세심하게 관찰하여 주변을 놀라게 하지 않으면서도 깊숙한 멋을 풍기는 옷을 입는다. 값보다는 조화요, 배려요, 또 깊이다. 이것이 멋의 구성 성분이다.

공자의 옷에 대한 까다로운 감식은 집에서 입는 일상복에서도 지켜졌다.

집에서 막 입는 갖옷은 길었는데, 오른 소매는 짧게 하였다. [10:6.5]

앞에 나온 가죽옷들, 이를테면 염소털 외투, 담비털 외투, 여우털 외투는 모두 어린 짐승의 가죽으로 만들어진 것이다. 그런데 여기 또 '막 입는 갖옷'이라는 말이 나오는 것으로 보아, 위에 나온 털옷들은 모두 외출용으로서 비교적 값비싼 것들이었던 것 같다. 반면 집에서는 무두질이 잘 되어 있지 않은, 두껍고 무거운 가죽옷을 입은 것으로 짐작된다.

한편 막 입는 갖옷을 길게 만든 까닭은 실내에서 몸을 감싸기에 편하게 실용성에 주안점을 두었기 때문이다. 또 그 오른쪽 소매를 짧게 만든 까닭은 일할 때 거치적거리지 않도록 하기 위함이다. 뿐만 아니라 공자는 잠자리에서는 잠옷도 반드시 따로 두고 입었다고 하였다. "반드시 잠옷을 따로 두었는데, 길이는 한 길 반이었다."[10:6.6] 잠옷 크기가 몸의 '한 길 반' 정도였던 까닭은 온몸을 감싸기 충분하도록 풍덩하게 만들었기 때문이다. 중국은 온돌 시설이 없었으므로 특히 겨울에는 잠옷이 두껍고 넉넉해야 했기 때문이리라.

여하튼 공자는 잠자리에서는 파자마를 따로 두고 꼭 입을 만큼 까다로운 사람이었다고 하겠다.

문명의 정체

이것이 공자가 먹고 입는 실생활 속에서 실현한 문명적 삶의 모습이다. 아무것이나 먹지 않고 함부로 입지 않음, 처한 상황에 따라 적절하게 행동하고 선택하는 세밀한 대응, 이것이 유교에서 꿈꾸는 인간다움의 틀, 곧 문명성이다.

섬세함이 문명의 정체라고 여긴 것은 동양의 공자만이 아니다. 섬세하게 조탁해 가는 과정이 문명화의 특징임은 서양에서도 잘 알고 있었다. 특히 근대 프랑스 철학자인 파스칼Pascal은 『팡세』에서 '섬세한 정신subtle spirit'이야말로 문명의 특징임을 강조하면서 사물과 생각에 대한 세밀한 정신의 발휘가 오로지 인문 정신을 통해 가능함을 주장한 바 있다.

생각하면 문명이란 섬세함과 애틋함의 세계다. 문명과 대척되는 자리에 있는 야만은 거칢과 매정함으로 표현된다. 그러므로 유교에서 꿈꾸는 '풍속이 두터운 세계美風良俗'란 곧 거칠지 않은 섬세함의 세계요 또 매정하지 않고 애틋한 정감을 가진 세계다. 이 가운데 애틋함은 부사副詞로 표현되는데 이를테면 '차마忍'라든지, '감히 그럴 수는 없다不敢', 또는 '짐짓固'과 같은 단어가 그런 예다. 우리는 『논어』와 『맹자』에서 이런 부사어들을 많이 발견할 수 있는데, 바로 이들 속에 유교가 꿈꾸는 문명 세계의 모습이 깃들어 있다.

섬세함이란 여성적이고 또 사려 깊은 세계다. 가령 똑같은 재료를 가지고 요리를 하더라도 일류 요리사와 삼류 요리사의 솜씨에 따라 그 결과는 천양지차이다. 여기서 일류 요리사의 솜씨란 곧 음식 재료에 대한 깊은 통찰과, 음식을 먹을 상대방에 대한 사려가 깃든 것을 뜻한다. 재료의 결에 따라 칼집을 내고, 또 재료에 적절하게 시간을 맞춰 익혀 내고 하는 등등의 요리 과정은 요리사의 섬세함에서 차이가 나는 것이다. 이런 점에서 문명의 한 측면은 미학(맛/멋)에서 잘 표현되는데, 그것의 동력이 곧 섬세함이라고 할 수 있다.

이렇게 세밀하고 세련됨이야말로 무뚝뚝하고 질박하기만 한 원단質이 아니라 그윽한 디자인文의 세계를 꿈꾸었음을 보여주는 것이다. 물론 그의 이상은 "재료와 문채가 이상적으로 배합된 상태", 곧 문질빈빈文質彬彬[6:16]의 경지이긴 했지만 말이다.

가령 도올 김용옥 선생이 맛에 대해 풀어놓은 경험담은 '섬세한 미각'의 의의를 재미있게, 동시에 공자가 체현한 민감한 미각이 지향하고자 한 세계를 짐작하게 해 준다.

내가 말이죠, 이리*에 있을 땐 그렇다 치고, 전주를 갈 때는 기대를 좀 했
어요. 그곳은 예로부터 유명한 양반 도시고, 전주비빔밥이니 어쩌고저쩌
고 음식 문화로 말하자면 손꼽았던 데가 아닙니까?

근데 야? 이거 큰일 났어! 음식점이 한 군데도 제 맛을 내는 데가 없어요.
20년 전에 내가 전주 갔을 때만 해도, 어느 음식점을 가든지 음식이 수준
급이었는데, 20년이 지나니까 완전히 변했드만.

이런 문제는 심각한 거예요. 이런 말이 있거든. '귀명창이 있어야 소리명
창이 있다.' 판소리에 재능을 가진 사람이 없는 게 아니라, 문제는 대한
민국 문화 수준에서 송만갑이를 길러낼 수 있는 귀들이 없다는 것입니
다. 이런 상황에서는 판소리꾼이 생겨날 수가 없어요. 생각해 보십시오.
노래를 부르면 비평이 와서 평가가 되고 해야 차츰 자신을 다듬으면서
송만갑처럼 되는 거지, 판소리를 돼지 목 따는 소리로 부르든, 오페라 식
으로 하든 그런 데는 전혀 신경을 안 쓰고 그저 어린애들이 얼굴 예쁘다
고 영화나 무대에 나와서 부르면 그걸 또 판소리인 줄 알고 쏠리곤 하니
그 수준이 말이 아니라고. 이래 가지고서야 우리 문화가 제대로 되겠습
니까?

마찬가지로 음식 문화에서도 미식가가 없기 때문에 한국의 음식들이 형
편없어지는 겁니다. 맛명창이 없으니 손명창이 없어지는 거죠. 그니깐

● 도올 선생은 그 당시 이리(지금은 익산) 소재 원광 대학교 한의과 대학에서 공부하고 있었다.

남자가 입맛이 좀 까다로와야 해요. 까다로운 걸 다들 나쁘다고만 하면서 '우리 남편은 까다롭지가 않아서 아무거나 꿀꿀이죽처럼 만들어 줘도 잘 먹으니 좋다.' 이거 정말 되겠습니까? 여자가 못하면, 음식의 맛을 향상시키기 위해서라도 남자가 부엌에 들어가서 음식 예술art of cooking 을 배워야 해요.*

도올 선생이 표현한 까다로움, 감식안 같은 것은 문명의 수준을 높이는 중요한 미덕일 뿐만 아니라, 그 자체로 문명성을 의미한다.

맛에 대한 예를 들었으니 이번엔 멋에 대한 이야길 들어 볼까 한다. 소설가이자 번역가인 이윤기 선생의 고향 체험은 '의관을 정제하는' 섬세한 입성을 보여 주는 좋은 예가 된다.

형님들과 함께 경상북도 의성군에 있는 먼 일가 댁을 방문한 적이 있다. 숙항叔行인 어른은 세상 떠나시고 내외가 초등학교 교사인 손아래 동항同行이 지키는 집이었다. 내게 아우뻘이 되는 주인 내외는 논을 매고 있었다.

이름을 불러 그 아우를 논 한가운데다 일으켜 세우고 이쪽 이름을 대었다. 깜짝 반가워하면서 논둑으로 걸어 나올 줄 알았는데 반응이 뜻밖이었다. 아우는 이렇다 저렇다는 말 한마디 없이 논둑 옆으로 흐르는 개울가로 뚜벅뚜벅 걸어갔고, 계수 역시 아무 말 없이 마을 쪽으로 잰걸음을

● 김용옥, 『도올 선생 중용 강의』, 통나무, 1998. 215~216쪽

내달았다.

논둑에서 기다렸다. 기다리고 있었더니, 아우는 개울에서 세수 말끔하게 하고, 둥둥 걷었던 바짓가랑이 내려 단정하게 옷 손질한 연후에야 논둑으로 나왔다. 옷매무새 바로잡은 계수는 집에서 돗자리를 한 닢 들고 나왔다. 아우와 계수는 그 돗자리를 논둑에다 편 다음 우리를 앉히고 절한 뒤에야 비로소 안부를 물었다.

자존심 강한 사람들에게 의관을 정제하지 않은 '나'는 '내'가 아니다. 자존심 강한 '나'는, 베잠방이 차림으로는 바깥 사람을 만날 수 없다. 내 젊은 아우 내외가 그랬듯이, 논물이 튀어 얼룩진 얼굴, 바지 둥둥 걷어 올린 차림으로는 족내族內 형님들을 만날 수 없었던 것이다.*

도올 선생의 전주 음식에 대한 비평에서 보듯, 그리고 이윤기 선생의 고향 체험에서 옷의 문명성이 잘 드러나듯, 옷과 음식이야말로 문명의 깊이를 보여 주는 가장 비근한 예다. 옷에 대한 '민감한 눈'에서 '멋'이 발생하고, 음식에 대한 '섬세한 미각'에서 '맛'이 생겨나는데, 맛과 멋은 곧 문명의 다른 이름이다. 의복과 음식에 대한 예민한 감각은 결국 '까탈'이 아니라 문명의 깊이를 표현하는 한 양식인 셈이다.

이 속에서 공자가 꿈꾼 문명 세계의 정체를 언뜻 이해하길 바란다. 그의 문명 세계는 일상적 삶을 구성하는 의식주, 사람을 접대하는 세심함과 사려깊음으로 표현된다는 사실 말이다. 즉 그의 맵시 있는 차

● 이윤기, 『무지개와 프리즘』, 생각의나무, 1998. 256~257쪽

림새와 까탈에 가까운 식성의 민감함에서 공자가 꿈꾼 문명이 섬세한 미학적 바탕 위에 있음을 발견할 수 있길 바란다.

그러니 웰빙이란 비싼 음식과 신선한 공기가 아니라 섬세한 미적 감각을 일상생활 속에서 관철할 때 빚어지는 아름다움이다. 자기 삶의 주인이 되는 것에서부터, 그리고 주변의 사소한 사물에서도 아름다움을 발견하는 눈에서 웰빙이 이뤄지는 것이다.

사제, 안연과 스승

11

선진 先進 편

선진 편에는 공자의 제자들에 대한 이야기가 많다. 앞의 6장 옹야 편과 함께 보면 공자 학교에 출입한 제자들의 면모를 잘 볼 수 있다. 다음 장면은 늘그막에 공자가 과거의 제자들을 회상하는 가운데 그들을 비평, 분류하고 있는 대목이다. 이를 통해 공자가 생각한 가치를 짚어 볼 수 있다.

"덕행에는 안연과 민자건, 염백우, 중궁이 특출하였다. 언어에는 재아와 자공이 뛰어났으며, 정사에는 염유와 자로가 으뜸이었다. 그리고 문학에는 자유와 자하였지." [11:2]

여기서 공자는 제자들의 유형을 네 가지로 분류하고 있는데, 첫째가 덕행德行, 둘째는 언어言語, 셋째는 정사政事, 그리고 넷째가 문학文

學이다.

덕행이란 공자의 가르침이 몸에 익어, 남에 대해서는 배려하고, 자기 자신은 낮추는 겸손함을 자율적으로 실천하기에 이른 수준 높은 경지를 의미한다. 공자의 제자들 가운데 '범생들'에 속한다고 하겠다. '언어'는 넉넉한 말솜씨를 뜻하는데, 오늘날로 치자면 외교술로 번역할 수 있겠다. '정사'란 정치 업무를 의미하는 것으로서, 오늘날 행정 실무를 뜻한다. 그리고 '문학'이란 오늘날의 문학이 아니라 책을 통한 학문 연구라는 의미다.

덕행 분야에는 안연과 민자건, 염백우 그리고 중궁, 네 사람이 꼽혔다. 이들 가운데 첫 손에 꼽힌 안연을, 특별히 스승과 관련하여 살펴봄으로써 '덕행'의 의미를 알아보자.

스승의 안연 생각

안연顔淵은 노나라 출신으로 자타가 공인하는 공자의 수제자였다. 자공은 "안연과 너 중에 누가 더 나으냐"라는 스승의 질문 앞에 "안연은 하나를 들으면 열을 아는 사람이고" 자신은 "하나를 들으면 기껏 둘을 알 뿐"[5:8]이라고 명쾌하게 지적한 바 있다. 또 증자는 그를 두고 "매사에 능숙하면서도 미숙한 사람에게 물을 줄 알았고, 넉넉히 알면서 잘 모르는 이의 말에도 귀 기울일 줄 알았으며, 있어도 없는 듯하고, 꽉 찼으면서도 텅 빈 듯하며, 누가 덤벼들어도 씩 웃고 마는"[8:5] 그런 사람으로 묘사하였다.

그의 성은 안顔씨요, 어릴 적 이름은 회回였다. 따라서 안회라고도 한다. 스승에 앞서 31세의 나이로 요절하였는데, 그의 죽음을 두고 공자가 느낀 절망감을 되새겨 보면 공자가 그를 얼마나 아꼈는지 알 수 있다.

안연이 죽었다. 공자 말씀하시다. "아이고! 하느님이 날 버리시는구나. 하느님이 날 버리고 마는구나!" [11:8]

안연이 죽었다. 선생님의 곡소리가 지나치게 비통하였다. 한 제자가 말했다. "선생님 좀 지나치십니다."
공자 말씀하시다. "그랬느냐? 하지만, 저 사람의 죽음에 지나치지 않으면 또 누구에게 지나치겠느냐?" [11:9]

애이불상哀而不傷이라, "슬퍼하되 몸이 상할 만큼 비통해하지는 말라"[3:20]고 그 스스로 지적했던 터다. 그런데도 제자 안연의 죽음 앞에 하느님을 탓하고, 또 비통함이 지나쳐 몸을 해칠 정도로 아파하였던 것이다. 그러자 어떤 제자가 스승을 붙들고 고정하길 청하였던 것인데, 공자는 문득 정신을 차려 "내가 지금 예에 어긋날 정도로 지나쳤느냐?"라고 되물은 것이다.

하지만, 또 곰곰 생각해 보니 안연의 죽음보다 더 안타까워해야 할 죽음이 없는지라, "저 사람의 죽음에 지나치지 않으면 또 누구에게 지나치겠느냐?"고 하소연한 것이다. 안연은 이렇게 스승의 가슴을 저미게 할 정도로 그 학문과 실천의 키가 높았던 것이다. 따로 스승은 안연의 학문 수준이 자신과 다를 바 없다고 칭찬한 적이 있었다.

> 공자가 안연을 평하였다. "등용하면 나아가 행하고 그만두라면 물러나
> 몸을 감춘다. 이 경지는 나와 오로지 안연만이 행할 수 있는 것이러니."
> [7:10]

정치적 지위에 연연하지 않아 나라에서 채용해 주면 자기 재능을 발휘하지만, 또 그만두라면 훌훌 털고 물러나는 담담함이 안연의 행동 속에 깃들어 있다는 칭찬이다. 유교적 인간이란 수기치인修己治人, 즉 몸을 닦아서 공공선에 기여하는 구도 속에 존재하는데, 문제는 '치인'의 자리에 들어서면 그 자리에 연연하여 본래의 뜻(공공선에 기여함)을 잊어버리는 경우가 많다는 점이다. "삼 년을 배워서 자리에 연연하지 않은 녀석들을 찾아보기 힘들다"는 공자의 개탄은 그래서 나왔던 터다.

한데 안연은 정치적 지위의 공공성에 추호도 틀림이 없어 사사로운 이익을 위해 공직을 쓰지 않음을, 공자는 "등용하면 나아가 행하고 그만두라면 물러나 감춘다"며 칭찬한 것이다. 그러다 보니 안연의 삶은 항상 빈궁할 수밖에 없었다. 이에 대해 스승은 "안연은 거의 성인의 경지에 이르렀지만 경제적으로 내내 쪼달렸음"[11:18]을 안타까워하였다. 그러나 공자의 속내는 안연의 그 "가난한데도 느긋이 즐기는 경지"를 기꺼워하였던 바다.

> 공자 말씀하시다. "어질구나. 안연이여! 한 그릇의 밥과 한 바가지의 맹

물로 배를 채우고서 지저분한 달동네에 살아도 느긋하기 이를 데 없구나. 다른 사람들은 그 고통을 이기지 못하는데 안연만은 그 즐거움을 벗어나지 않는구나. 아! 어질도다. 안연이여." [6:9]

끝내 안연이 요절하자 공자는 잠시도 쉬지 않고 내내 정진하던 안연의 학문 자세를 높이 칭찬하며* 그의 죽음 앞에서 목 놓아 통곡하고, 새로운 문명을 건설하고자 했던 자신의 꿈이 안연의 죽음으로 인해 사라져 버렸노라고 안타까워한 것이다. 비감 어린 공자는 당시 노나라 통치자 계강자季康子의 질문 앞에 처절한 심정으로 다음과 같이 비평할 수밖에 없었다.

계강자가 물었다. "제자들 가운데 누가 배움에 독실한가요?"
공자가 대답하였다. "안연이라는 녀석이 배움에 독실하였는데, 불행히 명이 짧아 죽었다오. 이제는 그런 자가 없소이다." [11:6]

"이제는 배움에 독실한 제자가 없다"는 말에서는, 학문의 고갱이인 덕행을 배우고 익히다가 거의 성인의 경지에 도달한 제자를 잃어버린 안타까움에 꽉 다문 잇새로 복받친 흐느낌 소리가 새 나온다.
아! 아프다. 공자의 무너진 가슴이여. 자식은 내 피를 잇는 분신이

---

* 공자가 안연을 두고 말씀하시다. "아깝구나. 내 그 녀석이 나아가는 것만을 보았지, 멈추는 것을 보지 못하였었는데." [9:20]

지만, 제자는 내 학문을 잇는 분신인 터. "아침에 진리를 깨달으면, 저녁에 죽어도 좋으리!"[4:8]라던 공자의 존재 이유를 이어 줄 사람이 바로 저 제자였던 것이다. 그러니 안연의 죽음은 그에게 내일이 사라짐과 같았으리라. 아니 그가 부흥하고자 애쓴 인간 문명의 장래가 다시금 어두워지는 것을 뜻하는 것이었으리니, 공자의 처절한 절망감을 어찌 말로 다 표현할 수 있으랴!

안연의 스승 생각

그러면 제자 안연은 스승을 어떻게 생각하였던 것일까? 공자가 그를 아낀 만큼 또 안연은 스승을 공경해 마지 않았다.

> 공자가 광 땅에서 어려움에 처했다. 안연이 뒤에 처졌다가 겨우 합류하였다. 선생님 말씀하셨다. "난 자네가 죽은 줄 알았네."
> 안연이 말했다. "선생님께서 살아 계신데, 제가 어찌 감히 먼저 죽겠습니까?" [11:22]

이다지도 깊은 사제 간이 있을까. 스승은 자기 몸보다 제자의 안위를 먼저 걱정하였고, 제자는 또 스승을 앞세웠던 것이니, "선생님이 살아 계신데 어찌 감히 먼저 죽겠습니까?"라던 그 제자가 먼저 죽었을 때, 스승의 무너지는 심정을 어찌 이루 다 헤아릴 수 있으랴!

이만큼이어야 진정한 사제 간이다. 남을 가르치는 일을 업으로 삼고 있는 나, 가르침을 받는 데 익숙한 여러분들이나, 두루 옷깃을 여미고서 오늘날 변질된 사제 간을 헤아려 볼 일이다.

이제 다음을 보자. 안연이 스승에 대해 품은 생각이 일목요연하게 드러나는 장면이다.

안연이 한숨을 폭 내쉬며 말했다. "우러러보면 볼수록 더욱 높이 있고, 뚫으면 뚫을수록 더욱 단단하네. 앞에 계신가 하여 쳐다보면 문득 뒤에 계시네!

우리 선생님, 이치에 합당하도록 우리를 잘 이끌어 주셔, 끝내 글로써 넓혀 주시고 또 예로써 매듭을 지워 주셨네.

그만두고자 하여도 그럴 수가 없었으니, 이미 온 힘을 다 쏟아 부어도 또 저만치 앞에 우뚝 서 계신다네. 따르고 싶은 마음이야 굴뚝 같지만 타고 들어갈 실마리를 잡을 수가 없네." [9:10]

안연의 스승에 대한 찬탄이다. 수제자인 안연의 찬탄이 이 지경이니, 공자의 인품과 학술의 넓이 그리고 깊이는 범인들로서는 감히 종잡기 어려울 것 같다. 그의 말을 몇 개의 문단으로 나눠 살펴보자.

(1) 안연이 한숨을 폭 내쉬며 말했다. "우러러보면 볼수록 더욱 높이 있고, 뚫으면 뚫을수록 더욱 단단하네. 앞에 계신가 하여 쳐다보면 문득 뒤에 계시네!"

여기 안연이 스승의 지성을 찬탄하면서 내뱉은 첫 번째 탄성이 왠지 귀에 익지 않은가? "우러러보면 볼수록 더욱 높다?"

그렇다. 이건 해마다 5월 15일이면 학교에서 부르던 「스승의 날 노래」(작사: 윤석중) 가사의 한 구절이다. "스승의 은혜는 하늘 같아서, 우러러볼수록 높아만지네"라던 묘사가 여기 앙지미고仰之彌高를 들어다 쓴 것이다. 지금도 우리 곁에 연면히 살아남아 있는 『논어』의 한 사례이기도 한데, 여하튼 여기서 안연은 스승의 학술적 높이를 제 체험을 곁들여 비교한 것이다.

말하자면 '스승의 학술이 윗길인 것은 이미 알고 있었다, 그런데 키를 재 보려고 어깨를 겨누니, 도무지 그 높이를 가늠할 수조차 없었다'는 것. 그 다음은 "뚫을수록 더욱 단단하다"고 하였으니, 이는 '스승의 지성이 단단한 줄은 이미 알고 있었다, 그런데 막상 두드려 보니 더더욱 조그만 틈조차 없이 두터웠다'는 것.

어디 그뿐일까. "앞에 계신가 하여 쳐다보면 문득 뒤에 있어" 도무지 갈피를 잡을 수 없었다고 토로한다. 스승의 학술의 너비는 자신의 좌표座標로서는 도저히 점찍을 수 없을 만큼 광활하고, 종횡무진하더라는 것이다. 앞에 있으려니 하였는데, 문득 뒤통수를 갈기더라는 것이다.

이렇게 스승의 학술을 '높이'로, '견고함'으로, 그리고 '넓이'의 차원으로 두루 견주어 그 위대함을 찬탄하고 있다. 정녕 "우러러보면 볼수록 더욱 높이 있고, 뚫으면 뚫을수록 더욱 단단하네. 앞에 계신가 하여 쳐다보면 문득 뒤에 계시는구나!"라는 그의 탄식은 손에 잡힐 듯 절실하다. 끝없이 스승을 좇아, 허덕이며 배우고 또 배운 결과가 이러하다는 한탄이다.

(2) "우리 선생님, 이치에 합당하도록 우리를 잘 이끌어 주셔, 끝내 글로 써 넓혀 주시고 또 예로써 매듭을 지워 주셨네."

이 대목은 스승의 교수법을 토론한 것이다. "이치에 합당하도록 우리를 잘 이끌어 주시다"라고 할 때의 '이치에 합당하게'란 '자연적인 결 대로', '사리事理에 맞춰'라는 의미이다. 공자의 교수 방법론이 대상(제자)의 수준과 기질, 그리고 취향과 관심사를 낱낱이 유념하여 가르침을 베풀었다는 뜻이다.

그 가운데서도 "이끌어 주시다"라는 말이야말로 공자의 교수 방법론의 핵심인데, '물꼬를 터 주는 대로 물이 흐르게 하다'라는 뜻이다. 공자의 가르침이 자연스러운 결을 살리는 것이었다는 의미가 "이끌어 주다"라는 단어 속에 숨어 있다. 그러므로 "이치에 합당하도록 우리를 잘 이끌어 주시다"라는 문장을 좀더 넓게 해석하면, "물이 위에서 아래로 흐르듯, 물꼬를 터 주는 대로 물이 흐르게 하다"라는 뜻이 되겠다. 이는 곧 제자들마다 각기 다른 취향과 자질에 맞춰서 가르침을 베풀었다는 뜻이기도 하다. 예를 들어 똑같이 인仁을 물어도 안연에 대한 답이 다르고, 중궁에 대한 답이 다르고 또 사마우에 대한 답이 다 달랐다[12:1~12:3]. 이 구절은 탁월한 교육자로서의 공자상을 잘 보여 주는 것이라 하겠다.

"끝내 글로써 넓혀 주시고 또 예로서 매듭을 지워 주시다"로 번역한 "박아이문, 약아이례博我以文, 約我以禮"는 줄여서 '박문약례'라고 하여 자주 쓰이는 문자다. 요컨대 안연은 공자가 학교에서 베푼 가르침의 내용을 문文과 예禮로 요약하고 있는데 이는 앞서 "공자는 시와 서를 강독하고, 예를 실습할 적엔 꼭 표준말로 하셨다"[7:17]라는 대목과 서로 통한다. 거기서나 여기서나 공자 학교의 교과 과정은 문文, 즉 시·서, 그리고 예의 실습으로 이뤄졌음을 알 수 있다.

(3) "그만두고자 하여도 그럴 수가 없었으니, 이미 온 힘을 다 쏟아 부어도 또 저만치 앞에 우뚝 서 계신다네. 따르고 싶은 마음이야 굴뚝같지만 타고 들어갈 실마리를 잡을 수가 없네."

"그만두려 해도 그럴 수가 없다"라고 하였으니 이것은 배우려는 사람이 힘들어 그만두려 해도 이미 너무 깊이 빠져들어 되돌아가기가 막막한 상황이다. 이것은 거꾸로 안연 자신의 학문적 깊이가 꽤 심오해졌음을 자백한 걸로 읽어도 좋겠다.

또 "이미 온 힘을 다 쏟아 부어도 또 저만치 앞에 우뚝하니 서 계신다"라는 고백은 자신의 에너지를 모두 쏟아 버려 탈진한 상태가 되었지만 그러나 스승의 그림자조차 발견할 수 없음을 안타깝게 토로하는 모습이다. 공자도 남을 가르치는 것이 다 알아서가 아니라, "이치를 헤아려 힘을 쏟아 가르치는 것竭焉"[9:7]일 따름이라고 지적한 바 있었다. 거기서 '다 쏟다竭'와 여기 안연이 말하는 '다 쏟다竭'는 동질적이다. 자신의 젖 먹던 힘까지 다 쏟았다는 것이다.

한편 "우뚝"이라는 부사는 평지에 돌출한 산의 우뚝 솟은 모양을 형용한 것이다. 높고 깊은 산을 힘들게 넘어 본 사람이라면 그 뜻을 이해하리라. 겨우 한 고개를 넘으니, 또 높은 산이 떡 버티고 있다. 시야를 가리며 솟은 저 봉우리가 곧 주산主山이겠거니 하였는데, 그 봉우리를 넘으면 그것보다 더 높은 봉우리가 앞을 가로막는다. 그 봉우리 뒤에는 또 더 높은 봉우리가 있을 것이다. 그 탈진한 정황이 바로 "또 저만치 앞에 우뚝 서 계신다"의 속뜻이다.

급기야 더 이상 걷지 못할 정도로 맥이 빠져 오지도 가지도 못하는 기막힌 정황을, 그는 "따르고 싶은 마음이야 굴뚝 같지만 타고 들어갈 실마리를 잡을 수가 없네"라고 절절히 묘사하고 있다. 경상도 말로 표현하자면 "내사 마 몬살끼다!"쯤 되겠다.

공부는 쿵푸다

이러니 공부는 역시 쿵푸功夫다. 쿵푸의 하수下手의 눈에 고수高手의 기술이 가늠하지 못할 만큼 입체적이듯, 공부에 있어서도 제자가 스승을 볼 때는 그 깊이나 높이를 종잡을 수 없는 것이다. 모두 제 키높이만큼, 제 눈높이만큼 대상을 바라볼 수밖에 없기 때문이다. 안연은 아성亞聖으로 추앙받았을 만큼 공자의 수제자로서 그 키 높이가 스승과 어깨를 겨눌 정도였는데도[7:10] 이 지경이다.

하지만 학문의 성패는 제대로 된 스승을 만났는지의 여부에 달려 있는 것. 이 장은 그것을 말해 주고 있다. 여태 스승의 그림자 뒤를 숨 가쁘게 쫓다가 더 이상 남은 기력조차 없는 지경에 이르렀건만, 아직 스승의 산봉우리는커녕 그 산기슭에조차 닿지 못했더라는 것이다. 비유하자면, 내심 '산의 입구에는 들어섰으려니' 하였던 것인데, 막상 구름이 벗겨지고 나서 보니 스승의 산봉우리는 저 멀리 평지에 돌출하듯 우뚝하게 따로 서 있더라는 것이다.

그러나 표면상의 탄식에도 불구하고, 스승의 높고, 깊고, 그윽한 경지를 이렇게 표현해 낼 수 있었던 그 자체를 이미 안연이 스승을 포착한 증거로도 볼 수 있으리라. 즉 스승의 학술에 대해 이런 '풍경화'를 그려 낼 수 있다는 사실 자체가 벌써 스승의 학술이 안연에게 '액자 속의 그림으로 포착되었다'는 사실을 반증하는 것이다. 다시 말해 이 말을 한 순간, 안연은 공자가 어떤 사람인지, 그리고 공자의 학술이 어떤 것인지 그 정체를 가늠하고 있었다는 뜻이 된다.

그렇다면 이 토로의 장면은 안연의 공부가 끝날 즈음, 힘겨웠던 공부 과정을 회고조로 찬탄한 것으로 해석할 수도 있으리라. 실로 '스승/제자'라는 이름은 이 정도의 품격에 이르러서야 붙일 수 있을 것이다. 제자는 허덕이며 스승을 좇고, 스승은 제자에게 최선을 다해 학술을 전승하는, 그런 긴장된 관계에서만이 '스승/제자'의 관계가 가능하리라. "스승은 방만하게 재미삼아 가르치고"(『장자』), 제자는 교수 자리나 얻어 볼 심산으로 머리를 조아리는 사이라면 그것은 모리배 관계이지, 사제 관계는 아닐 것이기 때문이다.

그렇다면 안연이 이토록 놀란 스승의 학문의 정체는 과연 무엇인가? 다음 안연 편에서 이어 살펴보자.

12

안연 顔淵 편

진리 또는 '매트릭스,

이 편은 공자 사상의 핵심어인 인仁에 대해 좀더 깊은 측면을 살핀다 (4장 이인 편과 더불어 보면 좋겠다).

앞서 안연은 스승의 가르침을 "우러러보면 볼수록 더욱 높이 있고, 뚫으면 뚫을수록 더욱 단단하다"[9:10]는 휘황찬란한 언어로 표현한 바 있었다. 나아가 "앞에 계신가 하여 쳐다보면 문득 뒤에 계신다"고 까지 하였으니 스승의 가르침을 신출귀몰한 신비의 영역으로 여길 정도였다. 수제자 안연은 과연 어떤 말씀을 접했기에 그런 놀람을 표했을까? 앞 편에서 살펴본 것이 스승의 가르침에 대한 안연의 숨 가쁜 놀라움이었다면, 여기에서 살펴볼 것은 그 찬탄의 내용물이다. 우선 전모를 살핀다.

안연이 여쭈었다. "인仁이란 무엇입니까?"

공자 말씀하시다. "'내'가 실체라는 생각을 넘어 관계라는 각성에 이르면 '인'이 되지. 단 하루라도 '내'가 실체가 아니라 관계라는 진리를 깨닫기만 한다면, 온 세상이 본래부터 사랑으로 충만한 것임을 환히 알게 되리라. 물론 이런 진리는 스스로 깨닫는 거지 결코 남이 해 줄 수는 없는 거야."

안연이 그 길을 물었다. 공자 말씀하시다. "눈에 보이는 게 독립된 개체라는 생각을 버려. 둘째, 세상이 관계가 아닌 개체로 이뤄졌다는 말은 믿지 마. 셋째 '나를 알아 달라'는 소릴 하지 마. 넷째 이기적인 행동은 하지 마(나를 남에게 접속해!)."

안연이 흐느끼며 말했다. "제가 비록 명민한 녀석은 아닙니다만 죽는 날까지 선생님의 가르침을 받잡겠나이다." [12:1]

극기복례란 무엇인가

우선 거울 앞으로 가 보자. 거울 앞에 서면 내 얼굴과 몸이 선명하게 거울 속에 비친다. 그러면 물어 보자. '나'란 저 얼굴, 표정, 몸뚱이로 이뤄진 존재인가?

'그렇다'고 대답할 수밖에 없다. 내가 다른 것, 예컨대 비누나 수건 또는 전등일 수는 없기 때문이다. 나는 나인 것이다. 이렇게 우리는 거울에 비친 '독립된 실체'를 당연히 나라고 생각한다. 나는 눈에 보이는 저 모습이다. 안연도 그렇다고 생각했다. 사람은 개인이요, 눈에 보이는 저것이다. 그런데 공자는 다른 그 무엇이라고 말하려는 듯했다. 여기서 안연은 의심을 품고 묻는다.

(1) 안연이 여쭈었다. "인仁이란 무엇입니까?"

안연이 누군가. 공자의 수제자다. 수제자가 스승의 키워드 '인仁'이 무엇인지 물었으니, 이것은 '선생님, 당신은 누구입니까?'라고 스승의 정체성을 묻는 셈이다. 안연은 지금 스승의 심장 가까이 칼을 갖다 댄 것이다. 인이란 진리요, 길이다. 그 섬뜩한 질문에 공자는 답을 내린다. 여기 무심하게 툭 던지는 말씀이, 그 유명한 "극기복례가 인이 되지." 운운이다.

아마도 스승은 이 즈음 안연의 질문을 기다리고 있었던 것인지도 모른다. 제자의 성장을 눈여겨보았던 공자로서는, 머지않아 줄탁동시*의 순간이 오리라 짐작했을 터이기에, 제자의 질문에 이토록 무심하게 그리고 금방, 툭 던지듯 답할 수 있었으리라.

(2) 공자 말씀하시다. "'내'가 실체라는 생각을 넘어 관계라는 각성에 이르면 '인仁'이 되지. 단 하루라도 '내'가 실체가 아니라 관계라는 진리를 깨닫기만 한다면, 온 세상이 본래부터 사랑으로 충만한 것임을 환히 알게 되리라. 물론 이런 진리는 스스로 깨닫는 거지 결코 남이 해줄 수는 없는 거야."

● 줄탁동시啐啄同時: 알 속의 병아리가 껍질 안에서 껍질을 쪼는 것이 줄啐이요, 어미 닭이 밖에서 쪼아 깨트려 주는 것을 탁啄이라 한다. 사제 간에 지혜가 전승되는 지극한 순간을 일컫는 말이다.

한 대목씩 살펴보자. 우선 "내가 실체라는 생각을 넘어 관계라는 각성에 이르면 인이 되지"라는 것은 "극기복례克己復禮가 인仁이라"는 원문을 번역한 것이다. 여기 극기克己의 '기'란 거울에 비친 나(몸뚱이)를 말한다. 에고ego, 자의식, 실체, 개체로서의 몸己이다. 이것은 뽐내고, 자랑하고, 욕망하고, 남과 경쟁하려는 놈이다. 여기에 집착하면 '나'라는 아집과 독선에 빠져들면서 '남'과의 관계를 끊게 되고, 종내 화목을 해치는 길로 접어든다.

반면 복례復禮의 '예'란 기己와 반대되는 곳에 위치한다. 예란 기본적으로 관계를 소통하는 길이다. 나보다는 남을 배려하고, 관계를 맺고 화합하는 길이다. 그러므로 "극기복례가 인이라"는 언명은 거울 속에 비치는 실체인 '나'를 벗고 남과 관계를 맺는 것, 즉 '극기'하여 '복례'하는 자리에 깃드는 것이 바로 인仁, 참된 진리라는 것이다.

또 복례의 복復이 뜻하는 바도 의미심장하다. 복은 '되돌아간다'는 뜻이다. 에고, 즉 '독립된 개체가 나'라는 망상에 빠진 나를 성찰하여 다시 관계 속으로 복원함이다. 그래서 '복례'다. 여기 관계란 우리 본래 모습(진리)이다.

우선 인간은 자연과 관계를 맺고 있다. 인간은 잠잘 때나 의식이 없을 때도 스스로 움직이는 심장 박동이 있다. 이것은 봄·여름·가을·겨울로 '제 스스로 그렇게自然' 변화하는 자연의 리듬과 동질적이다. 인간과 자연은 본래적으로 관계를 맺고 있는 것이다.

또 사람은 다른 사람과 더불어 살아간다. 사람은 '본래적으로 사회적 동물'일 수밖에 없다는 점에서 관계적 존재이다. 그런 점에서 인간은 자연과 더불어, 그리고 다른 사람들과 더불어 관계 맺는 존재다. 복례란 이런 인간의 본래적 모습으로 되돌아가기, 진리로 환원되기라는 뜻이다.

요컨대 극기복례란 나를 개체로 인식하려는 눈(시각)과 귀(청각)의 편견에서 해방되어 내가 원래 남(바깥)과 '관계'를 맺을 때에야 참된 나를 이룰 수 있다는 진실을 제대로 알고 또 올바르게 회복해 가는 실천을 의미한다. 인(진리)은 곧 세상이 관계로 이뤄졌다는 사실이다! 진리는 실체로, 덩어리로, 성궤의 궤짝 속에 존재하는 것이 아니라 너와 나의 사이, 그 '관계 속'에 존재하는 것이다. 다만 눈에 보이지 않을 따름이다. 눈에 보이지 않기 때문에 우리는 자주 의심하지만, 도리어 눈에 보이는 것은 믿을 수 없는 것이다.

정리하면, '나'는 아집, 독선, 에고, 자기 중심, 이기심이다. 회복할 '예'란 다양성, 관계성, 혹은 '사이로 난 길'이다. 복례란 자연의 본바탕인, 다양성과 관계성 속으로 되돌아가는 것이다. 본시 인간은 실체가 아닌 관계요, 그 관계를 흐르는 에너지, 아니 물이다. 그래서 첫 번째 진리는 "'내가 실체라는 생각을 넘어 관계라는 각성'에 이르면 인仁이 된다"는 가르침이다.

'매트릭스' 깨닫기

공자가 가르치는 두 번째 진리는, "단 하루라도 '내가 실체가 아니라 관계라는 진리를 깨닫기만' 한다면, 온 세상이 본래부터 사랑으로 충만한 것임을 환히 알게 되리라"는 것이다.

문제는 깨달음이다. 거울에 비친 나 뒤에는 보이지 않는 끈들, 즉, 부모·형제·벗들·국가·사회·자연 사이에 연결된 끈(망)이 있고 그 속에서야 참된 내가 형성된다는 사실을 깨닫는 순간, 온 세상이 경쟁과 전쟁이 아니라 실은 은총과 사랑으로 가득함을 알게 된다. 이 대목은 어떤 종교적 체험을 통과할 때에야 획득되는 세계다. 천국이나 극락은 따로 존재하지 않고, 각성을 통해 바로 눈앞의 이 세계가 천국과 극락으로 변형되어 버린다.

눈에 보이는, 거울에 비치는 개체로 이뤄진 세계는 진실이 아니라 도리어 환상(매트릭스)이다. 혹시 워쇼스키 형제가 연출한 〈매트릭스〉(The Matrix 1. 1999)라는 영화를 본 적이 있는지 모르겠다. 만일 보지 못했다면 꼭 보길 바란다. 현대의 고전이다.

거기서 주인공인 네오가 예언자(오라클)를 만나기 위해 대기실에 머물 때, 먼저 까까머리 어린이를 만난다. 그 아이는 손으로도 힘들 텐데 눈으로 숟가락을 자유자재로 구부린다. 신기해하는 네오에게 아이는 이렇게 말한다.

"숟가락을 구부리려고 하지 마세요. 그건 불가능해요. 대신에 오직 진실을 깨달으려고 노력하세요."

"무슨 진실?"하고 네오가 묻는다.

"숟가락은 없다는 진실이오. 그러면 당신은 알 수 있을 거예요. 구부러지는 것은 숟가락이 아니라 단지 당신 자신이라는 것을……."

"숟가락을 구부리려고 하지 마세요"라는 충고는 남(숟가락)과 내가 별개의 존재라고 생각하지 말라는 것이다. 숟가락이 곧 나라는 사실을 깨달으라는 것. 나아가 폭력으로써 평화를 달성할 수 있다(숟가락을 구부림)고 생각하지 말라, 그러면 평화는커녕 원망만이 생겨날 것이라는 언어로 번역할 수 있다.

"대신에 오직 진실을 깨달으려고 노력하세요. 숟가락은 없다는 진실이오. 그러면 당신은 알 수 있을 거예요. 구부러지는 것은 숟가락이 아니라 단지 당신 자신이라는 것."이란, 공자의 두 번째 가르침인 "단 하루라도 내가 실체가 아니라 관계라는 진리를 깨닫기만 한다면 온 세상이 본래부터 사랑으로 충만한 것임을 환히 알게 되리라"는 공자의 전망에 연결된다. 나의 각성에서야 참된 변화와 평화를 이룰 수 있다는 것. 그것도 단 하루만에.

너무 신비적으로 생각되는가? 그러나 대부분의 종교에서는 이 순간을 예비해 두고 있다. 어쩌면 이것이 가장 올바른 진리다. 이 지점에서 불교적 진리를 인용해도 될지 모르겠다. 그러나, 유교나 불교나 이슬람이나 기독교나 진리의 정점에 도달하는 순간은 거의 같은 언어를 사용하고 있다. 라즈니쉬는 이렇게 말한다.

변형을 가져오는 것은 인위적인 노력이 아니라 의식의 '깨어 있음自覺'이다. 그렇다면 왜 '깨어 있음'을 통해서만 변형이 일어나는가. '깨어 있음', 즉 '깨달음'은 그대 자신을 변형시키기 때문이다. 그대 자신이 변형될 때 그대를 둘러싸고 있는 전 세계가 따라서 변형된다. 문제는 다른 세계를 만들어 내는 데 있는 것이 아니라 다른 그대 자신을 만들어 내는 데 있다. 그대는 바로 그대를 둘러싸고 있는 세계다. 그러므로 그대가 변형될 때 이 세계가 변형된다는 것은 당연한 일이다. 그러나 그대 자신이 변형되지 않고 이 세계 전체를 변형시키려 한다면 거기 변형은 절대 일어나지 않는다.[•]

내가 남들과 구별되기에 특별한 존재가 아니라, 내가 남들과 하나로 연결되어 있기에 특별하다는 깨달음을 얻는 순간 "나를 둘러싸고 있는 전 세계가 따라서 변형된다."(나와 숟가락도 마찬가지이다.) 이런 라즈니쉬의 가르침과 공자의 두 번째 가르침인 "단 하루라도 '내가 실체가 아니라 관계라는 진리를 깨닫기'만 한다면, 온 세상이 본래부터 사랑으로 충만한 것임을 환히 알게 되리라"는 상통하는 것이다. 요컨대 개체로서의 내가 환상(매트릭스)임을 깨닫는 순간 세계는 하나의 꽃으로 피어남을 알게 되리라는 전망이다. 이것이 진리요 인이다.

공자의 그 다음 가르침은 "물론 이런 진리는 스스로 깨닫는 거지 결코 남이 해줄 수는 없는 것"이다. 주체성의 선언이다. 『논어』에는 따로 "사람이 진리를 넓히는 것이지, 진리가 사람을 넓힐 수 있는 것이 아니다"[15:28]라고 부연 설명을 하고 있기도 하다. 진리는 나의 각성에서 비롯된다는 것이다. 바깥 즉 '숟가락'을 구부리려고 하면 구부러지지 않는다. 도리어 숟가락이 바깥이 아니라 나와 하나(연결되어 있다)라

<hr>

• 라즈니쉬 강의, 『사라하의 노래』, 일지사, 1981, 233~234쪽

는 사실을 깨달을 때 세계는 화평해진다는 사실. 그 출발과 끝이 모두 '나(의 각성)에서 비롯된다'는 것.

진리에 이르는 네 가지 길

곧바로 안연은 공자의 말뜻을 알아채었다. 역시 그는 뛰어난 제자다. 공자의 진리에 대한 말씀이 끝나자마자 숨 가쁘게 그는 길을 묻는다. 즉 진리를 알았으니 이제 거기로 가는 방법론을 알아야겠다는 것이다.

(3) 안연이 그 길을 물었다.
공자 말씀하시다. "첫째, 눈에 보이는 게 독립된 개체라는 생각을 버려. 둘째, 세상이 관계가 아닌 개체로 이뤄졌다는 말은 믿지 마. 셋째 '나를 알아 달라'는 소릴 하지 마. 넷째 이기적인 행동은 하지 마(나를 남에게 접속해!)."

진리로 가는 길의 첫 번째는 "눈에 보이는 게 독립된 개체라는 생각을 버리라"는 것이요, 둘째는 "세상이 관계가 아닌 개체로 이뤄졌다는 말은 믿지 마라"는 것이다. 세상이 개체, 실체로 이뤄졌다는 환상은 언제나 '보고 듣는' 감각을 통해서 오기 때문이다.

공자가 안연에게 가르치려는 것은 실제의 나는 저 거울 속에 비친 덩어리가 아니며, 또 개인, 개체, 독립된 자아, 이런 따위는 참이 아니라는 것이다. 오로지 관계의 사이間 또는 흐름 속에 내가 있다. 아버지에게 아들인 나, 친구에게 벗인 나, 둘이 접속하여 소통할 때에 드러나는 나, 이것이 나다. 즉 '너가 없으면 나는 없다.' 이것을 보라는 것이다. 불교식으로 표현하면 '연기緣起(원인과 결과)의 그물망' 속에 '내가 있음'을 직시하라는 것이 되겠다. 또 나(에고)를 버리고 상대방의 뜻을 제대로 알아듣는 경지, 그것이 공자가 예순에 도달한 경지 '이순耳順'이리라.

진리로 가는 세 번째 길은 "'나를 알아 달라'는 소릴 하지 마라"는 것이요, 넷째는 "이기적인 행동은 하지 마라"는 것이다. 이것들은 밖으로 드러나는 말과 행동에 관한 것이다. 모두 나를 중심으로 언행(말과 행동)을 하지 말라는 것이다.

진리로 가는 네 가지 길을 정리하자면 '제반 행동, 즉 듣고, 보고, 말하고, 행동하는 데서 두루 에고를 벗어라'는 것이다. 관계 맺기, 곧 예禮 속에 진리가 깃든다는 사실을 잊지 말라. 그러므로 관계를 순조롭게 만드는, 남과의 접속을 원활하게 하는 접대와 응대의 기술이 중요하지 않을 수 없다. 『소학小學』에서 교육을 관계 맺기 훈련, 이른바 "응대하고, 접대하며, 빗질하고, 청소하는 방법", 곧 응대소쇄應對掃灑로부터 시작하는 것도 그 때문이다.

윤리란 실은 사람 사이의 관계를 적절하게 이해하고, 접속하고 소통하는 지름길이다.

(4) 안연이 흐느끼며 말했다. "제가 비록 명민한 녀석은 아닙니다만 죽는 날까지 선생님의 가르침을 받잡겠나이다."

이 즈음에서야 왜 안연이 스승의 가르침을 두고, "그만두려 해도 그럴 수 없고, 이미 나의 재주를 다 쏟았건만 또 저기 우뚝 서 계시네. 또 좇고자 하나, 실마리조차 잡을 수 없다네"[9:10]라고 찬탄했는지, 그 까닭을 알 수 있게 된다. 마치 자공이 공자의 가르침 앞에 무릎을 꿇고 흐느낀 것과 꼭 같이[1:15] 깨달음의 대자유를 맛본 안연 역시 "죽는 날까지 선생님의 가르침을 받잡겠노라"는 맹세를 하게 되는 것이다.

어디 공자의 문하에서뿐이랴. 불교에서도 그러하다. 석가모니의 제자 수보리가 "눈에 드러난 이름과 형상은 모두 허망한 것"이란 진리를 뼈저리게 확인한 다음, 희열이라고 할까 껍질을 벗어던진 시원함이라고 할까, 그 각성의 순간을 『금강경』에서는 이렇게 묘사하고 있다.

이때 수보리, 부처님의 말씀을 듣고 그 뜻을 깊이깊이 깨달으매, 눈물을 철철 흘리면서 이렇게 고백하였다.
"진귀하옵니다. 세존이시여! 너무나 웅숭깊은 이 말씀은 저로서는 여태 한 번도 들어 본 적조차 없는 진리이옵니다."

유교나 불교, 아니 진리가 계승되는 모든 순간에는 이런 감회가 개입되지 않을 리 없을 것이다. 안연이 공자의 말씀을 듣고 난 다음 "제가 비록 명민한 녀석은 아닙니다만 죽는 날까지 선생님의 가르침을 받잡겠나이다"라고 외친 말은 수보리가 부처님의 가르침을 깨닫고 눈물을 흘리며 "여태까지 제가 얻은 지혜로서는 결코 들어보지 못한 말씀"이라고 찬탄하는 것과 그 궤를 같이 한다.

진리란 무엇인가

공자가 진리를 아껴서 제 자식이나 특정한 제자에게만 귀띔해 주지는 않았을 터. 앞서 보았듯 공자의 학교는 누구에게나 열린 공간이 아니었던가. 그렇다면 제자 자공이 인을 질문한 데 대해 공자가 내린 답변을 살펴보자.

> 자공이 여쭈었다. "온 세상 사람들에게 사랑을 베풀고 만인을 구해 주면 인仁일까요?"
> 공자 말씀하시다. "인이기만 하겠냐? 유토피아이겠지. 요순임금인들 그렇게 만들 수 있으랴? 인이란 내가 서고 싶으면 남도 세워 주고, 내가 갖고 싶으면 남도 갖게 해 주는 실천이지. 우리 일상의 주변에서 사랑의 길을 찾을 수 있다면, 그게 인을 실천하는 법이지." [6:28]

자공은 인을 자못 어마어마한 그 무엇으로 여겼던 게 분명하다. 즉 인을 두고 "온 세상 사람들에게 사랑을 베풀고 또 만인을 구해 주는 것"이냐고 물었던 대목이 그의 심정을 대변한다. 그러나 공자의 답변은 '아니다'이다.

인을 실천하기 위해 유엔 사무총장이 될 필요가 없고 대통령이 될 필요가 없다. 살아가는 "일상의 주변에서" 그저 "내가 갖고 싶은 것은 남들도 갖고 싶겠거니"하면서 '미루어 헤아리는 마음가짐', 바로 여기서 피어나는 것이 인이라고 가르친다. 인의 실천은 도리어 인도 캘커타의 악취나는 뒷골목에서(테레사 수녀), 아니 남아프리카 공화국의 정치범 수용소에서(만델라 대통령) 피어난다.

'미루어 남의 심정을 헤아리는 마음가짐'을 공자는 '서恕'라고 개념화한 바 있거니와[15:23] 인은 고작 나로부터, 내 주변의 생활 속에서 상대방을 배려하는 마음에서 피어난다는 진리를 공자는 자공에게도 전해 주고 있는 것이다. 내가 있고 난 다음 남이 있는 것이 아니라, '그대'가 있으므로 비로소 내가 있게 된다는 사실을 잊어서는 안 된다. 정녕 "우리는 타인이 없이는 간지럼을 타는 육체적 기쁨을 얻을 수 없고, 오로지 타인과의 접촉 속에서만 기쁨을 얻을 수 있는 것"이기 때문이다.*

요컨대 진리(인)의 실천은 내 주변, 아니 '나'의 벽 허물기부터 시작되는 것이다. 진리는 관계로서의 '나─우리'의 세계요, 환상(매트릭스)은 나를 단독자로 생각하고 또 나와 남을 나눠 생각하는 것이다. 이 환상 속에서 전쟁과 경쟁, 소외와 고통이 빚어진다.

관계 속에 참된 내가 있다는 각성, 남과의 접속과 소통, 그리고 그 속에서 피어나는 '따뜻한 에너지和'의 발생, 이것이 '수신─제가─치국─평천하'의 비전이다. 진리는 따로 저 멀리 궤짝 속에 담긴 물건일 수 없다. 지금·여기에서 관계 맺기, 바로 거기에서 피어난다. 나와 온 세계가 그물망으로 관계 맺고 있음을 각성하라. 세계는 덩어리가 아니라 흐름이다!

● 정화열, 『몸의 정치』, 민음사, 1999, 253쪽

정치란
무엇인가

13

자로子路 편

정치는 공자에게 중요하다. 본시 나를 훈련하여 이것을 정치에 베푸는 것, 즉 수기치인修己治人이 유교 본래의 구도이기 때문이다. 자로 편에는 정치에 대한 공자의 인식이 다양하게 펼쳐진다. 이 편에는 공자의 정치론과 이를 실현하기 위한 수기치인의 예화가 많고, 또 국가에 대한 논의도 있다.

여기서는 공자 정치론의 개략적인 모습을 정명론正名論과 그가 지향했던 '좋은 정치', 곧 인정仁政을 중심으로 살펴보기로 하자. 예비적으로 공자에게 정치란 무엇인지 살펴보자. 공자는 제자 중궁에게 인仁을 설명하면서 '정치란 곧 소통'임을 강조한 바 있다.

중궁이 여쭈었다. "인仁이란 무엇입니까?"

공자 말씀하시다. "첫째, 문 밖을 나서 남을 만나거든 그를 큰 손님으로 영접하라. 둘째 사소한 일이라도 큰 잔치 치르듯 온 힘을 기울여라. 요컨대 '내가 하고 싶지 않은 걸 남에게 미루지 말라'는 말이야! 이렇게 하면 나라 안에 원망이 사라질 것이고 또 집안에도 원망하는 사람이 사라질 거야."

중궁이 말했다. "제가 비록 명민한 녀석은 아닙니다만 죽는 날까지 선생님의 말씀을 받들겠습니다." [12:2]

중궁은 출신 성분은 미천하였으나, 그 자질이 한 나라의 군주가 되기에 족하다고 공자가 칭찬한 바 있던 사람이다[6:1]. 여기서도 중궁이 인을 질문한 데 대해, 정치를 예로 들어 설명한 것은 제자들의 재질에 걸맞게 가르침을 베푸는 공자의 면모가 적실하게 드러난 것이라 할 수 있다.

여기서 공자 정치학의 핵심은 "내가 하고 싶지 않은 것을 남에게 미루지 않으면, 나라에 원망이 없고 집안에도 원망이 없다"는 대목이다. 앞부분 "내가 하고 싶지 않은 것을 남에게 베풀지 않음"은 곧 '미루어 남의 심정을 헤아리는 마음가짐'을 말한다. 공자는 이것을 '서恕'라고 개념화한 바 있다. 곧 인으로 나아가는 지름길, 또는 그 행동 강령이 '서'이다.

'남의 심정을 헤아리는 마음'을 행동으로 실천하면 곧 "나라든 집안에서든 원망이 없게" 된다(바로 앞 안연 편에서 인이란 관계 속에서 빚어지는 진리임을 알았다. 효孝와 제弟도 타인에 대한 배려에 다름 아니다). 상대방 처지에서 생각하고 행동하면 곧 나와 남 사이에 소통이 이루어지고 그렇지 못할 경우 원망이 생긴다는 뜻이다. 여기 원망이란 요즘 말로 하자면 커뮤니케이션 부재로 인해 쌓인 화병, 혹은 세대 간의 갈등이 될 것이다.

정명론

결국 유교 정치학의 이상인 인정仁政이란 집안에서든 국가에서든 구성원 사이에 원활하게 의사가 소통되는 상태를 뜻한다. 즉 공자에겐 '토론과 대화가 활발한 것'이 정치의 원형이다. 잊지 말아야 한다. 공자가 꿈꾼 좋은 정치는 '말이 통하는 문명 사회'라는 점을. 말의 소통은 한마디로 '신뢰'로 개념화된다.

정작 『논어』에서 공자가 분노를 터뜨리는 곳이 어딘가를 찾아보면 그의 뜻을 헤아릴 수 있다.

공자 제자인 재여가 낮잠을 잤다.

공자 말씀하시다. "썩은 나무에는 조각칼을 댈 수 없고 썩은 흙으로는 담을 바를 수 없다. 저 놈을 어떻게 혼을 내줄꼬! 내가 처음에는 사람들 말을 곧이곧대로 믿어, '이렇게 하겠습니다' 하면 당연히 그렇게 하는 걸로 여겼다. 근자에 들어 사람들이 '이렇게 하겠습니다' 해도 그 말을 제대로 실천하는지 검사해 보기에 이르렀는데, 그게 다 저 재여라는 놈 때문이다." [5:9]

여기서 공자는 신뢰를 파괴한 재여에 대해 '혼을 내 주겠노라'고 큰 분노를 표하고 있다. 이것은 거꾸로 공자가 꿈꾼 문명 세계란 말의 소통, 곧 약속과 실천이 살아 있는 곳임을 알려 준다.

그런데 문명 세계를 이루기 위한 요체는 서로 말이 소통될 수 있도록 제각각 자기 역할을 수행해야 하는 점이다. 이것이 "임금은 임금답고 신하는 신하다우며, 아비는 아비답고, 자식은 자식다워야 한다"[12:11]는 주장의 뜻이다. 아비가 아비답지 못한 짓을 하면 부자 관계를 이룰 수 없고, 부자 관계를 이루지 못하면 '아버지', '아들'이라는 말은 뜻을 잃고 껍질만 남는다. 이래선 관계가 망가지고 만다('진리는 관계 속에 있다'는 것을 잊지 말라!). 관계가 망가지면, 사회(문명)가 아니라 뒤죽박죽 엉클어진 야만 상태로 추락한다.

이에 공자는 제각각의 역할, 즉 명분名分을 어김은 곧 하느님께 죄를 짓는 것이라고까지 경고한 것이다[3:13, 9:11]. 야만 상태에서 정치란 존재하지 않는다. 정치가 언어와 약속으로 이뤄져 있기 때문이다.

이런 관점에서라면 당연히 폭력은 정치력이 될 수가 없다. 노나라 권력자인 계강자가 "죽임으로써 질서를 잡는 것이 어떤가요?"라고 질문했을 때, 공자가 대뜸, "정치를 한다면서 어찌 죽이는 방법을 쓴단 말인가!"[12:19]라고 꾸짖은 데서도, 정치가 문명이며 폭력은 정치의 요소가 아니라는 그의 생각이 선명하게 드러난다. 여기서 그는 선언한다. "폭력을 가지고서는 한낱 '필부의 뜻'조차 굴복시킬 수 없다"[9:25]고.

결국 그의 정치학은 정명론正名論으로 귀결되는데, "임금은 임금답고 신하는 신하다우며, 아비는 아비답고 자식은 자식다운", 명분에 합당한 '정당성'에 따라 정치적 파워가 결정된다는 것이다.

그러나 중국 고대 사회의 현실에서 정치란 폭력을 동반한 형벌刑과 정벌征을 뜻하였다. 말하자면 고대 사회의 현실 정치는 피가 흐르는 공권력 행사이거나 또는 폭력의 발휘를 의미했다. 이런 현상은 춘추 시대라는 혼란기에 더욱 명료하게 드러난다. 예컨대 공자가 산길을 가다 울고 있는 여성과 만난 사건, 즉 "가혹한 정치는 호랑이보다 더 무섭다"(『예기』)는 고사는 당시의 폭력적 양상을 띤 정치의 모습을 선명하게 보여 준다.

공자의 위대한 역할은 폭력을 정치의 전모로 이해하는 당시 정치가 들에게, '좋은 정치란 폭력이 아니라 언어로 형성되는 신뢰의 힘에 기초한다는 사실'을 알려준 데 있다. 이 점은 동양의 정치사상 발전사에서 분수령에 해당하는 것이다. 공자는 그 이전까지 샤먼의 힘(신화)과 폭력의 힘(무력)에 의해 주도되었던 정치 세계를, 말과 약속이 실천되는 인문적 세계로 전환시킨 최초의 사상가였다.

우리는 그 전환기적 맥락을 "정치는 곧 정당성이다"라는 공자의 유명한 선언에서 살필 수 있다. 다음을 보자.

계강자가 공자에게 정치를 물었다.
공자 말씀하시다. "정치란 곧 정당성을 뜻하외다. 그대가 앞서 정당성으로써 백성을 이끈다면, 뉘라서 감히 바로잡히지 않으리까." [12:17]

여기 "정치는 곧 정당성이라"는 말은 '정자정야政者正也'를 번역한 것인데, 이렇게 번역할 수 있는 까닭은 무엇보다 공자가 정치를 칼부림

(무력)의 세계가 아니라 '말부림'(언어 생활)의 세계에 속하는 것으로 보고 있기 때문이다.

'정자정야'는 기본적으로 현실 정치가 '올바르지 못하다不正'는 판단이 전제된 표현이며, 이러한 현실 정치로부터 탈출함이 '정正'(바로잡다)이라는 단어의 속살이다. 그러므로 '정자정야'는 옳고 그름을 따지지 않고, 국가의 활동을 모두 정치로 생각하는 당시 관습에 대해 '정당한 행동'만이 정치라고 선언한 전략적 표현이다. 타락한 정치의 원래 의미 찾기를 촉구한 것이다. 그에게 무질서한 세계, 또는 폭력이 정치로 오해되는 당대의 상황은 이름과 실제의 불일치로 말미암은 결과였다.

정치의 구성 요소

정치에 대해 날카로운 질문을 던지기로는 자공만 한 제자가 없다. 그가 정치를 바라보는 눈은 국가를 경영하는 '정치과학'의 관점이었던 듯하다. 또 공자는 이러한 자공의 특징을 바로 파악하고 있었던 것 같다. 그래서 공자는 자공의 질문에 대해 정치의 구성 요소를 제시하는 방법을 택한다.

자공이 물었다. "정치란 무엇입니까?"
공자 말씀하시다. "경제食를 풍족히 하고, 안보兵를 튼튼히 하며, 백성들이 믿도록信 하는 것이다." [12:7]

경제와 안보 그리고 신뢰를 정치의 삼대 요소로 지적한 것은 자공의 정치적 지향을 감안한, 정치 경제학적 답변이라고 할 만하다. 그리고 이 셋은 단순한 나열이 아니라 구성적으로 짜여 있다.

이 대화에서 특기할 점은 대개 제자들은 선생님이 던져 주는 말씀을 받잡는 것이 상례인데 자공은 그렇지 않다는 사실이다. 이를테면 자장이 자신의 허리띠에다 선생님의 말씀을 기록한다든지, 안연이나 중궁마냥 "하교하신 말씀을 평생토록 받잡겠다"는 식의 감격을 표할 만한데 자공은 오히려 스승의 답변을 조목조목 따지고 든다. 그의 자세는 분석적이고 논리적이다.

이런 자세로 말미암아 스승으로부터 "언어에 뛰어났다"는 평가를 얻게 된 듯한데 어쨌건 한 걸음 더 나아간다.

자공 여쭈었다. "부득이 버려야 한다면 셋 가운데 무얼 앞세우리까?"
공자 말씀하시다. "안보를 버려야지." [12:7]

자공의 따지고 드는 질문 자세로 말미암아 우리는 안보보다 경제와 신뢰가 더 중요한 가치임을 알게 되었다. 나라가 망할지언정 또 사람은 살아야 하는 것. 안보가 경제보다 귀중할 수는 없다는 뜻이다. 여기서 질문을 그만둘 수는 없는 일. 자공은 내쳐 한 걸음 더 나아간다.

자공이 여쭈었다. "부득이 또 버려야 한다면 나머지 둘 가운데 무엇을 앞세우리까?" [12:7]

이제 공자는 속살을 다 드러내지 않을 수 없게 되었다. 실로 "자공은 말을 잘한다"고 찬탄하지 않을 수 없는 지경이다.

공자 말씀하시다. "경제를 버려야지! 예로부터 죽음은 다 있게 마련이지만 백성들이 믿어 주지 않는다면 공동체는 성립되지 않거든." [12:7]

자공으로 말미암아 드디어 우리는 공자 정치사상의 한 핵심을 맛볼 수 있게 되었다. 죽음보다 깊은 신뢰! '믿음이 없으면 나라는 존재할 수가 없다'는 공자의 정치관이 그것이다. 육신은 살아 있어도 무의미한 삶은 죽음보다 무서운 것이니 차라리 굶어 죽거나(경제) 칼에 베어 죽음을 당할지라도(안보) 신뢰를 핵심으로 하는 문명의 공동체는 지켜야만 한다는 결의가 여기 깃들어 있다.

책임의 정치

한편 공자는 신뢰의 정치(정당성을 갖춘 언어)가 생산되는 샘이 『시경』과 『서경』을 위시한 고전에 있다고 보았으므로 평소에 매양 언급한 것은 '시·서·집례詩書執禮'[7:17]에 지나지 않았다. 곧 『시경』과 『서경』, 그리고 예의 집행이 공자 정치 세계를 형성하는 원천이라는 뜻이다. 이역시 공자 정치학의 언어적 특성을 잘 드러내 주는 것이다.

동시에 제자들이 진술한 바와 같이, 평소의 가르침도 '문·행·충신文行忠信'[7:24]에 지나지 않았다고 하였던 말도 같은 맥락이다.* 때문에, 정치의 세계에서는, 말 한 마디에 국가의 흥망이 좌우되기도 하는 법이다.

노나라 임금, 정공定公이 물었다. "'한 마디 말로 나라를 일으킬 수 있다'는 속담이 있던데 정말 그럴 수 있습니까?"

공자, 아뢰었다. "어디 말 그대로이기야 하겠습니까만 속담에 '임금되기 어렵고, 남의 신하되기 쉽지 않다'는 말이 있더이다. 임금되기 어려운 줄 안다면, 말 한 마디가 나라를 일으킬 실마리라고 하지 않겠습니까?"

(정공이) 말하였다. "'한 마디 말로 나라를 잃는 수가 있다'는 말도 있던데 정말 그렇습니까?"

공자 아뢰었다. "어디 말 그대로이기야 하겠습니까만 시중에 '임금되는 게 좋은 것보다, 내 명령을 아무도 거역하지 않는 게 좋다'는 말이 있습디다. 만약 그 말이 선한데 누구도 거역하지 않는다면 이보다 좋은 일이 없겠지요. 그러나 악한 말인데도 아무도 거역하지 않는다면, 말 한 마디가 나라 망칠 실마리라 하지 않겠습니까?"[13:15]

임금의 한 마디 말에 나라가 흥하고 망할 수 있다는 공자의 경고는 정치에서 언어의 중요성을 강조한 것이지만, 동시에 통치자의 책임을 중시하는 정치관과 바로 연결된다. 유교는 통치자의 책임에 매우 엄격하다. 통치자는 무한 책임자라는 것이다.

● 여기서 문文이란 『시경』과 『서경』이요, 행行은 곧 예禮이며, 충신忠信은 말과 행동을 성찰하기 위한 검속 장치를 뜻한다.

전통 사회에서 혈연으로 왕위가 승계되는 현실을 인정한다면, 정치 행위에 대한 엄격한 책임 추궁은 통치자의 자의적恣意的 행위를 억누르는 효과를 나타낸다. 다음을 보자.

> 자공이 말했다. "은나라 폭군인 주紂의 악독함은 전해진 것만큼 심하지는 않았으리라. 그러므로 군자는 하류에 거처하기를 싫어하는 것인데, 천하의 잘못이 그에게 다 몰려들기 때문이지." [19:20]

이 지적은 정치가의 책임은 본인이 직접 저지르지 않은 잘못조차 모두 떠맡는 '무한 책임'임을 온갖 쓰레기가 몰려드는 '강 하류'에 비유한 것이다.

이를테면 낙동강 하류에는 온갖 쓰레기들이 모여든다. 낙동강 하구의 강어귀 둑이나 을숙도에 갔을 때 물의 악취를 맡고 쓰레기 더미를 보면 부산 사람들을 탓하게 된다. 그러나 거기에는 하류에 사는 부산 사람들 쓰레기도 있지만 대부분은 상류에서 모여든 것들이다. 부산 사람들은 일종의 덤터기를 쓰는 셈이다.

곧 하류에 살기 때문에 모든 쓰레기에 대한 비난을 덮어쓰는 부산 사람의 꼴이 여기 은나라를 망친 주紂임금의 처지와 같다. 나라를 망친 책임은 그 당시 군주에게도 있지만, 사실은 과거의 잘못과 또 당시 백성들의 악행이 한데 어우러진 결과이다. 그러나 궁극적으로 모든 책임은 정치 지도자 한 사람에게 귀결된다. 군주의 권한이 클수록 그 정치적 책임도 커진다는 것.

동시에 이것은 '이름'과 '역사 기록'의 두려움을 말하는 것으로 읽을 수도 있다. 한 번 역사에 나쁜 이름으로 기록되면, 사실보다 훨씬 부풀려져 악인의 대명사로 굳어 버리기 때문이다. 자공은 날카로운 눈으로 주紂왕이 했다고 전해지는 갖은 악행이 실제로는 그가 저질렀다기보다는 '악의 상징'으로 희생되어 덧씌워진 것일 가능성을 짚어 낸다. 나라가 망하면 마지막 왕은 모든 책임을 다 지게 된다.

백제의 의자왕도 마찬가지 아니던가. 태자 시절에는 효행이 탁월하여, '동방의 증자海東曾子'라는 칭호를 얻었던 사람이 나라를 망치고 나니, 악행의 대명사로 기록되었던 것이다(『삼국사기』). 그러므로 맹자가 지적한 바, "임금이 그 백성을 학대함이 심하면 죽은 다음에 유여幽厲˙라는 이름을 얻게 되는데, 한 번 이름이 붙고 나면 아무리 효성스럽고 훌륭한 자손이 나더라도 영원토록 그 오명은 바꿀 수 없다."(『맹자』, 4a:2)

이렇게 읽자면, 자공은 당시 군주들에게 정치적 행위에 대한 개인 책임뿐만 아니라, 시대적 책임 그리고 역사의 책임마저도 다 짊어지는, 섬뜩하게 두려운 무한 책임의 지위에 있음을 잊지 말기를 요구한 것이다.

인정仁政의 방법론

공자 제자 가운데 번지樊遲라는 이가 있다. 그다지 출중한 인물은 아

● 유여란 유왕幽王과 여왕厲王을 지칭하는 말로서, 주나라 시대 폭군들이다.

닌 것 같은데, 그러나 공자가 생각하는 '좋은 정치'의 의미를 드러내주는 반면교사(?)로서의 역할은 톡톡히 해낸다.

번지는 스승이 제시하는 인仁이니 덕德이니 하는 덕목이 너무 추상적인 것 아니냐는 의심을 품고 있었던 듯하다. 말하자면 공자 당대의 '실학파'인 셈이라고 할까. 그의 속뜻을 헤아리면 이렇다. 공자님 말씀은 지당하긴 하지만, 인간이란 또 먹어야 사는 동물이다. 그런데 선생님은 사람이 먹고사는 기술에 대해서는 가르침이 없다고 여겼던 것 같다. 그래선지 그는 구체적이고 실질적인, 곧 '실용적인 기술'을 가르쳐 달라고 문제를 제기한다.

> 번지가 농사 기술을 배우기를 청했다.
> 공자 말씀하시다. "난 훌륭한 농사꾼이 아니네."
> 번지가 방을 나갔다. 공자가 혀를 차며 말했다. "저 녀석은 참 소인배다. 윗사람이 예를 좋아하면 백성이 공경하지 않을 리 없고, 윗사람이 의를 좋아하면 백성이 복종하지 않을 리 없으며, 윗사람이 신뢰를 좋아하는데 백성이 마음 주지 않을 리 없다. 대저 이렇게만 하면, 자연히 능숙한 농사꾼들이 애를 들쳐 업고 세간을 짊어지고 몰려올 터인데, 농사 기술을 배운다 한들 쓸 겨를이나 있겠더냐." [13:4]

번지는 공자의 학문이 구체적 삶, 땅을 갈아서 먹고사는 생생한 생활 현장을 벗어난 것으로 여겼다. 즉 번지의 이 질문은 공자의 가르침이 '먹고사는 현실적 문제와 무슨 관련이 있느냐'는 항변으로 읽을 수 있다. 번지의 질문은 우리가 근대 100년 동안 유교에 퍼부은 비난과 다를 바가 없다. 공리공담空理空談, 탁상공론卓上空論, 허학虛學과 같은 말들이 유교를 비판하는 표현들이었다. 공자 당대부터 이런 식의 비판이 있었다는 사실은 흥미롭다.

이에 대해 공자는 자기 학문이 특정한 전문 기술이 아니라 공동체의 삶을 꾸려 나가기 위한 '수기치인의 정치학'임을 천명한다. 이 장면은 "군자는 '전문 지식'은 없을지언정 큰일은 맡을 수 있고, 소인은 큰일은 맡을 수 없어도 전문 지식은 갖출 수 있다"[15:33]는 주장과 연결된다. 공자는 자기 주장에 대한 내외의 비판, 즉 '실용성에 문제가 있다'는 비판을 분명하게 인식한 바탕 위에서, '그러나 인간다운 길은 이 길밖에 없다'라는 결단을 내린 것이다.

공자가 번지에 대해 소인배라고 짜증을 낸 것은, 그가 하나만 알고 둘은 모르기 때문이다. 즉 당시 시대 정신이 요구하는 바는 농사 기술이 아니라, 농사 기술을 제대로 발휘할 수 있는 정치 사회적 환경을 마련해 주는 데 있었다. 농사 기술을 천하게 여겨서가 아니라, 시대가 요구하는 핵심적 과제가 바로 이것이었다.

좋은 정치 환경(평화와 질서)만 마련되면, 능수능란한 농사꾼들이 온 사방에서 몰려들 터이므로, 정치가는 농사지을 겨를조차 없을 것이다. 공자는 정치의 한 핵심으로서, '먼 나라 사람들이 몰려오게 만드는 것'[13:16]이라고 요약한 바 있다. 그러니 무엇 때문에 지엽에 구애되어 근본을 도외시하겠느냐는 것이다. 이에 공자는 번지를 본말과 경중에 대한 성찰이 결여된 소인배로 여겨 혀를 찬 것이다. 정치는 고유한 역할이 있다. 공자는 정치의 자율성에 대해 일찌감치 통찰한 정치 사상가라고 할 수 있겠다.

한편 다음 번지의 질문은 인정仁政, 즉 '정치를 통해서 인仁을 어떻게 세상에 실현할 것인가'라는 중요한 문제를 다루고 있다.

번지가 여쭈었다. "인仁이란 무엇입니까?"

공자 말씀하시다. "사람을 아끼는 거야."

번지가 여쭈었다. "지혜란 무엇입니까?"

공자 말씀하시다. "사람을 아는 거지."

번지가 무슨 말인지 알아채지 못했다. 공자가 다시 설명해 주었다. "정직한 사람을 뽑아 부정한 사람 위에다 쓰면 부정한 사람도 정직한 사람으로 바뀌지." [12:22]

번지가 인仁과 지혜知를 질문한 데 대해, 공자는 정치를 주제로 설명한다. 올바른 사람을 등용하려면 먼저 '사람을 알아야' 한다. 이것이 지혜다. 즉 좋은 정치의 출발은 지인知人에서 시작하므로 덕망을 갖춘 사람, 즉 재상감을 알아 뽑아 쓰는 것이 가장 중요한 일이다. 그 다음은 재상의 본을 따라서 자연히 부정한 사람도 정직한 사람으로 변한다는 것이다. 그 결과 천하를 다스릴 수도 있게 된다.

인정仁政은 폭력으로 백성을 지배하거나, 또는 형벌을 통해 사람들을 교정하는 것이 아니다. '정직하고 성실한 사람을 윗자리에 뽑아 쓰는 것'이 요체다. 이렇게 인사 관리를 하다 보면 부정직하고 불성실한 사람들이 자발적으로 정직하고 근면하게 된다. 이것이 사람을 아끼는 愛人 결과이니, 곧 인仁이 된다.

결국 '사람을 사랑하는 정치仁政'는 정직하고 근면한 사람을 발견하는 눈과 그들을 높은 자리에 뽑아 쓰는 실천력에 있을 뿐이다. '실천력'이 인仁일 수 있는 까닭은 『중용』에서 "힘써 실천함이 인仁에 가깝다"라고 한 말에서도 증명할 수 있다.

이런 점에서 어느 기자가 지적한 다음 기사는 이 대목에서 인용할 만하다.

유능한 경영인은 직원들의 나쁜 점을 들추면서 이것 고쳐라 저것 고쳐라 하지 않는다고 한다. 회사의 큰 목표를 제시하고 그쪽으로 분위기를 잡아나가면 장점들은 모이고 단점은 묻히게 된다는 것이다.●

그물에 비유하자면, 정치 지도자는 낱낱의 그물눈까지 신경 쓸 것이 없고, 다만 그물을 펴고 오무리는 벼릿줄만 제대로 파악하고 있으면 된다. 사람을 옳게 알아서知人 제자리에 맞게 쓰는用人 데 인정仁政의 승패가 달려 있기 때문이다.

● 홍준호 기자, 「이젠 386 실세들이 학습할 때」, 『조선일보』, 2004. 8. 24.

14

선비가 걸어온 길

자유와 평등을 이념으로 하는 민주주의 역사는 인류의 기나긴 역사에 비하면 아주 짧은 시간에 불과하다. 백 년 전만 하더라도 동양 사회는 계급에 따라 사람 대접이 다른 세상이었다. 사대부, 양반, 노비 같은 개념들이 사람의 사회적 처지를 규정하던 시대였다.

중국 고대 역시 엄격한 계급 사회였다. 공자가 살던 춘추 시대는 크게 다섯 계급으로 나뉜다. 제일 위에 왕天子이 있고 그 다음에 제후公가 있으며, 그 밑에는 대부大夫, 또 그 아래에는 사士가, 그리고 제일 밑바닥에는 백성民이 있었다. 다만 공자가 살던 춘추 시대는 왕이 허수아비가 되고, 제후들 간에 다툼이 빈번해지는 동시에 그 아래의 대부들이 제후를 넘보는 계급 변동의 시대였다.

기존 사회 질서가 와해되어 가는 혼란기에 처한 공자는 자신이 속한 사士, 곧 선비 계급 출신의 젊은이들을 훈련하여 이들을 통해 새로운 문명 사회를 건설해야 한다고 생각했다. 유교 국가인 조선의 기반 계층이 선비였듯이 공자와 선비라는 개념은 깊은 관련을 맺고 있는 것이다. 공자가 생각한 참된 선비는 어떤 존재였는지, 그리고 그 존재는 어떻게 발전해 왔는지 살펴보자.

부끄러워할 줄 아는 존재

제자 원헌이 물었다. "'부끄러움'이란 무엇입니까."
공자 말씀하시다. "나라에 도가 있을 때 벼슬穀을 살다가, 나라가 도를 잃었는데도 벼슬을 살고 있는 것이 부끄러움이다." [14:1]

'벼슬'이라고 번역한 곡穀은 선비 계급에게 지급되는 월급을 뜻한다. 대부 계급에겐 봉토封土(토지)가 지급되고 또 그 지위와 봉토는 자손들에게 세습되는 것인데 반해, 선비 계급은 일정한 봉록을 받지만 그 지위는 세습하지 못하였다. 월급쟁이였던 셈이다. 그 봉록이 주로 곡식으로 지급되었기에 곡穀으로 표현되었다.

여기 질문한 원헌이라는 인물은 공자 제자들 가운데 가장 가난한 사람으로 알려져 있다. 사마천의 『사기』나 『장자』에도 공자 제자 가운데 가장 부자였던 자공과 비교되면서 함께 출연한다. 『사기』 「화식열전」의 예를 잠시 들어 보자.

공자 제자들 가운데 자공이 가장 부유하였다. '원헌'이 쌀겨를 싫어하지 않고 달동네에 숨어 살았다면, 자공은 네 마리 말이 끄는 수레를 타고, 돈을 싸들고서 제후들을 방문하였다.

이런 처지의 원헌이 '부끄러움'을 물었는데 공자는 '벼슬살이'를 소재로 삼아 대답을 하고 있다. 즉 "나라에 도가 있을 때 벼슬을 살다가, 나라가 도를 잃었는데도 벼슬을 살고 있는 것이 부끄러움"이라는 것. 오늘날 식으로 치자면, 관료주의 병폐에 대한 비판으로 읽을 수 있는 대목이다. 요컨대 제 몫의 일을 할 수 없는데도 공직에 머물면서 세금을 축내는 것이 선비가 가장 조심해야 할 점이라는 지적이다. 이는 거꾸로 당시 하급 관리인 사士 계급이 얼마나 공직을 이용하여 사리사욕을 채우고 있었는지를 반증하는 것이기도 하다.

그렇다고 조그만 부정에도 손을 탈탈 털면서 제 한 몸 깨끗하기를 꾀하는 것이 선비라는 뜻은 아니다. 정상적인 사회에서는 또 가난하게 사는 것이 선비의 치욕이라는 지적도 있기 때문이다.

"나라에 도가 있어 정의로운데 선비가 가난하고 비천하다면 이것이 부끄러운 일이요, 나라가 도를 잃어 타락하였는데도 선비가 부유하고 높은 자리에 있다면 이것도 부끄러운 일이다." [8:13]

첫째 선비란 현실 정치에 참여하는 것이 본분이며, 둘째 도덕적으로 정의로운 사회를 만드는 것이 선비의 책무라는 뜻이다. 그리고 그 노력의 덕택으로 부유하게 사는 것은 오히려 숭상할 만한 일이다. 그러나 셋째, 나라가 도덕적으로 타락하게 될 때, 그것을 방치하고 나아가 이를 이용하여 국록을 축내면서 공직에 남아 있다면 그것이야말로 선비의 또 다른 부끄러움이라는 말이다.

여기서 부끄러움이란, 공인公人으로서 자기 행동을 성찰하는 도덕적 개념이다. 공자는 부끄러움을 선비의 가장 중요한 윤리 덕목으로 보았던 것이 분명하다. 여러 곳에서 선비가 갖춰야 할 첫 번째 덕목으로 꼽는 것이 '부끄러움을 느낄 줄 아는 능력'이기 때문이다. 다음 대목에서 그런 뜻이 잘 드러난다.

자공이 여쭈었다. "선비란 어떠해야 선비라고 불릴 만합니까?"
공자 말씀하시다. "자기 행동을 반성하여 부끄러움을 느낄 줄 알며, 외국에 외교관으로 파견되었을 때, 국가의 이익을 위해 목숨을 바칠 수 있는 사람이라면 선비답다고 할 수 있을 테지." [13:20]

그러면 부끄러움이란 구체적으로 어떤 것인가. 아니 이보다 먼저 선비가 부끄러워하지 말아야 할 것이 무엇인지부터 알아보자. 공자는 "선비라는 자가 옷이나 음식이 헐하다고 부끄러워한다면 함께 논의할 가치가 없는 사람이다."[4:9]라고 하였다. 즉 선비가 되고자 한다면, 물질적인 욕망, 이를테면 잘 먹고 잘 입고 좋은 집에 살고 싶은 욕망을 버려야 한다는 것이다. 반면 선비가 부끄러워해야 할 것은 말이 행동에 앞서는 경박함이다.

공자 말씀하시다. "군자란 그 말을 부끄러워하고, 그 실천은 앞서서 해야 한다." [14:29]

선비가 함부로 말하는 것을 부끄러워하는 까닭은, 자신의 행동이 말에 미치지 못함으로써 빚어지는 '신뢰의 위기'가 바로 선비의 정체성 위기로 직결되기 때문이다.

공자 말씀하시다. "옛 선비들이 말을 함부로 내뱉지 않았던 까닭, 행동이 말을 따르지 못하는 것을 부끄러워했기 때문이다." [4:22]

선비의 자격 조건은 첫째, 세속적 가치에 대한 욕망, 즉 의식주의 풍요를 꿈꾸는 데 대한 부끄러움과, 둘째, 말이 행동보다 앞서는 데 대한 부끄러움, 두 가지로 압축된다.

선비가 되는 길

선비의 정체성인 신뢰를 확보하려면 어떤 훈련을 거쳐야 할까? 선비가 되는 방법론에 대해 원헌은 이렇게 질문한다.

"남을 이기려 들지 않고, 남에게 우쭐대지 않고, 남을 원망하지 않고, 욕심 부리지 않는다면 인仁이라고 할 수 있을지요?"
공자 말씀하시다. "참 어려운 일들이다. 그렇다고 인이라고 할 수야 있겠느냐!" [14:2]

여기 남을 이기려 들고, 남에게 우쭐대고, 남을 원망하고, 또 욕심 부리는 것들, 곧 극벌원욕克伐怨欲이란 두루 남을 의식하고 남과 경쟁하면서 나를 드러내려는 욕망들이다. 즉 원헌은 '욕망을 다스리기만 하면 곧 인仁이라고 할 수 있는가'라고 질문하고 있는 것이다. '극벌원욕'을 다스리는 문제는 성리학적 언어로 하자면 수신修身 또는 수기修己의 차원이다.

이에 대해 공자는 욕망을 다스리는 일이 결코 쉬운 것은 아니지만, 또 그것만으로는 인이라 칭할 수 없다고 지적한다. 자신의 '극벌원욕'을 다스려 훈련된 몸과 정련된 마음이 주변으로 번져 나가(또는 주변이 끌려들어), 타인의 삶조차 바로잡아 줄 때에야 비로소 인이라는 이름을 획득할 수 있다는 뜻이다.

덕성이 주변으로 번져 나가 타인의 삶을 바로잡게 되는 경계를 치인治人이라고 한다. 내 몸과 마음에 엉킨 '극벌원욕'을 다스리는 것만으로는 충분하지 않다. 그것이 치인治人에까지 나아가 사랑의 정치를 실현할 때에야 인이라는 이름을 획득할 수 있게 된다.

물론 이 장에서는 치인의 실천적 맥락이 생략되어 있지만 여기서 유의할 것은 치인이 '남을 다스린다'는 능동적이고 적극적인 형태가 아니라는 점이다. 치인이란 공직에 취임하여 정치를 행하는 것이 아니라, 내가 나 자신의 지배자가 됨에 따라 "멀리서부터 알아주는 사람들이 자연히 찾아오는 것"[1:1]일 따름이다. 즉 수기를 끝낸 내가 정치를 하러 청와대로 가는 것이 아니라, 나는 그냥 이 자리에 있을 뿐이다. 다만 어딘가에 기대었던 내가 자립할 따름이다. 내가 도덕적으로 바로 서면 주변 사람들이 와서 들러붙는 형국이 '자리 위位=人+立'라는 글자 모양에서 잘 드러난다. "자리位가 없음을 걱정하지 말고, 서지立 못했음을 근심하라"[4:14]고 하였던 지적도 이 점을 천명한 것이다.

요컨대 수기치인이란 선비가 공직에 취임하여 남을 다스리는 것이 아니라, 자기 훈련이 심화되어 자립하게 됨에 따라, 거기서 번져 나오는 도덕적 에너지aura에 주변이 끌려드는 과정이다.

나는 이 상황을 '진공 청소기'에 자주 비유하곤 한다. 즉 자기 안을 진공 상태로 만듦으로서 주변의 먼지가 빨려 드는 진공 청소기와, 스스로를 성찰하여 삼갈 때 거기에 주변 사람들이 감화되어 끌려드는 '매력적' 힘의 구도가 비슷하다고 여겨지기 때문이다. 이런 점에서 유교 지식인, 즉 선비에게 힘이란 '도덕적 매력'으로 표출되며, 매력의 작동 방식은 감동, 즉 '주변 사람들이 느껴서感 움직임動'으로 펼쳐져 마을, 국가, 그리고 온 천하로 나아간다.

그런데 원헌의 질문, "이기려 하고, 빼기고, 원망하고, 욕심내는 것을 행하지 않는 것"을 불교적 언어로 해석하자면 개인의 해탈을 추구하는 소승小乘적 범주에 놓을 수 있을 것이다. 반면 공자가 개진하는 바, 수기와 치인의 아우름을 인仁으로 삼는 입장은 대승大乘의 범주에 놓을 수 있으리라. 즉 공자의 입장은 공부가 개인에 머물지 않고 자비행慈悲行으로 나아가는 사회적 방향성을 갖는다고 할 수 있다. 이것은 "무릇 인仁이란 내가 서고 싶으면 남도 세워 주고, 내가 알고 싶으면 남에게도 알려 주는 것이지"[6:28]라고 규정했던 인의 실천적 맥락에서도 가늠할 수 있다.

그런데 『논어』 속의 사士와 조선 시대의 선비는 직접적으로 연결되는 것일까?

선비라는 말과 뜻

원래 사士란 글자는 일반 남성, 즉 '사내'를 뜻했다. 점차 국가 간의 전쟁이 빈번해지면서 '사士'는 활을 쏘는 궁사弓士, 또는 하급 장교에 해당하는 무사武士의 의미로 구체화되었다. 이런 하급 무사로서의 사士는 오늘날 '부사관'이란 말에 거의 정확하게 대응한다. 우리 국군의 부사관 계급들인 '하사下士', '중사中士', '상사上士'라는 명칭은 사의 본래적 의미를 그대로 담고 있다고 할 수 있다. 그리고 장기판에서 왕궁을 수비하는 말이 사士인 것도 선비가 원래 무사였음을 보여 주는 흔적이다.

그런데 전쟁이 치열해지면서 국가 기능이 점차 확대되었다. 국가 기구도 임시 변통이 아니라 상설화하였고, 관리들도 전문 직능을 갖춘 관료로 바뀌었다. 이에 따라 '사' 역시 관료 조직의 말단, 즉 상부의 명령을 집행하는 하급 관료로 전환해 갔다. 하급 관료로서 '사'가 수행하던 직종 가운데는 옥리獄吏, 집달리執達吏와 같은 법 집행자가 대표적이다. 그리고 '공문서 기록자吏', 문서 수발과 기타 잡무를 수행하는 '행정 서기有司' 도 '사' 계급에 포함된다.

『논어』에 나타나는 사士는 무사의 단계를 벗어난 하급 관료文士의 단계로 볼 수 있을 것 같다. 공자 제자들 가운데 염유는 세무·재정 담당관을, 자로는 국방·안보 담당관을, 공서화는 의전·집례 담당관을,

자하는 문서 담당관을, 그리고 자장은 제후나 대부를 가까이 보필하는 비서관을 지망하였음을 알 수 있기 때문이다.

이런 점에 주목하면, 제자들은 공자 학교를 '사' 계급에 필요한 전문적 직능과 기술을 획득할 기회로 삼고자 했음을 추측할 수 있다. 그러나 공자가 제자들에게 불어넣고자 하였던 것은, 전문성을 갖춘 하급 관료로서의 특성이 아니라 도덕성을 갖춘 전슾인격적 존재로서의 '사'의 정체성이었다. 군자君子라는 이상형에 대한 갈망과 마찬가지로, 공자는 '사' 계급을 새로운 문명을 앞장서 이끌 '도덕성으로 무장한 인격체'로 전환시키고자 하였던 것이다. 이런 점을 염두에 두고 다음 대화를 보자.

자장이 여쭈었다. "어떻게 하면 완벽한 선비, 곧 달사達士가 될까요?"
공자 말씀하시다. "무어냐. 자네가 말하는 '완벽한 선비'의 뜻이?"
자장이 말했다. "온 나라와 온 집안에서 첫손에 꼽히는 것이지요."
공자 말씀하시다. "자네가 말하는 것은 '완벽한 선비'가 아니라 '이름난 선비', 즉 문사聞士인 게지. 무릇 달사란 인격이 정직하고 정의를 좋아하며 남의 말을 경청하고 또 상대방의 처지를 이해하는 사람이야. 또 자신을 낮추어 겸손한 사람이지. 이럴 적에야 온 나라에서 또 온 집안에서 달사라고 칭하게 되는 거지. 자네가 말한 그 '문사'란 겉으로는 어진 듯하면서도 실제는 전혀 다르고, 자기가 하는 짓을 반성할 줄 모르는, '사이비 선비'인 게지. 이런 자들이 요즘 온 나라 또 온 집안을 떠들썩하게 하는 이름난 자들의 정체인 것이지." [12:20]

공자는 지금 선비를 두 유형으로 나눠보고 있다. 하나는 달사達士요, 또 하나는 문사聞士다. 달사의 요건으로서 그는, "정직한 인격과 정의를 좋아하며 남의 말을 경청하는 자질, 또 상대방의 처지를 이해하며 자신을 낮추는 겸손함을 갖출 것"을 요구한다. 이에 반해 사이비 선비, 즉 문사란 겉으로는 도덕적인 선비 같지만 실제로는 업무 처리에나 능한 '기술적 지식인'에 불과하다고 평한다.

여기서 공자가 지향하는 선비는 하급 군인이나 하급 관료에 요구되는 전문 기술, 즉 문사의 기예를 넘어 도덕성을 겸비한 인격체인 달사이다. 이로써 사士는 사회 계급적 성격을 넘어 '선비 정신'이라는 말이 함축하는 보편적이고 인격적인 의미를 갖게 되는데, 이 이후는 '선비'라는 말이 그 뜻을 잘 표현한다.

한편 사士의 뜻이 애초에 품었던 '일반 남성'이라는 의미에서 시작하여 점차 '하급 장교武士'의 의미를 포섭하고 또 시대의 변화에 따라 '하급 관료文士'로 변모하였다가, 공자에 이르러 새로운 문명을 이끌 '도덕적 선비義士'로 형상화되는 과정은 역사적으로 신진 계급이 등장하는 패턴의 모범적 사례로 볼 수 있다.

이런 발전의 궤적은 유럽의 부르주아가 상인 계층에서 출발하여 근대를 이끄는 주력 계급으로 성장해 가는 과정과 흡사하다. 조선 시대를 열고 유교 문명을 발전시킨 선비 집단이 실은 고려 후기의 아전 계층에서 출발한 것과도 다르지 않다. 동서고금을 막론하고 새 문명을 이끄는 계층은 구체제의 제3계급이라는 특성을 갖는다는 보편 원칙을 사士 개념의 발전사를 통해 재확인할 수 있는 것이다.

평천하의 길, 공자대 자로

춘추 시대는 한 마디로 '폭력의 세기'였다. 권력을 위해서라면 신하가 군주를, 자식이 아비를 죽이는 무도한 시대, 한 움큼의 식량을 위해 낯모르는 사람을 해치는 시대, 급기야 사람이 무서워 호랑이에게 잡아먹히는 한이 있더라도 깊은 산골짜기에서 목숨을 부지하려는 시대였다.

이 폭력과 광기의 시대를 뚫고 새로운 질서를 어떻게 구현할 것인가를 고민한 사람들이 공자와 그 제자들이었다. 그들 앞에는 크게 보아 두 갈래 길이 놓여 있었다. 하나는 폭력을 통해 폭력을 잠재우는 '현실적인 길'이고, 또 하나는 매력(덕성)을 발휘하여 폭력을 빨아들이는 '돌아가는 길'이었다.

앞의 강한 힘을 통해 폭력을 종식시키자는 것은 자로子路가 지향한 길이요, 뒤의 덕성으로써 빚어 낸 매력을 통해 평화를 이루자는 것은 누구보다 공자가 걸어간 길이다. 두 사람의 상반된 지향을 보여 주는 공방을 두어 대목 살펴보자.

어느 날 자로, 증석, 염유, 공서화가 선생님을 모시고 둘러앉았다.
공자 말씀하시다. "나이가 좀 많다고 날 어렵게 생각 말고 스스럼없이 말들해 보아라. 평소 '세상이 날 알아주지 않는다!'고들 투덜대던데, 만약 너희를 알아주는 군주가 있다면 어떤 일을 급선무로 삼을 테냐."
자로가 문득 나서서 말하였다. "천승의 나라가 대국들 사이에 끼어 군사적으로 고초를 당하는 데다 또 기근까지 들었다고 합시다. 그런 나라에서 만약 저를 기용한다면 채 삼 년이 되지 않아 백성들을 용맹스런 군대로 만들어 낼 방도를 제시할 수 있습니다."
공자가 씩 웃고 말았다. (11:25)

여기 자로의 꿈이 잘 드러난다. 그는 위기에 처한 국가를 구할 방도를 용맹, 즉 군사력에서 찾고 있다. 구체적으로 자로는 단 삼 년이면 나약한 백성들을 조련하여, 이를테면 고대 그리스의 스파르타와 같은 군사 강국으로 만들 방안을 가지고 있다는 것이다.

이런 자로의 꿈에 대한 공자의 반응은 싸늘함을 넘어 비웃음에 가깝다. 왜 공자가 씩 웃었는지 그 속뜻은 차츰 알아보기로 하고, 비웃음이 자로에 대한 반응이었다는 점만 알아 두자. 그런데 자로 또한 공자의 꿈에 대해 유사한 반응을 보이고 있어 흥미롭다.

자로가 말했다. "지금 위나라 임금이 선생님을 초빙하여 정사를 맡긴다면, 선생님께선 무엇을 급선무로 삼으시겠습니까?"

공자 말씀하시다. "반드시 이름을 바로잡아야지!"

자로가 말했다. "에구. 이렇다니깐요. 선생님의 고지식함이! 이 상황에서 어떻게 이름을 바로잡을 수 있단 말입니까."

공자 말씀하시다. "말을 함부로 하는구나. 이놈! 군자란, 모르는 것은 입 닥치고 배우려 들어야 하거늘! 이름이 바르지 못하면 말이 소통되지 못하고, 말이 소통되지 못하면 일을 해낼 수 없고, 일이 이뤄지지 않으면 문명을 이룩할 수 없고, 문명이 없는 야만의 땅에선 폭력이 자행되고, 폭력이 횡행하면 백성들은 어디다 몸을 깃들일지 모르는 법.

그러니 '군자'라는 이름을 얻게 되면 반드시 그 이름에 합당한 말을 할 수 있어야 하고, 말을 하면 또 그에 걸맞게 실천해야 하는 것. 군자란 다만 자기가 뱉은 말을 어기지 않는 사람인 것을(그러니 만사가 '이름이 바른 것' 으로부터 시작된다)." [13:3]

이 공방은 공자 정치학의 핵심인 정명론正名論*이 잘 천명된 곳이다. 즉 "군주는 군주라는 이름에 적합한 말과 행동을, 신하는 또 그 직분에 걸맞은 말과 행동을 하는 것"[12:11] 이 올바른 정치를 위한 토대라는 것이다.

* 13장 '정치란 무엇인가' – 자로 편에서 살펴본 바 있다. '정명론'의 의의는 그곳을 참고할 것.

당시 위나라는 임금 자리를 놓고 아비와 자식이 다투는 골육상쟁의 형국이었으므로, 공자는 부자간의 천륜天倫에 기초하여 군신이라는 인륜人倫 관계를 정리하는 것이 위나라 집정자가 우선적으로 실천해야 할 업무라고 보았다. 그래서 "반드시 이름을 바로잡아야지正名!"라고 응대한 것이다.

그러나 자로는 공자의 대책이 관념적이라고 본다. 그는 '폭력의 세기'인 춘추 시대에 국정을 책임진 재상이 할 일은, 군사력을 증진하고 경제를 부흥하는 등 가시적이고 실질적인 것이어야 한다고 믿는다. 그래서 "이름을 바로잡아야 한다"는 공자의 말씀이 너무나 한가하고 '교과서적'으로 여겨졌다. 그 실망감이 "에구. 이렇다니깐요. 선생님의 고지식함이! 이 상황에서 어떻게 이름을 바로잡을 수 있단 말입니까."라는 대응으로 나타난 것이다.

한편 공자는 또 이에 대해 크게 화를 내며 그의 비전을 제시하고 있다(공자가 자로에게 설명한 '이름에서부터 언어로, 언어에서 일로, 일에서 문명으로, 문명에서 형벌의 적법성'으로 이어지는 과정은 공자 정치 사상의 중요한 프로그램이다).

이런 공방에서 공자와 자로의 지향이 상반되었음을 충분히 감지할 수 있다. 이 같은 사전 지식을 토대로 위령공 편을 펼쳐 보자.

공자 대 자로

여러 편들이 그렇듯, 위령공 편의 핵심도 첫 번째 장에 있다. 이 당시 공자는 천하를 돌아다니면서 덕치德治를 통한 평천하 건설을 임금들께 설득하던 참인데, 이때는 위나라 영공靈公에게 의탁하고 있었다. 첫 번째 장은 두 장면이 연결되어 있다.*

(첫째 장면) 위나라 영공이 공자에게 진을 치는 법을 물었다.

공자 아뢰었다. "예에 관한 일은 일찍이 배운 바가 있으나, 군사 문제는 배운 적이 없습니다."

그 다음날 바로 위나라를 떠났다.

(둘째 장면) 진陳 땅에서 양식이 떨어져 제자들이 영양실조에 걸려 일어나지 못할 지경이었다. 자로가 화난 낯으로 공자를 뵙고 말했다. "군자도 역시 궁핍하답니까?"

공자 말씀하시다. "군자야말로 짐짓 곤궁할 줄 알지. 소인은 궁핍하면 바로 넘치느니라." [15:1]

첫째 장면은 위나라 임금 영공이 진법陣法에 대해 질문하자, 공자는 답하지 않고 총총히 그 나라를 떠났다는 것이다. 먼저 공자가 군사 문제를 모르는 사람이 아니었음에 유의하자. 공자는 9척 장신에 무골풍의 인사로서 아버지 대로부터 무인武人 집안이었다. 그런데도 군사 문제에 답하지 않고 곧장 떠났다는 것은 공자의 지향이 결코 무력에 있

---

* 주석자에 따라서는 이 두 장면을 두 개의 장으로 나눠 보기도 한다. 그러나 주희는 한 장으로 묶어서 보았다. 나도 주희의 편집 방침이 옳다고 본다. 공자의 정치적 비전을 이해하기 위해서는 두 장면을 하나로 묶어 보아야 한다.

지 않다는 점을 역설적으로 보여 준다.

그러면 공자의 꿈은 무엇인가. 그것은 다음 대화에서 여실하다.

남궁괄이 공자에게 여쭈었다. "옛날 명궁이던 예는 활을 쏘기만 하면 백
발백중이었고, 천하장사였던 오는 땅 위에서 배를 끌 정도였으나, 둘 다
제 명에 죽지 못했다지요. 그러나 성왕이신 우와 탁월한 재상인 직은 평
범한 농부였으나, 끝내 천하를 얻으셨다죠."
공자 아무런 말씀이 없으셨다. 남궁괄이 나가자, 공자 찬탄하며 말씀하
시다. "군자로구나. 저 사람은! 덕德의 의미를 올바로 알고 있구나. 저 사
람은!" [14:6]

남궁괄南宮适*은 공자의 제자로서 훗날 스승의 조카 사위가 된 인물
이다. 여기서 남궁괄은 제 나름대로 정치 사상사 해석을 통해 스승의
정치학의 핵심을 알아챘음을 보인다. 즉 무력으로써 천하를 평정하려
던 명궁 예羿나 천하장사인 오奡의 죽음이 비극적이었던 반면, 평범한
농사꾼으로 입신하여 주변 사람을 보살피고, 또 스스로 몸을 낮출 줄
알았던 우禹임금과 재상 직稷은 끝내 국가를 건설하고 천하를 평화롭
게 만들었다는 역사적 사례 분석을 제시하고 있다. 요컨대 남궁괄은
정치적 성공의 비밀은 힘(폭력·용맹)이 아니라 덕(매력·성찰)에 있다는 사

● 성은 남궁이고, 이름이 괄. 남용南容이라고도 한다. 그는 "옥구슬의 흠집은 깎아 낼 수나 있
지만, 사람의 말실수는 돌이킬 수 없다네."라는 시 구절을 내내 읊으면서 언행을 삼갔던 사람
으로[11:5], 공자가 크게 칭찬했던 인물이다.

실을 알아챈 것이다.

이에 대한 공자의 응대도 흥미롭다. 제자가 문득 그의 정치학의 핵심을 알아챈 데 대해 뭐라 답변하지 못하고 한동안 망연자실해 있다가, 그가 나가고 나서야 "군자로구나. 저 사람은! 덕의 의미를 올바로 알고 있구나. 저 사람은!"이라고 답하였으니, 사람이 정곡을 찔리면 이렇게 멍해지는 것이다. 이처럼 공자는 힘이 아니라 덕으로 정치를 행하는 것만이 천하를 평화롭게 하는 유일한, 그리고 올바른 길임을 확신했던 것이다.

다시 본문으로 돌아가자. 이런 공자에게 위령공이 진 치는 법을 물었다면 이것은 '길을 달리하겠노라'는 신호탄, 혹은 '그대를 더 이상 국빈國賓으로 대접하지 않겠노라'는 발언이 된다. 붕우 관계나 군신 관계는 의義에 합당하면 유지하지만, 그렇지 못하면 지체 없이 끊기는 임의적 관계, 즉 인륜人倫인 터. 그러므로 공자는 하루도 지체하지 않고 바로 다음날 표표히 길을 떠난 것이다. 기껏 밥을 얻어먹기 위해 위나라에 의탁하고 있었던 것은 아니었기 때문이다. 그리고 이쯤이면 앞서 공자가 자로의 꿈, 즉 삼 년 안에 군사 강국으로 만들겠노라는 자로의 꿈을 두고 '씩 웃었던' 까닭도 명확해지는 것이다. 그러면 두 번째 장면을 보자.

진陳 땅에서 양식이 떨어져 제자들이 영양 실조에 걸려 일어나지 못할 지경이었다. 자로가 화난 낯으로 공자를 뵙고 말했다. "군자도 역시 궁핍하답니까?"

공자 말씀하시다. "군자야말로 짐짓 곤궁할 줄 알지. 소인은 궁핍하면 바로 넘치느니라."

뒤도 돌아보지 않고 위나라를 떠난 공자 일행은 진 땅에 이르자 참혹한 고초를 당한다. 얼마나 고통이 심했던지 제자들은 영양실조로 쓰러져 일어나지조차 못할 지경이다. 이때 자로가 나선다. 눈을 부릅뜨고 스승에게 덤비는 것이다. "군자도 역시 궁핍하답니까?"

이 대화에서 주목할 점은 두 사람이 똑같이 군자라는 말을 쓰면서도 그것이 가리키는 의미가 서로 다르다는 점이다. 자로의 '역시 궁핍하답니까'란 말 속엔 '본시 군자는 경제적으로 가난하지 않다'는 전제가 숨어 있고, 공자의 '짐짓 곤궁할 줄 안다'는 표현 속엔 '군자는 부귀나 빈천과 상관 없는 존재'라는 생각이 깃들어 있다.

자로의 군자는 요즘 식으로 하면 '사회 계급론'에 입각한 존재다. 그는 군자를 원래의 말뜻 그대로 임금君의 아들子, 즉 '지배 계층'이라는 뜻으로 이해한다. 사실 이것이 당시 유통되던 군자라는 말의 본래 뜻이다. 발굴된 갑골편甲骨片들을 보면 "자子란 은나라의 왕자들로서 중요한 지역의 통치를 맡고 있었던 사람들, 곧 군자君子"를 말한다.● 자로는 당시에 통용되던 군자의 말뜻대로 '군자=지배 계층'으로 이해했으므로, "군자도 역시 곤궁하답니까?"라는 표현으로 힐문한 것이다.

그러나 공자에게 군자라는 말뜻은 이와 달랐다. 앞서 4장 이인 편

● 진순신, 『중국고적발굴기』, 대원사, 1997. 149쪽

에서 헤아렸듯, 그에게 군자란 사회 계급적 함의를 벗어던지고 또 경제적 빈부와도 관계 없는 도덕적 존재였다. "군자가 인仁으로부터 벗어난다면 어떻게 군자라는 이름을 이룰까"[4:5]라는 데서 인(사람다움)을 지향하는 이상적 인격체로서의 의미가 잘 부각된 바다. 공자가 뜻하는 군자는 '인'의 실천자이지 정치적 지배 계층이 아니었던 것이다.

따라서 공자가 말하는 군자에게는 도리어 빈궁이 기본 조건이기가 일쑤였다.[*] 물질적 환경과 상관 없이 자신이 이뤄야 할 길道을 묵묵히 실천하는 존재이기 때문이다. 즉 군자란 "가난한데도 (자기 길을) 즐길 줄 아는"[1:15] 존재여야 했다. 그러니 군자를 '짐짓 곤궁할 줄 아는 존재'로 본 것은 내력 있는 반응인 것이다.

여기 '짐짓 곤궁하다'고 할 때의 '짐짓固'이란, 가난할 줄 번연히 알면서도 그 길을 가는 것이다. 또는 부자가 되는 방법을 알면서도 짐짓 가난을 버티며 살아가는 것이다. 박지원의 소설『허생전』의 주인공 허생처럼 얼마든지 돈을 벌 수 있지만, 그것이 나의 참된 즐거움이 아니기 때문에 '짐짓' 가난 속에서 책을 읽으며 몸을 닦을 따름이라는 것이다. 여기에는 가난함 혹은 부유함조차도 비죽이 웃으면서 내려다보는 의연한 자존심이 깃들어 있다.

돈으로 모든 것을 해결할 수 있다고 믿는 오늘 천박한 자본주의 세상에서 공자의 말은 그 얼마나 신선하고 또 따가운 채찍인가!

● "부귀는 모든 사람이 바라는 것이다. 그러나 올바른 방법으로 얻은 것이 아니라면 누리지 말라. 빈천은 모든 사람이 싫어하는 것. 그러나 빈천은 군자의 본분이니 견디며 살아라." [4:5]

새 시대의 '군자'를 찾아서

불행하게도 이 당시 자로는 공자가 제시하고자 했던 비전, 새로운 군자의 뜻을 알아채지 못하였다. 자로에게 군자란 다만 국록을 먹고 봉토를 소유한 정치 경제적 지배자일 뿐이다. 어쩌면 자로는 이런 지배계층이 될 목적으로 공자 학교에 출입한 것인지도 모른다.

그러나 역시 자로도 공자의 제자이다. '용장 밑에 약졸이 없다'고 하지 않았던가. 그 또한 "어제 선생님께 배운 것을 제대로 소화하지 않으면, 오늘 수업에 들어가지 않을"[5:13] 만큼 우직한 미덕을 갖춘 사람. 스승이 퉁겨 준 군자의 새 지평을 그는 내내 고민하였던 것임에 분명하다. 『논어』에는 자로가 이모저모 군자의 뜻을 찾아 헤매는 모습이 점점이 박혀 있다.

우선 그는 힘(폭력)을 통해 천하 질서를 바로잡으려 꿈꾸었던 무인인만큼, 용맹과 군자의 관계를 두고 고민한다. 항상 자기 주변에 진리가 숨쉰다고 강조한 공자의 가르침에 합치되는 행보다.

자로가 물었다. "군자란 용맹을 으뜸으로 삼는 존재겠지요?"
공자 말씀하시다. "아니야! 군자는 의를 제일로 삼지. 군자가 용맹스럽기만 하고 의롭지 못하면 사회를 어지럽히고, 또 소인이 용맹스럽기만 하고 의롭지 못하면 도둑이 되고 말지." [17:23]

아직도 자로에게 군자란 군사를 움직여 전쟁을 치르는 폭력 행사의 전문가일 따름이다. 그러기에 군자가 갖춰야 할 덕목도 마땅히 용기여야 한다고 믿어 의심치 않는다. 이에 다시금 "군자란 용맹을 으뜸으로 삼는 존재겠지요?"라고 확인하는 것이다.

물론 공자가 용맹이 필요 없다고 본 것은 아니다. 다만 용맹(힘)은 시대 정신, 곧 의義의 계도를 받아야 한다는 것이다. 공자가 자로에게 가르쳐 주고자 한 것은 용맹의 발휘는 정당성에 대한 인식(지혜)이 기반이 되어야 한다는 사실이다. 아직도 자로에게 군자란 힘을 외부로 발휘하는 존재다.

자로는 죽을 때까지 공자의 군자가 지향하는 문화적 성격을 깨닫지 못했다. 또는 공자가 꿈꾸는 새 시대의 정치가 과거와 같은 폭력을 통한 정치가 아님을 이해하지 못하였던 것이다. 그는 '정치=폭력'이라는 등식을 의심하지 않는다. 이런 자로에게 공자는 다시금 내면을 들여다보길 권하면서 직접 손을 이끌어 가르침을 베푼다.

공자 말씀하시다. "자로야. 육언六言과 육폐六蔽라고 들어 봤느냐?"
자로 대답하였다. "아니요."
"게 앉거라. 내 너에게 말해 주마. 우선 인仁을 좋아한다면서 호학好學하지 않으면 어리석음이 되니라. 또 지혜를 좋아한다면서 호학하지 않으면 허황함이 되니라. 약속에 구애되어 호학하지 아니하면 자칫 '반역질'이 되니라. 또 정직을 좋아한다면서 호학하지 아니하면 '각박함'으로 빠지는 수가 있느니라. 그리고 용맹을 좋아한다면서 호학하지 아니하면 '난장판'이 되니라. 뿐만 아니라 강함을 좋아한다면서 호학하지 아니하면 '광기'로 변질되느니라." [17:7]

지금 자로의 눈높이와 성향에 맞춰 공자가 구체적인 가르침을 쥐여 주고 있다. 제자의 간절한 질문에만 답해 주는 공자의 교수법에 비춰 볼 때, 이 장은 자로를 위한 특별 강의로 여겨도 좋을 것이다.

　여기서 핵심은 무엇보다 호학好學에 있다. 호학은 스스로가 부족하다는 분한 마음과 열린 마음가짐 그리고 꾸준한 노력을 미덕으로 하는 점증적, 과정적 개념이다. 실로 공자의 근본 정신도 호학에 있을 따름이었다. 죽을 때까지 내내 배우기를 멈추지 아니함이야말로 호학의 구체적 실천이 된다.

　공자는 자로에게 이 호학의 정신이 부족하다고 보았다. 더 구체적으로 지적하자면, 꾸준하고, 항상적인 노력이 결여되어 있다고 본 것이다. 그러면 무엇을 배워야 한다는 말인가. 그것은 분명 정의에 대한 이해일 것이다. 위에서 보았듯, "용맹스럽기만 하고 의롭지 못하면 사회를 어지럽히는" 데 불과한 것이기 때문이다. 이렇게 보면, 자로에게 공자가 가르치고자 한 미덕은 무턱대고 힘을 발휘하는 것이 아니라 '무엇이 정의인가'를 판단하고, 또 '올바른 시대 정신'을 찾는, 즉 '정의를 찾는 노력'이었다.

'칼의 노래'에서 '현의 노래'로

그러나 바깥으로 힘을 발휘하여 질서를 잡으려 하는 '외향적 인간' 자로에게 정의의 계도를 받는 용맹이란 너무 복잡하고 피부에 와 닿지 않는 것이었다. 그에게 호학 또는 학문이란 아무래도 낯선 것이었다. 단순, 담백, 우직, 이것들이 자로의 특징이었던 터다.

그는 깊은 고민 끝에 군자를 다시 질문한다. 이번엔 정공법이다. 그냥 '군자란 무엇이냐'고 바로 찌르고 든다.

자로가 물었다. "군자란 무엇입니까?"
공자 말씀하시다. "제 몸을 경敬으로써 닦는 존재지."
자로 말했다. "몸만 닦으면 된답니까?"
공자 말씀하시다. "몸을 닦은 다음, 사람들을 편안하게 해 줘야지."
자로 말했다. "아니, 그렇게만 하면 군자란 말입니까?"
공자 말씀하시다. "몸을 닦아서 만백성을 편안하게 해 준다고 할까. 그런데 몸을 닦아서 만백성을 편안하게 한다는 건, 요순임금도 어렵게 여기셨는걸!" [14:45]

자로가 이렇게 꼬치꼬치 따진 적이 없다. 한두 마디 질문을 던지거나, 아니면 위에서 본 것처럼 선생님이 직접 손을 이끌어 '과외 수업'을 해 줄 정도다. 그런 그가 이렇게 질문에 질문을 거듭했다는 사실은 당시에 유통되던 군자라는 말의 뜻(정치적 지배층)과 공자의 군자라는 말의 뜻(인격적 완성자) 사이에서 그가 얼마나 깊은 고민에 빠져 있었는지를 증명해 준다.

지금 스승은 수기이경修己以敬, 즉 "자아를 성찰하는 존재"가 곧 군자라고 찔러 준다. 이건 공자가 자로를 안연만큼이나 아꼈다는 표지다. 여기 '수기'란 안연이 인仁을 물었을 때 스승이 답으로 내린 '극기복례'의 극기克己에 다름 아니며 이경以敬이란 복례復禮의 구체적 방법론을 이름이다. 즉 군자란 "나(의 철학이나 의지)를 남에게 강요하는 존재가 아니라 '낯익은 나'를 도리어 '낯설게 관찰함'으로써 닦아 비우고, 대신 그 자리에 남他人을 채우는 존재"라는 뜻이다. 그럴 때 나의 뜻을 남에게 강요하는 힘, 즉 폭력은 거꾸로 따뜻한 매력으로 전환되고 또 그럴 적에야 올바른 리더십이 발휘되고, 역시 그럴 때만이 참된 평화가 이뤄진다는 비전을 자로에게 가르쳐 준 것이다.

그러니 자로에게 내린 수기이경이란 말은 앞서 안연에게 내린 극기복례와 다름없이 참된 평화를 이룩해야 할 군자의 '로드맵'이라고 할 만한 것이다.

그러나 이 말씀이 자로에겐 아무래도 미흡하다. 애초부터 지금까지 그에게 군자란 힘을 외부에 발휘하여 질서를 잡고, 궁극적으로 천하를 안정시켜야 하는 존재였다. 답답할손, 자로여!

그렇기에 그는 자꾸 묻는다. 거듭된 "그뿐입니까"라는 질문은 그의 갈증을 잘 드러내 준다. 그러나 공자로서는 또 수기이경修己以敬, 이한 마디로 할 말을 다한 것이다. 하도 자꾸 물어대니까 수기안인修己安人, 나아가 수기이안백성修己以安百姓이라는 식으로 확대해 가긴 했지만, 그 핵심처에는 수기이경 외에는 따로 있을 것이 없었다. 끝내 공자는 시침을 뚝 떼고 "만백성을 편안하게 한다는 건, 요순임금도 어렵게 여기셨는걸!" 하곤 말끝을 잘라 버리는데, 그렇다고 자로의 목마름이 가실 리 없었을 것이다.

힘을 내면으로 온축하여 '자아를 낯설게 성찰하는' 경敬의 뜻을 자로로서는 도무지 이해할 수 없었고, 이것은 그가 죽는 날까지도 깨우

치지 못한 점이었다. 실제로 그는 죽는 날까지 폭력 행사를 통한 질서
의 확립, 그리고 자기를 알아준 사람(주군)을 위해서 목숨을 바친다는
맹목적 충성관에서 한 걸음도 벗어나지 않았다.

역시나 자로의 변치 않는 성정을 알고 있던 스승도 자로가 의탁하
고 있던 위衛나라에서 사변이 터졌다는 소식을 듣고서는 "아마 자로가
죽었겠다(위험을 무릅쓰고 주군을 위해 목숨을 바쳤겠구나)."라고 예측할 수 있
었던 것이리라.

한 걸음 뒤로 물러서서 보자면, 자로의 군자는 '폭력 시대의 지도자'
이다. 춘추 시대 당시의 정치 상황을 염두에 두면, 자로의 군자관이야
말로 상식적이고 또 현실적인 것이다. 즉 폭력을 관리하여 질서를 되
찾고, 또 난세를 힘으로써 극복하려는 자로의 꿈은 충분히 납득할 만
한 것이다.*

반면 공자로서는 폭력으로써 난세를 극복한다 한들, 또다시 혼란
에 빠지고 만다는 '폭력에 대한 비관주의'를 가지고 있었던 것임에 분
명하다. 첫머리에 인용한, 위령공이 진법陣法을 질문하자 표표히 떠나
버린 공자의 면모에서 폭력에 대한 짙은 혐오를 확고하게 이해할 수
있다.

공자는 지금 당장은 비현실적일지 몰라도 장기적으로 문명을 옳게

---

* 공자 역시 자로의 특장이 용맹에 있음을 잘 알고 있었다. 예컨대 "자로는 나보다 용맹을 더
좋아한다"[5:6]라고 평한 적이 있었고, 또 당시 집정자들에게 국방 장관감으로 그를 추천하기
도 한 바 있었다[5:7]. 자로가 힘(폭력)을 통해 천하 질서를 바로잡으려는 현실주의자였음을 스
승은 충분히 알고 있었던 것이다.

되살리려면, 군자란 '문화 시대의 지도자'로 새롭게 개념 규정되지 않으면 안 된다는 확신을 가졌던 것이다. 새 시대를 준비하는 군자의 키워드가 '수기이경'이라는 언어였다. 이를 통해 자기 책임성, 성찰성 그리고 내향성을 갖춘 존재가 군자이며, 또 그가 발휘하는 힘이 폭력이 아닌 '매력'으로 전환될 때에야 인간다운 사회, 문명적 질서가 가능하다고 본 것이다.

이렇게 보면 지금 사제 간의 대화는 같은 말(군자)을 쓰고 있긴 하지만, 그 뜻은 전혀 다른 세계를 지향한다. 공자의 군자는 덕치德治, 즉 '매력 정치학'에 포괄되는 데 반해, 자로의 군자는 '폭력의 정치학' 속에 자리하기 때문이다.

이쯤에서 공자가 자로에게 이런 귀띔을 한 것은 예사롭지 않다.

공자 말씀하시다. "자로야. 덕德의 참뜻을 제대로 아는 사람이 드물더구나." [15:3]

정녕 공자는 자로가 붙잡혀 빠져나오지 못하는 수렁인 '폭력의 군자'로부터 '매력의 군자'로, 또 '힘의 발휘'로부터 '힘의 응축'으로, 그리고 '외향의 눈길'을 '내향의 눈길'로 되돌리기 위해 끝까지 손을 내밀었던 것이다. 이를 두고 볼 때 공자는 자로를 몹시 아꼈던 것임에 분명하다.

이렇게 공자는 폭력을 가지고는 결코 폭력이 종식되지 않는다는 점을 자로에게 가르치고자 했다. 둘러가는 것 같지만 '덕성을 통해 주변이 끌려드는' 매력의 힘, 이것만이 천하를 평화롭게 이끌 동력이라고 굳게 믿었던 것이다. 이 대목에선 독일의 정치 사상가 한나 아렌트(1906~1975)의 지적이 공자의 생각에 꼭 들어맞는다.

폭력의 실천은 모든 행동과 마찬가지로 세계를 변화시키지만, 더 폭력적인 세계로 변화시킬 가능성이 가장 크다.•

공자는 끝까지 자로가 '칼의 노래'가 아닌 '현絃의 노래'를 부르기를, 폭력이 아니라 매력을 통해 평화로운 세계를 건설하는 것이 진정한 군자의 책무임을 가르쳐 주려 했던 것인데 제자는 스승의 뜻을 끝까지 이해하지 못했고, 그의 천성대로 제 생각대로 우직하게 살다가 죽음을 당하고 만다. 다음 『춘추』의 기사를 보자.

위나라 출공出公에게 충성을 맹세한 자로는 공리孔悝가 반란을 일으켰다는 소식을 들었다. 난리를 피해 다들 도망가는데 그 와중에 동창생 자고子羔를 만났다. 그가 자로에게 말하였다. "출공은 이미 도망갔고, 또 성문은 이미 폐쇄되었네. 자네도 돌아가는 것이 나을 듯하네. 무단히 화를 자초할 것은 없지 않은가."
자로가 말했다. "그 밥을 먹은 자는 그 어려움을 회피해선 안 되는 법."
자고는 떠나고, 자로는 성문의 틈으로 성 안에 들어갔다. 그 길로 반란군

• 한나 아렌트, 『폭력의 세기』, 이후, 1999. 123쪽

들 앞에 나서서 돈대를 불태우려고 하였다. 두려움을 느낀 반란군들은 자로를 공격하였다. 중과부적인 자로는 죽음에 이르렀다.

갓끈이 떨어지자 자로가 말했다. "군자란 죽어서도 관은 바로 하는 법." 그는 갓끈을 다잡아 매고 난 다음 죽음을 맞았다.

한편, 공자는 위나라에 사변이 터졌다는 소식을 듣고 말했다. "아이고. 자로가 죽었겠구나."

과연 그 말씀을 할 적에 이미 자로는 죽어 있었다.

자로는 협객 스타일의 인물이었던 것이리라. "선비는 자기를 알아주는 사람을 위해 목숨을 바친다"는 속언이 자로에게 합당하다. 그러나 이런 의리는 '시대의 정의'를 관조하지 못하고 한낱 사소한 신의, 이를테면 깡패식 의리를 벗어나기 힘들다. 이 점이 바로 공자가 항상 염려했던 자로의 문제점이었는데, 역시나 그의 죽음조차 이렇게 유협적遊俠的이었다.

자로는 스승의 비전을 뿌리치고 제가 믿은 의리를 따라 뚜벅뚜벅 걸어가 죽음에 이르렀던 것이다. 떨어진 갓끈을 바로 하고 의관을 정제한 다음 죽음을 맞았다는 것은 공자의 예를 죽도록 지킨 표시이긴 하지만, 그러나 보다 큰 의리, 곧 대의大義를 따르지 못하고 기껏 자기를 알아주는 사람에게 목숨을 바치고 만 데 대해 스승은 몹시 안타까워했던 것이다. 이에 자로가 죽었다는 소식을 들은 다음, 스승 공자는 시름시름 앓다가 따라서 죽고 말았다고 전한다.[*]

이 장을 통해 우리는 나라의 안전을 위해 힘(폭력)이 없어선 안 되나,

그러나 폭력으로는 결코 평화를 이룰 수 없다는 것이 공자의 신념이었음을 배운다.

● "자로가 위나라에서 죽자 공자는 병이 들었다. 그 뒤 7일 만에 돌아가시고 말았다." (「공자세가」)

공자의
정치경제학,
분배냐 성장이냐

16

계씨季氏 편

이 편의 백미 역시 첫째 장에 있다. 첫째 장의 대화는 『논어』 전체에서 가장 긴데, 여기서 공자와 제자들, 특히 염유冉有가 논전을 벌인다. 이 논쟁을 통해 공자와 제자들 간의 정치와 경제에 대한 인식차, 도덕주의와 기술주의의 대립, '분배냐 성장이냐'를 둘러싼 정치 경제학적 갈등을 (원시적이나마) 살펴볼 수 있다.

　우리는 이 장을 따져 읽어 봄으로써 유교 사상이 단순히 공자라는 성인聖人에 의해 '당위적으로 선포'된 것이 아니라, 특정한 시공간을 배경으로 서로 다른 비전을 가진 사상가들 간의 경쟁과 충돌을 통해 '형성된 것'임을 이해할 수 있게 될 것이다.

● 염유冉有는 공자 제자로서 성은 염冉, 이름은 구求, 자字는 자유子有이다. 노나라 사람으로서 공자보다 29세 어렸다. 회계와 재정에 탁월한 기예를 갖추고 있었고 무예에도 일정한 능력을 갖추고 있었다.

유교는 한 관념론자가 책상 앞에서 상상한 형이상의 독단적인 선언서가 아니라, 당시 '현실 정치의 시장'에서 경쟁하면서 설득력을 획득해 온 '땀 냄새 밴 존재 증명서'라는 뜻이다.

공자 대 염유

좀 길지만 먼저 첫 장 전체를 읽어 보자.

(1)노나라 권력자 계씨가 전유 땅을 치고자 하였다. 당시 계씨에게 벼슬을 살던 염유와 자로가 공자를 뵙고 말하였다. "계씨가 지금 전유에서 일을 저지르려고 합니다."

공자 말씀하시다. "염유야. 이건 네 잘못이 아니냐? 대저 전유는 옛날 선왕들이 동몽산의 제사를 주재하게 했고, 또 나라의 중심에 속하는 곳이다. 전유는 사직의 신하인데, 어찌 거기를 친단 말이냐."

(2)염유가 말하였다. "윗사람(즉 계씨)이 하려는 것이지, 저희 둘은 모두 바라는 일이 아닙니다요."

공자 말씀하시다. "이보게 염유! 주임이라는 사람이 이런 말을 했더구나. '조정에 나아가서는 온 힘을 다하되, 제대로 못하면 그만둔다'고. 나라가 쓰러지는데도 붙잡아 주지 않고, 자빠지는데도 붙들어 주지 않는다면, 그 따위 장관을 얻다 쓸 거냐. 게다가 너의 말이 지나치다. 우리 속에 있어야 할 호랑이와 코뿔소가 뛰쳐나오고, 함 속에 넣어둔 거북과 구슬이 망가진다면 이게 누구의 허물이냐."

(3)염유가 말하였다. "요즘 저 전유의 방비는 더 견고해지고 그 위치가

전략적 요충지 비費 땅에 가깝습니다. 지금 취하지 않으면 훗날 반드시 자손의 걱정거리가 될 겁니다."

(4)공자 말씀하시다. "네 이놈! 군자는 '욕심나면 욕심이 난다'라고 하지 않고, 꼭 핑계대는 걸 미워하느니. 내 듣기로, 나라나 집안을 경영하는 자는 모자람을 걱정하지 않고 고르지 않음을 근심하고, 또 가난을 근심하지 않고 평안하지 않음을 걱정한다더라. 대개 고르면 가난하지 않고, 화목하면 모자라지 않고, 평안하면 기울지 않기 때문이다. 대저 이런 까닭에, 먼 곳 사람들이 복종하지 않으면 문덕文德을 닦아서 오게끔 하고, 이미 왔으면 평안하게 해 줘야 하는 것!

(5)한데 지금 너희가 윗사람을 돕는다는 꼴은 먼 곳 사람들을 복종하지 않도록 만들어서 도리어 오고 싶지 않게 가로막고, 나라를 가르고 무너뜨리며 나누고 쪼개어서 있는 것도 지킬 수 없도록 만든다. 게다가 군사를 나라 안에서 움직이도록 꾀를 내는 짓이라니! 내가 보기에 저 계씨의 근심은 전유 땅에 있지 않고, 담장 안에 있지 싶다." [16:1]

자, 우선 공자와 제자들, 특히 염유와의 공방을 이해하기 위해 당시 노나라 정세를 잠시 살펴보자. 춘추 시대란 군주들은 실권을 잃은 허수아비에 불과하고, 실제 권력은 대부大夫들이 전권을 휘두르는 때였다. 당시 노나라도 대부인 맹씨孟氏, 숙씨叔氏 그리고 계씨季氏가 나라의 힘을 나눠 쥐고서 일종의 과점 상태를 이루고 있었다(이들을 통칭 삼환三桓이라고 부른다). 그 중 계씨 계열이 제일 힘이 셌다.

이들 간의 분쟁으로 노나라 영토는 네 조각이 나 있었는데 계씨가 그 가운데 절반을 취하고, 맹씨가 그 나머지의 절반을, 또 숙씨가 그 나머지를 취하였다. 다만 한 군데, 깊숙한 전유顓臾 지역만이 노나라 왕실에 충성하고 있었다.

위에 인용한 대화는 지금 계씨가 이 전유 땅마저 탐을 내 삼키려고 하는 상황이고, 이때 계씨의 가신으로 취직해 있던 자로와 염유가 스승을 찾아와 내부 정보를 제공하고 있는 장면이다. 거꾸로 계씨 측에서는 자신들이 일으키려는 사변에 대해, 노나라 오피니언 리더인 공자의 의중을 떠보려는 의도였다고도 할 수 있다.

이에 대해 단락(1)에서 보이듯, 공자는 전유를 정벌할 수 없는 '삼불가론'을 제시한다. 첫째 전유가 선왕들이 봉한 땅이므로 정벌할 수 없다. 둘째 나라의 중심에 위치하여 다른 지역들에 둘러싸여 있으니 정벌할 필요가 없다. 셋째 노나라 왕실의 공신社稷之臣이므로 정벌해서는 안 된다는 것이다(『논어집주』 참고).

그런데 공자는 이런 발상이 염유의 잔머리에서 나왔다고 의심하고 있다. 자로도 같이 공자를 찾아왔지만, 시종 쟁점은 공자와 염유의 사이에서 벌어지며, 자로는 그냥 곁다리로 붙어 있다. 문제가 설정된 다음, 공자의 첫 대응이 "이건 염유, 바로 너의 잘못이 아니냐!"라고 꼬집어 지목하고 있는 데서도 알 수 있다.

공자가 염유를 대뜸 지목한 데에는 까닭이 있다. 군주가 주재해야 할 의례를 대부에 불과한 계씨가 월권으로 행하려 하자 이를 막아 달라는 공자의 부탁을 염유가 회피한 적이 있었던 것이다.

노나라 권력자 계씨가 태산에 제사를 드리려 하였다.

공자가 염유를 일러 말씀하시다. "네가 구해 낼 수 없겠느냐?"

염유가 대답하였다. "할 수가 없습니다." [3:6]

태산은 천자와 노나라 군주만이 제사를 드릴 권한이 있는 신성한 산이었다. 백두산이 우리 민족의 영산이듯 태산은 중국 동부의 성산이다. 한데, 권력을 찬탈한 계씨가 그 제사를 주재하려고 했던 것이다. 예禮건 법도건 다 망가져 가는 또 한 사례인 셈이다. 이에 공자는, 계씨에게 벼슬 살고 있던 염유에게 막을 방법이 없겠느냐고 요청한다. 그런데 염유는 "할 수 없다"고 꽁무니를 뺀다(염유는 『논어』 전편을 두고 봐도 스승의 말을 고분고분 듣는 경우가 없다).

이것은 정치를 서로 다르게 생각하고 있었기 때문이다. 공자는 정치를 도덕적이어야 한다고 본 반면, 염유는 목표의 달성을 위한 수단, 즉 기술로 보았던 차이다. 단락(1)에서 염유가 "계씨가 지금 전유에서 일을 저지르려고 합니다"라고 정보를 알려 주자 공자가 문득 "염유야. 이건 네 잘못이 아니냐?"라고 그의 책임부터 추궁하였던 것은, 정치를 한낱 기술로 생각하는 염유의 특성을 이미 알고 있었기 때문이다. 계씨가 나라 안의 전유 땅을 치는 행위는 정당성을 결여한 폭력이라는 것이 공자의 '삼불가론'에 깔려 있는 비판의 핵심이다.

기술주의 대 도덕주의
단락(2)를 보면 공자의 삼불가론에 대해 염유는 금방 꼬리를 내리면서, 그 탓을 상관에게 돌리고 있다. 예나 지금이나 책임을 회피하는 방식은 동일하다. 윗사람은 아랫사람에게 탓을 돌리고, 아랫사람은 윗사람의 잘못으로 돌리는 것이다.

여기서 공자가 염유를 꾸짖는 말이, 주임周任이란 사람이 제시한 정치가의 행위 규범, 즉 "맡은 일에 온 힘을 다하되, 자신의 생각을 실행할 수 없으면 그만두는 것"이다. 이 가운데 특히 "실행할 수 없으면 그만둔다"라는 대목은 공자가 염유를 대신大臣이 아니라 구신具臣(머릿수나 채우는 신하)에 불과하다고 내린 평가에서 나온 적이 있다.

"이른바 대신大臣이란 합당한 정사로써 임금을 섬기다가, 안 되면 곧 그만두는 존재이다. 지금 자로와 염유는 구신具臣이라 이를 수 있을까?"

[11:23]

둘을 연결해서 보면, 공자의 염유에 대한 인식은 수미일관하다. 염유는 재상감이 아니라 기껏 전문적 기예로써 주어진 직무를 처리하는 전문 관료에 불과하다는 것이다. 그러므로 이 단락에서 "나라가 흔들리는데도 지탱해 주지 않고, 자빠지는데도 붙잡아 주지 않는다면, 그 따위 장관을 얻다 쓸 거냐"는 공박은 염유의 '탈도덕적 기술주의'에 대한 공자의 맹렬한 비판이 된다. 즉 염유가 대신이 되지 못하고 머릿수나 채우는 '구신'에 불과한 까닭은, 그가 자신의 맡은 일에 대한 '도덕적 책임감'을 회피하기 때문이다. 덧붙여 공자는 염유의 '직업관' 자체를 물고 늘어진다.

236

"우리 속에 있어야 할 호랑이와 코뿔소가 뛰쳐나오고, 함 속에 넣어둔 거북과 구슬이 망가진다면 이게 누구의 허물이냐."

여기 "울타리 안에 있어야 할 호랑이와 코뿔소"는 권력자 계씨를 지칭하고, "함 속에 든 거북과 구슬"은 전유 땅을 상징한다. 공자는 공직에 나아간 제자들의 책무가 권력자들의 부당한 폭력 행사를 관리하고, 동시에 소중한 전통과 정당한 정치적 가치를 지키는 사명에 있다고 본다. 즉 관리管理가 관리官吏의 책무라고 할까.

이 점은 앞서 계씨가 태산에 제사를 드리려 할 때, 공자가 염유에게 청한 바, "(이런 참람한 짓을) 네가 구해 낼 수 없겠느냐?"[3:6]라던 대목과 그 맥락을 같이한다. 거기서도 또 여기서도 염유는 '탈도덕적 기술주의'를 앞세워 스승의 청을 거부하고 있는데, 그 결과 염유는 스승으로부터 파문을 당하는 데까지 이르고 만다.

한편 단락(3)에서 궁지에 몰린 염유가 그 속내를 드러내고 있다. "요즘 저 전유의 방비는 더 견고해지고 그 위치가 전략적 요충지 비費 땅에 가깝습니다. 지금 취하지 않으면 훗날 반드시 자손의 걱정거리가 될 겁니다."라는 말이다. 이 말에서 우리는 염유의 정치적 지향을 짚어 볼 수 있다.

이미 염유는 계씨 정권의 주구走狗가 되어 있었던 것이다. "전유 땅을 지금 취하지 않으면, 자손의 우환이 된다"는 진술에서 그 자손은 누구를 가리키는가? 그것은 노나라의 백성이 아니라 계씨의 자손을 가리키는 말이 분명하다. 결과적으로 부당한 계씨 정권의 장래까지 염려하는 염유의 정치적 행보에 대해 공자로서는 크게 화를 낼 수밖에 없었던 것이다.

곧 염유의 교언巧言, 처음에는 '윗사람인 계씨가 사변을 일으키는 것이지 저희는 바라지 않는 일'이라고 짐짓 꼬리를 내리다가, 궁지에 몰려서야 '자기 당파의 안전을 위해 내란이라도 일으키지 않으면 안 된다'는 진짜 속내를 드러내는 이중성에 대해 공자는 크게 꾸짖는다. "네 이놈! 군자는 '욕심이 나면 욕심난다'고 하지 않고 핑계대는 걸 미워하느니라."(단락(4))

이 부분은 염유가 계씨의 조정에서 퇴근하였을 때, 공자가 왜 늦었느냐고 물었던 데 대해, "정치가 있었습니다"라고 답하자, 공자가 그것은 정치가 아니라 비즈니스에 불과하다고 격하한 대목[13:14]과 관련지어 볼 만한 것이다. 그리하여 공자가 염유에게 파문 선고를 내리는 장면이 더욱 생생하게 와닿는다.

계씨는 주나라 건국자보다 더 부유하였다. 그런데도 염유가 백성의 세금을 수탈하여 더욱 부유하게 만들었다.

공자 말씀하시다. "저 놈은 우리 학생이 아니다. 얘들아! 북을 울려서 성토하여도 좋으니라." [11:16]

아무리 탁월한 기예와 지식을 갖추었어도, 도덕적 판단이 배제된 기술 만능의 사고 방식은 재난을 초래한다는 공자의 도덕주의적, 또는 성찰적 가치관을 여실히 볼 수 있는 대목이다.

오늘날로 끌어와 해석하자면, (정치) 기술의 사회적 의미, 또는 수단과 방법의 도덕성에 주의해야 한다는 공자의 경고로 읽을 수 있다. 공자 가르침의 핵심은 용맹이나 지혜에 있다기보다는 그 재능을 스스로 통제할 수 있는 도덕적 성찰에 있음을 이 대목에서 다시금 느낄 수 있다.

분배냐, 성장이냐

이제 공자는 정치를 기술로 이해하는 염유에게 자신의 정치적 비전을, 정치 경제학적 언어로 제시한다. 그것이 단락(4)에서 그려진다.

> "나라나 집안을 경영하는 자는 모자람을 근심하지 않고 고르지 않음을 걱정하고, 또 가난을 근심하지 않고 평안하지 않음을 걱정한다. 대개 고르면 가난하지 않고, 화목하면 모자라지 않고, 평안하면 기울지 않기 때문이다."

여기서 염유와 공자가 둘 다 재정 및 회계 전문가라는 사실을 환기할 필요가 있다. 염유는 공자 학교의 재정을 담당한 인물로서 공자는 그의 경제 전문가로서의 기예를 높게 평가했다[14:13].

● 흥미롭게도 사마천은 『사기』에서 『논어』 문장을 의도적으로 바꿔 기록할 정도로 염유를 '재정 전문가'로 확정하고 있다. 『논어』에서는 "염유는 재宰로 삼을 만하느니라"[5:7]라고 하였던 구절을 『사기』에서는 "염유는 부賦를 다스릴 만하느니라"(「중니제자열전」)라고 정정하여 싣고 있는 것이다.

한편 공자 역시 회계 전문가로서의 이력을 갖춘 사람이다. 사마천은 "공자는 젊어서 가난하고 천하였다. (이로 말미암아) 성장하여서 위리委吏가 되었는데, 그 출납이 정확하였다"라고 지적하고 있다. 여기서 '위리'란 "창고에 쌓인 곡식(화폐) 관리를 맡은 벼슬아치"를 뜻한다. 곧 공자가 재정 담당관으로서 훌륭하게 업무를 수행했음을 보여 주는 예다. 맹자는 좀더 구체적으로, "공자가 일찍이 재정 담당관이 되었는데, 말씀하시길 '회계는 (출납이) 맞아떨어지는 것이 전부다'라고 하였다"(『맹자』 5b:5)는 증언을 전한다.

이렇게 놓고 보면, 공자를 '회계사 출신'으로 표현해도 틀린 말이 아니다. 강조하거니와 공자는 실물 경제에 대한 나름의 식견을 갖춘 사람이지, 그것을 내치고 도덕적 세계를 건설하려 한 느슨한 관념론자는 아니었다. 그는 당시 현실 정치의 심층, 즉 국가의 재정과 경제 운용에 대해 넉넉한 식견을 갖춘 사람이었던 것이다.

이런 사실은 염유와 관련지어 공자를 생각할 때 감안해야 할 중요한 참고 사항이다. 공자의 이력과 회계사로서 염유의 자질은 상통하는 바가 있고, 이런 공통점 때문에 스승은 염유의 성격과 꿈을 더욱 객

분명한 점은 사마천이 '행정 책임자'를 뜻하는 재宰라는 단어보다는 부賦, 즉 '재정 담당, 세금 관리인'이라는 의미의 단어가 염유의 성격을 더욱 선명하게 부각할 수 있다고 판단하고 있다는 사실이다.

이런저런 점을 미루어 볼 때 "예는 염유가 으뜸이지."[14:13]라며 공자가 칭찬한 염유의 예藝란 재정 및 회계 전문가로서의 기예를 뜻하였음에 분명하다. 한마디로 공자가 염유의 트레이드마크로 삼은 기술은 구체적으로는 회계의 기술, 재정 운용의 기술이었던 것이고, 당시 정치 실권자들이 염유를 탐냈던 까닭도 바로 재정 운용의 기술에 있었던 것이다.

관적으로 파악할 수 있었으리라고 짐작할 수 있다. 그래서 공자는 염유를 공자 학교의 재정 담당으로 활용하였던 것 같고, 나아가 염유의 재능을 제대로 이해하고 또 칭찬할 수 있었으리라.

나아가 공자는 염유에게 한층 심오한 정치 경제학적 비전을 제시하고 있는데, 이 역시 제자의 소질에 걸맞은 교육을 내리는 스승 공자 특유의 면모일 것이다. 다음을 보자.

> 공자가 위나라로 가는데 염유가 말고삐를 잡았다.
>
> 공자 말씀하시다. "사람들이 참 많구나."
>
> 염유가 말했다. "이미 많아진 다음에는 또 무엇을 더해야겠습니까."
>
> "음, 풍요롭게 해주어야지."
>
> "이미 풍요로워진 다음에는 또 무엇을 해주어야 하리까."
>
> "음, 가르쳐야지." [13:9]

여기서 공자는 염유에게 '인구 증가庶 – 경제 성장富 – 도덕 문화 창달敎'이라는 세 단계 '정치 발전론'을 가르쳐 주고 있다. 그런데 『논어』 전체를 살펴보면, 염유는 세 가지 가운데 오로지 경제 문제에만 집착하고 있음을 발견할 수 있다. 나머지 인구 증가의 문제와 도덕 문화의 창달은 그의 관심 밖이다.

더 구체적으로 살펴보면 '도덕 문화 창달' 부분에 대해 그는 "경제 문제는 삼 년 내에 해결할 수 있지만, 예악 문제는 딴 지도자를 기다리겠노라"[11:25]면서 스스로 선을 그어 포기하고 있다.

그리고 단락(5)에서 염유의 정치적 행동을 두고 "먼 곳 사람이 오지 못하도록 도리어 가로막고 있는 짓"이라고 공자가 비난한 것을 보면 인구 증가 역시 포기한 것임을 알 수 있다. 염유는 오로지 경제 성장이라는 기술적 측면에만 치중하고 있었던 것이다. 그리고 그 경제 성장이 누구를 위한 것인지에 대한 도덕적 가치 판단은 배제한 채 다만 권력자를 위해 자신의 재정·회계 기술을 발휘한다. 공자는 이런 탈도덕적 자세를 크게 비판한다.

단락(4)의 요지는 국가 경영자는 "모자람을 근심하지 않고 고르지 않음을 걱정하고, 또 가난을 근심하지 않고 평안하지 않음을 걱정한다"는 것이다. 공자의 정치 경제학의 핵심이 이 속에 들어 있다. 공자의 정치 경제학은 빵을 크게 만드는 것이 아니라, 재화를 균등하게 분배하는 정의로운 사회를 건설하는 데 그 목표가 있다.

우리는 공자에게 정치란, 부의 축적을 꾀하는 경제에 종속된 기술적 행위가 아니라, 부를 어떻게 분배할 것인가라는 사회 정의와 관련된 것임을 알 수 있다. 균등한 분배, 화목한 사회, 그리고 안정된 생활, 이 세 가지가 국가를 경영하는 요체라는 것이다(즉 "대개 고르면 가난하지 않고, 화목하면 모자라지 않고, 평안하면 기울지 않기 때문이다.").

그런데 이런 분배 정의를 실현하기 위해선 무엇보다 정치가의 도덕적 정당성이 필수적으로 요청된다는 점에 유의해야 한다. 즉 경제 발전을 위해서 회계 기술, 재정 운용 기술이 필요하다면, 분배 정의를 위해선 도덕적 훈련과 권력의 정당성이 필히 요구된다. 만약 정치가에게 이런 도덕적 인식이 없다면 정의로운 분배에 대한 욕구 자체가 일어나지 않을 것이기 때문이다.

공자가 정당성 있는 권력을 갈구한 까닭은, 정치적 행동의 근거, 또는 분배 정의를 실현하려는 의지가 정치가의 도덕적 정당성에서 비롯되기 때문이다. 반면 염유에게 정치학이란, 재화(경제·재정)를 축적하기 위한 기술 혹은 수단이 된다. 염유의 생각을 기술주의적 사유, 불균등 성장론, 발전주의론 등으로 범주화할 수 있다면, 공자의 생각은 도덕주의적 사유, 분배적 경제론이라고 분류할 수 있을 것이다.

이런 공자의 정치 경제학적 관점은 염유가 추구하는 방향, 이를테면 '불균등 국가발전론' 즉 국부國富를 극대화하기 위해서라면 설사 부도덕하고 수탈적 방법일지라도 허용되어야 한다는 입장과는 상반된다. 뿐만 아니라 공자의 지향은 오늘날 탈도덕적 시장 논리를 뒤쫓는 시장 자본주의 체제에 대해서도 반성을 요구한다(그렇다면 과연 우리나라의 60~70년대식 경제 발전을 두고 '유교 자본주의'라고 칭하는 이론이 제대로 된 것이라고 할 수 있을까?).

여기서 우리는 공자의 정치적 지향이 염유의 생각과 상반되는 점을 분명하게 이해할 수 있다. 결국 공자는 염유식 '경제 발전론'이 "정부의 붕괴와 인민의 이탈과 가정의 파괴로 귀결되고 끝내 나라를 지켜낼 수 없는 파국적 결과"를 초래하리라고 경고한다. 공자의 염유에 대한 비판은 눈물이 쏙 빠질 만큼 매섭다. 마지막 단락(5)를 보자.

"지금 너희가 윗사람을 돕는다는 꼴은, 먼 곳 사람들을 복종하지 않도록 만들어서 도리어 오고 싶지 않게 가로막고, 나라를 가르고 무너뜨리며,

나누고 쪼개서 (있는 것도) 지킬 수 없도록 만든다. 게다가 군사를 나라 안에서 움직이도록 꾀를 내는 짓이라니! 내가 보기에 저 계씨의 근심은 전유 땅에 있지 않고, 담장 안에 있지 싶다."

여기 "나라가 갈라지고, 무너지며, 나뉘고, 쪼개지리라"며, 거듭 나열하는 묘사 속에서 공자의 분노한 목소리를 생생하게 듣는다. 결국 공자의 염유에 대한 비판의 목소리를 해석하면 이렇다.

'내 제자라는 염유와 자로, 너희 놈들은 나라를 올바른 방향으로 이끌기는커녕 윗사람을 추종하면서 스스로 손발이 되기를 자청하고 게다가 변명이나 하면서, 나라를 내란 상태로 이끌어 자멸하게 만들고 있다. 그러니 계씨라는 저 멍청이 권력자의 진짜 걱정거리는 성城 바깥의 전유 땅에 있는 것이 아니라, 잘못된 정책을 잘못되었다고 지적하고 올바로 보필하는 신하를 두지 못한 죄, 즉 염유나 자로 너희 같은 놈들을 신하랍시고 월급 주고 채용했던 데 있다'는 말이다.

공자의 예언대로 권력자 계씨는 자신의 부하들에게 정권을 뺏기면서 몰락의 길을 걷고 만다.

공자가 미워한 것들

17

양화 陽貨 편

『논어』를 읽다가 공자가 그저 허허 웃는 인자한 할아버지가 아니라, 매섭고 차가운 인물임을 발견할 땐 느낌이 묘하다. 누구에게나 그의 학교를 개방했던 점에서는 너그러운 듯한데, 막상 가르칠 적엔 엄하기 그지없었던 대목이 그렇다. "한 모퉁이를 들어 보여 주었는데 나머지 세 모퉁이를 알아채지 못하면 두 번 다시 반복하지 않았다"[7:8]는 구절에선 싸늘한 기운이 코끝을 스친다.

공자 사상의 핵심어가 '사랑'을 뜻하는 인仁임은 잘 알려져 있는데, 또 막상 '인'을 주로 다루는 이인 편에서 '증오憎'라는 말이 유난히 자주 등장하는 것을 발견할 때는 등줄기가 서늘하다. 좋은 말로 사랑하기를 격려해도 시원치 않을 것 같은데, 나쁜 것을 철저하게 미워하는 것이 사랑을 실현하는 방법이라는 매서운 구절들이 그 속에 있기 때문이다. 어쩌면 유교는 '칼의 종교'일지 모른다는 의심이 드는 것도 이런 대목에서이다.

여기 양화 편은 특별히 인간 공자의 진면목을 엿볼 수 있는 곳이다. 유혹에 흔들리고 그 흔들리는 마음을 변명하기도 하며 또 어떤 대상을 미워하고 꾸짖기도 하는 '살아있는 공자'의 모습이 잘 묘사되어 있다. 속된 말로, "공자님 말씀"이나 하는 점잖은 할아버지 모습이 아니라, 꾸짖어야 할 때 꾸짖는 엄한 아버지의 모습이다.

이 편은 두 부분으로 나뉘는데, 앞부분은 쿠데타 세력의 초청에 마음 흔들려 하는 '정치적 행위자'로서의 공자 모습이 현실감 있게 그려진다.

뒷부분에는 공자의 분노와 증오를 많이 기록해 놓았다. 제자인 안연조차 "화난 마음을 다른 데서 풀지 않고, 두 번 잘못을 저지르지 않았음"[6:2]의 경지를 얻었다고 한 점을 염두에 두면, 분노해야 할 대상에게는 뜨겁게 분노하는 것이 곧 성인의 풍모임을 짐작할 수 있으리라. 이 역시 유교의 한 특징이다. 분노해야 할 때 분노하지 못하는 것은 참된 용기가 아니다. 이 편의 후반부 주제는 "정의를 보고도 행동하지 않으면, 용기가 없는 것이다"[2:24]라는 구절로 대변할 수 있으리라.

여기서는 먼저, 공자가 술회하는 증오를 개괄적으로 살펴보고, 각론으로 들어가자.

공자 말씀하시다. "자주색이 붉은색을 대신하는 것을 미워하고, 음탕한 음악이 정악을 어지럽히는 걸 미워하며, 날카로운 구변이 나라를 뒤엎는

것을 미워한다." [17:18]

공자가 미워하는 것을 세 가지로 나눠 말하고 있다. 길지 않은 문장에 미워할 오惡 자가 세 번이나 나오고 있다. 즉 이 대목은 "증오의 장"이다.

옛날 중국에서는 오방색五方色이라고 하여 다섯 가지 색깔을 정색正色으로 여겼다. 남쪽을 가리키는 붉은색, 북쪽은 검정색, 동쪽은 파란색, 서쪽은 흰색 그리고 한가운데는 누른색으로 보았다.

그런데 이 가운데 붉은색을 누르고 보랏빛이 섞인 자주색이 주인인양 설치는 짓을 공자는 미워한다는 것이다. "자주색이 붉은색을 대신하는 것을 미워한다"는 첫째 대목이 그것이다. 이것은 당시 정통 군주를 제치고 대부 계급(예컨대 '계씨')들이 전횡하는 짓을 미워한 공자의 정치 생각이 색깔을 통해 드러난 것이라고 할 수 있다.

그 다음 공자가 미워한 것은 "음탕한 음악이 정악을 어지럽히는 것"이다. 음탕한 음악은 '정나라 음악鄭聲'을 번역한 것인데, 여기에는 까닭이 있다. 고대 중국의 각 지역 음악을 채록한 『시경』 가운데 특히 정나라(그리고 위나라) 음악이 남녀의 사랑과 관련된 것이 많았기에 음탕한 음악의 대명사가 된 때문이다. 예를 들면 이렇다.

당신이 진정 나를 사랑한다면 치마 걷고 강물을 건널게요.
당신이 나를 사랑하지 않는다면 세상에 남자가 그대뿐이랴.
바보 같은 사나이, 멍청한 사나이.

당신이 나를 진정으로 사랑한다면 치마 걷고 개울을 건널게요.

당신이 나를 사랑하지 않는다면 어찌 사내가 그대뿐이랴.

바보 같은 사나이, 멍청한 사나이.[*]

안연이 정치를 물었을 때, 공자는 유념해야 할 것으로서 "정나라 음악과 아첨하는 인간을 멀리하라. 정나라 음악은 음탕하고 아첨하는 인간은 위태롭다"[15:10]라고 조언한 데서도 정나라 음악에 대한 공자의 생각이 잘 드러난다.

셋째로 공자가 미워한 것은 "날카로운 입으로 나라를 망치는 짓"이다. 요즘 인터넷에 나도는 날카로운 말들, 익명성을 틈타서 험한 욕설과 저주에 가까운 험담으로 상대방을 인격적으로 죽이는 세태를 보면 공자의 이런 증오가 이해가 된다. 춘추 시대라는 혼란기에 직면하여 그 당시에도 말로써 상대를 죽이는 험한 입이 횡행했던 것 같다. 그랬으니 공자는 이를 미워했으리라. 하긴 공자는 말조심하는 것을 중요한 덕목으로 삼았으니, 입만 싼 것을 미워한 것은 당연하기까지 하다.

결국 바른 색깔을 흩트리는 간색間色, 대중가요가 고전음악을 어지럽히는 사태, 그리고 겉치레 말로 여론을 오도하여 결국 공동체를 망치는 삿된 언행을 증오한다는 것이다.

이제 공자가 미워한 것들을 낱낱이 살펴보기로 하자.

● 「건상褰裳」, 신영복, 『강의』, 돌베개, 2004. 재인용

비천한 놈들에 대한 증오

공자 말씀하시다. "비천한 놈들과 국가 대사를 함께 할 수 있겠더냐? 그 놈들은 자리를 얻지 못하면 얻으려고 전전긍긍하다가, 일단 얻고 나면 잃을까 전전긍긍한다. 정녕코 자리를 잃지 않으려고 들 땐, 못하는 일이 없는 놈들이다." [17:15]

실은 이것이 앞서 나온 염유의 정치학, 즉 '탈도덕적 기술주의'가 낳을 수 있는 치명적인 사태다. 공동체에 대한 염려가 아니라, 오로지 자기 한 몸의 안위를 위해 정치와 국가를 이용하는 것. 하긴 당시의 정치가들 꼴이 모두 이랬으니, 자공이 정치가들에 대한 품평을 부탁한 자리에서 공자가 이런 싸늘한 비평을 날리지 않을 리가 없다. "하이고! 좁쌀만한 놈들을 어떻게 셈에 넣을 수나 있단 말이냐!"[13:20]

자리나 지위란, 스스로 한 분야에 전문가가 되면 얻게 되는 것이다[4:14]. 말하자면 학자가 되고 나면 교수가 되기도 하는 법이다. 그러나 교수가 되려고 들면 학자가 되지는 못한다. 학교 행정이나 보직 곁을 기웃거리면서 학문의 노른자에는 들지 못한 채 주변적 존재로 살 수밖에 없는 터다. 맹자의 어법을 빌자면 '교수'는 인작人爵, 곧 사람이 만든 자리요, '학자'는 천작天爵, 곧 하늘이 준 자리다. 맹자도 옛날 사람들은 천작을 행하다가 인작을 얻었는데, 근간에는 인작을 꾀하느라 천작을 해친다고 개탄한 바다(『맹자』 6a:16).

그러니 자리에 껄떡대는 자들, 또 한 자리 차지하고 나면 물러나지 않으려고 발버둥치는 자들, 이런 자들이야말로 좀벌레 같은 놈들이다. 국가나 공동체를 자기 이익을 위해 이용하는 더러운 놈들이다. 그래서 공자는 이런 사람들을 두고 '비천한 놈'이란 욕설도 서슴지 않은 것이다.

그러면 오늘날 우리 실정은 또 어떤가.

얼치기에 대한 증오

공자 말씀하시다. "겉으로는 엄격한 척하면서 안으로는 소심해 빠진 건 못 쓴다. 도둑에 비유하자면 남의 집 담장을 넘고 창을 뚫는 좀도둑과 같다고 할까." [17:12]

도둑의 세계에도 등급이 있으렷다. 어디서 들으니, 도둑은 강도를 보고 "너희들은 무섭게시리 칼을 들고 설치냐"라고 하니까, 강도는 도둑을 보고 "너희들은 간도 크다. 칼도 없이 무서워서 어떻게 남의 담을 넘냐?"라고 답했다는데.

여기서는 도둑질 가운데 가장 못난이 짓을 좀도둑이라고 하였다. 도둑질을 할 양이면 나라를 훔치든지 큰 재물을 털어야지 고작 남의 집 옷이나 터는 따위가 좀도둑이다. 이건 도둑이라는 이름값을 못하는 얼치기들인 셈이다.

영화 〈넘버 3〉(1997)에 나온 송광호(조필 역)의 똘마니들처럼, 조폭조차 되지 못하는 얼치기를 '날건달'이라 부른다. 건달을 흉내 내지만 옳은 건달이 아닌 것이다. 또 제대로 알지 못하면서 거들먹거리는 것은 건방 축에도 못 끼는 '시건방'이다. 어설픈 것, 제대로 익지 못한 것이 '좀·날·시'와 같은 접두어 속에 들어 있다.

이렇게 겉과 속이 다른 엉터리들도 공자로부터 손가락질을 당한 자들이다. 겉으로는 엄격하고 강직한 듯하지만 속은 허약하여 제 한 몸 추스르기에 급급한 자를 비난한 것이다. 실은 어디 도둑이나 건달의 세계만 그럴까. 교수니, 박사니, 평론가니 하면서 겉으로는 번드레한 논설을 펴면서도, 실제로 하는 행동을 보면 웃기지도 않는 자들에 대한 비판이라고 번역할 수 있을 것이다. 바로 다음의 '사이비 지식인'을 가리키는 향원鄕原과 직통한다.

사이비 지식인에 대한 증오

공자 말씀하시다. "사이비 지식인鄕原은 덕을 해치는 강도賊이다." [17:13]

'향원'이란 한마디로 사이비 지식인을 말한다. '비슷한데도 아닌 것'이다. 색깔을 두고 말하자면, 붉은색을 훔친 자주색이요 파란색을 훔치는 보라색이 그것이다(『맹자』 7b:34). 기독교든 불교든 모든 종교에서 가장 미워하는 존재가 향원, 곧 사이비 지식인이다. 세계 종교 사상사에서 큰 전쟁들은 정통과 이단 간의 전쟁, 즉 '향원'을 찾아내는 일이 빚은 갈등인 것이다.

앞에서 "겉으로는 엄격한 척하면서 안으로는 소심해 빠진 것"을 좀

도둑盜에 비유하였고, 여기서는 사이비 지식인을 강도賊라고 하였으니, 이 둘이 합치면 '도적盜賊'이 된다. 말言語을 훔치고 참다움을 해치는 것은, 오히려 물건을 훔치고 사람의 목숨을 해치는 짓보다 더 나쁜 짓이라는 결연한 자세가 엿보이는 대목이다.*

향원에 대해서는 맹자가 부연하여 설명하고 있다.

향원이란 더러운 세속에 몸을 담그고 탁한 세상과 호흡을 맞추어 살아간다. 그 처신하는 겉모습은 성실하고 신의가 있는 듯 보이고, 그 행동하는 겉모양도 청렴결백한 듯하다. 그러므로 일반 백성들은 그를 좋아하고, 그 자신도 자기가 옳고 바른 사람인 양 여긴다. 그러나 이런 자들이야말로 도저히 요순의 도에 함께 들어갈 수 없는 자들이니, 그래서 '덕을 해치는 자들'이라고 한 것이다. (『맹자』 7b:34)

그러면 덕을 해치는 자, 향원과 반대되는 사람은 무엇이라고 불러야 할까. '참사람'이라고 할까? 나무 가운데 가장 쓰임새 있는 것이 '참나무'요 작아도 새다운 것이 '참새'이듯, 사람도 사이비에 맞서는 참된 사람, 즉 '참사람'이 있을 법하기 때문이다. 이 대목에서 영화 〈올드보이〉(2003)의 주인공 최민식이 자신을 훌륭한 배우라고 평한 선배의 칭찬에 대해 "훌륭한 배우란 없다. 배우와 '배우 비슷한 사람', 둘이 있을

---

* 연암 박지원의 작품 「호질虎叱」에 등장하는, 겉으론 점잖은 선비이면서 속으로는 동네 과부와 통정하는 '북곽 선생'이 곧 향원의 전형이다.

뿐이다"라던 인터뷰가 생각난다. 인기나 돈, 명예 따위는 문제가 아니고 배우의 기본에 충실한 것, 그것이 참된 배우의 조건이라는 뜻으로 읽힌다.

하긴 어떤 시인(이문재)은 "시인이란 늘 시만 생각하는 사람"이라고도 했다. 그러면 가수는 오로지 노래만 생각하는 사람이고, 학자는 죽도록 공부하는 사람이어야겠다. 작고한 소설가 황순원이 평생토록 소설 외엔 다른 글을 쓰지 않았던 것도 "소설가는 소설로써만 말한다"라는 개결介潔함에서였다고 들었다.

그러면 사람이 참사람이 되기 위해서는 어떤 미덕을 필요로 할까. 『대학大學』의 가르침을 받들자면, "멈춰야 하는 곳에선 멈출 줄 아는 것知止"이 그것이리라. 처한 곳이 추운 데라면 추위에 멈추고, 더운 곳이라면 더위와 더불어 버티는 것. 추위에 떨면서도 따뜻함을 구걸하지 않고, 더위 속에서는 또 뜨거움을 버텨 나가는 것, 이것이 사이비가 아닌 '참'으로 가는 길이다.

설중매화라! 우리 같은 범인이 어찌 감히 눈 속에서 찬 땅을 뚫고 봄을 먼저 알리는 선구자이길 바랄 수 있으랴. 다만 '개꽃'은 되지 말아야 할 일이다.

공자의 증오, 자공의 증오

자공이 여쭈었다. "선생님도 미워하는 것이 있는지요?"

공자 말씀하시다. "미워하는 게 있지. 남의 잘못을 드러내는 짓, 수준이 낮으면서 높은 사람을 헐뜯는 짓, 용맹스럽지만 무례한 짓, 과감하기만 하고 꽉 막힌 짓을 미워한다네."

공자가 물었다. "자네도 미워하는 게 있는가?"

"주워들은 걸로 자기 지식인 양 여기는 짓, 불손함을 용기로 오해하는 짓, 그리고 고자질을 정직으로 여기는 것을 미워합니다." [17:24]

미워할 대상에 대해서는 철저하게 미워하는 것이 공자의 또 한 특징이다. 다만 그것은 내가 사사로이 자아낸 증오가 아니라, 대상의 행위로 말미암은 공분公憤이다. 그러므로 그 증오는 오로지 미움을 받아 마땅한 대상에게만 주어질 뿐, 다른 데로는 옮겨지지 아니한다. 안연의 특징이었던 "분노를 옮기지 아니함"[6:2]이 바로 그런 미덕을 표현한 것인데, 정녕 무섭도록 맑은 거울을 가슴속에 품었다는 뜻이 되니 전율할 일이다.

여기서 공자는 네 가지 인간 유형을 미워한다고 털어놓는다. 첫째 남의 잘못을 떠벌리는 것, 둘째 수준이 낮으면서 높은 사람을 헐뜯는 것, 셋째 용맹스럽기만 하고 예가 없는 것, 그리고 과감하기만 하고 꽉 막힌 것을 증오한다는 것이다.

우선 사람들마다 각각 장단점이 있으니 그 장점은 취하고 또 단점은 타산지석으로 삼으면 된다. 이렇게 하면 온 세상 사람들, 아니 주변 세상이 다 배울 거다. 실은 어렵긴 해도 "좋아하면서 그 단점을 알고, 싫어하면서도 그 장점을 취하는"(『대학』) 태도야말로 공자가 권하는 호학好學의 길이기도 하다. 그런데 "남의 잘못을 드러내는 것"이

나, "수준이 낮으면서 높은 사람을 헐뜯는 것"은 배움의 문을 스스로
닫아버리는 짓일 뿐만 아니라, 공동체의 화합을 깨트리는 악행이다.

또 "용맹스럽기만 하고 무례한 것"은 결국 사회를 폭력의 난장판으
로 만들 단초이니, 공자가 자로에게 경고한 바, "용맹을 좋아하되 배
우기를 좋아하지 않으면 사회를 난장판으로 만들 수 있나니라"[17:8]
는 지적도 이 점을 겨눈 것이다.

무엇보다 마지막 대목 "과감하기만 하고 꽉 막힌 것을 미워한다"는
점을 주의 깊게 살펴야 하리라. '꽉 막힌 자'를 미워함은 그 의미가 큰
것이다. 인간 관계란 의사소통을 목적으로 하는 것일진대, '귀를 막음'
은 의사소통의 근본적 장애 요소, 즉 인간 관계를 해치는 악의 근원이
기 때문이다.

그러면 또 '귀 막음'은 어디서 비롯되는가. 자공의 증오가 이 지점을
겨눈다. 그는 "주워들은 걸로 자기 지식인 양 여기는 짓", 곧 사이비
지식이 소통을 가로막는 '귀 막음'의 뿌리라고 지목한다. 올바로 알려
고 하지 않고 고작 제 입맛에 맞는 정보에만 귀를 열고 또 그것을 바탕
으로 상대를 공격하는 짓이나, 혹은 세상 변한 것은 인정하지 않고 오
로지 제 살아온 경험만을 진리로 여기는 몽매함, 이들이 모두 소통 장
애의 뿌리라는 뜻이다.

나아가 자공은 윗사람에게 불손함, 즉 덤벼드는 것을 용기로 오해
하는 싸가지 없는 짓, 그리고 고자질을 정직으로 오해하는 천한 짓들
을 증오의 예로 들었다(고자질을 정직으로 오해하는 것은, 양을 훔친 아비를 관가
에 고발한 자식을 두고 정직하다 여긴 섭공葉公의 경우[13:18]를 연상케 한다).

그런데 어쩐지 이들은 오늘날 한국 땅으로 가져와도 낯설지 않다. 특히 자공이 미워한다던 "주워들은 걸로 자기 지식인 양 여기는 짓"은 오늘날 우리 학계와 문화계에 대한 비판으로 읽어도 이상해 보이지 않는다. 『논어』가 오늘날 살아 있는 고전으로 와 닿는 까닭도 이런 공감대에서 비롯되는 것인지 모른다. 썩 좋은 예는 아니지만 말이다.

나의 길을 가련다

18
미자微子 편

춘추 시대는 여태 한 번도 겪지 못한 정치적, 사회적 대혼란기였다. 무엇이 옳은 것인지, 그릇된 것인지 그 기준이 모호해져 버렸다. 오늘날과 흡사한 시대였다고 할까. 이런 시대를 사는 사람들은 아노미 anomie, 즉 삶의 기준, 규범이 사라진 혼돈 상태에 빠져들게 마련이다. 특히 '벼슬을 살겠노라'고 글을 배우고 책을 읽는 지식인 그룹에서는 혼돈 상태가 더 심하다. 그야말로 "손발을 어디 두어야 좋을지 모르는"[13:3] 카오스 상태에 빠지는 것이다.

이런 시대에는 당장 제 한 몸의 영달을 위해 힘을 가진 권력자에게 '몸을 파는' 사람이 생겨난다. 그 반대편엔 세상살이를 더럽게 여겨 산속으로 '몸을 숨기는' 사람들도 생긴다. 앞 유형이 도덕성을 팽개친 세속주의자라면, 뒤 유형은 지나치게 깨끗한 정신주의자라고 칭할 수 있을 것이다.

공자 역시 대혼란에 접하여 "어떻게 사는 것이 인간다운 삶인가" 또는 "지식인은 어떻게 살아야 하는가"라는 문제에 대해 깊이 고민하였다. 그가 지향한 이상적 인간상은 '군자'라는 말 속에 들어 있음을 앞서 살펴보았다(위령공 편 참고).

그런데 어떤 생각이든 또 다른 생각들과 충돌하게 마련이다. 특히 사회를 벗어나 자연으로 숨어든 정신주의자(은둔자)들은 공자를 비웃으며 제 한 몸 건사나 잘하라고 비아냥대곤 했다. 여기 미자 편에는 공자와 이 정신주의자들 사이의 다툼이 많이 실려 있다.

우리는 이 속에서 공자(또는 유교)가 진정으로 나아가려는 길의 의미를 헤아려 볼 수 있다. 그 길은, '세상은 정의보다 부정한 일이 많다'는 비관주의와, 동시에 '안 되는 줄 알면서도 정의롭다면 행해야 한다'는 실천주의를 특징으로 한다. 다음 대목을 보자.

만남

공자가 위나라에서 경쇠라는 악기를 연주하고 있었다. 삼태기를 짊어진 사람이 지나다 듣고는 말했다. "쓸쓸한 마음이 소리에 들어 있군."

다 듣고 나서 또 말했다. "흠! 천박한데, 그 소리가. 세상이 날 알아주지 않으면 또 그뿐. '물이 깊으면 옷을 입고 건너고, 물이 얕으면 걷고 건너라' 했거늘."

공자 그 말을 듣고 말했다. "깔끔하구먼. 하나 어려운 건 그게 아니지!"

[14:42]

지금 공자와 은둔자가 만나고 있다. 공자는 자기 뜻을 펴지 못해 천하를 돌아다니다가 위나라에 머물고 있는 처지이다. 아무래도 우울하고 앙앙불락하는 심정이었을 터이다. 경쇠를 연주하는데 그 소리는 청아하고 맑은 소리가 아니고 둔탁하고 어두운 소리일 수밖에 없으리라. 본시 음악은 연주자의 뜻이나 심리 상태에 따라 색깔이 달라지기 때문이다.

그때 귀 밝은(곧 지혜가 있는) 현인賢人이 위나라에 숨어 살고 있었다. '삼태기를 짊어진 것'은 숨어 사는 은둔자들의 상징적인 행색이다. 『삼국유사』를 보면 은둔자들의 삼태기 속엔 차茶 도구가 들어 있기도 하고, 간단한 식료품이나 연료로 쓸 소똥 같은 것이 들어 있기도 하다 (『삼국유사』에서는 이들을 '거사居士'라고 부른다).

여하튼 이런 현인이 공자가 머물던 집을 지나면서 공자가 연주하는 경쇠 소리에서 그 뜻을 읽어 낸다. 둘 사이에 주고받는 언어가 마치 날선 칼날 같다. "세상이 날 알아주지 않으면 또 그뿐. '물이 깊으면 옷을 입고 건너고, 물이 얕으면 걷고 건너라'고 하였다"는 은둔자의 비판은 '시대에 맞춰 걸맞게 살라'는 뜻이다. 이 말은 "이렇게 물이 깊은 때(곧 암흑 시대)에는 은둔하는 것이 옳은데, 뭐 그렇게 미련이 남아 사회에 개입하려 하는 것이오!"라는 질타가 된다.

이에 대해 공자는 "깔끔하구먼. 하나 어려운 건 그게 아니지!"라는 날렵한 뒷발차기로 응대한다. 공자는 은둔자들의 뜻을 충분히 알고 있다는 것이다. 그리고 '내 한 몸 보전하려고 세상사에 깨끗이 미련 버리는 일, 그깟 것이야 나도 하려 들면 할 수 있다'는 것이다. 정작 어려운 것은, 더럽고 추악하지만 '그럼에도', 아니 더럽고 추악하기 때문에 오히려 더더욱 세상사 속으로 참여하지 않으면 안 되는 "인간의 길"에 있다는 것이다.

핵심적인 것은 바로 이 지점이다. 여기에서 공자의 길과 은둔자의 길이 갈린다! 문제의 초점은 '그럼에도'라는 태도에 있다. 새 세상, 새 꿈을 꾸며 현실과 다투는 '불화 속에서의 꿈꾸기'에 있는 것이다. 그러면 공자가 꾸는 꿈의 정체는 무엇인가.

대결

공자 제자 자로가 스승을 따라가다가 뒤에 처졌다. 한 노인을 만났는데 지팡이를 짚고 삼태기를 짊어졌다. 완연한 은둔자의 행색이다.

자로가 물었다. "노인장께서는 혹시 우리 선생님을 못 보셨는지요?"

노인은 발끈 화를 내며 말했다. "아니, 팔다리를 놀리지 않고 콩과 팥을 구분하지도 못하는 자가 무슨 놈의 선생이란 말이요!"

그러고는 지팡이를 쿡 찔러 놓고 김을 계속 매는 것이다.

자로는 우두커니 옆에 서 있었다. 노인은 자로를 자기 집에 묵어 가게 했다. 닭을 잡고 기장밥을 지어 대접하였다. 두 아들을 소개시켜 주기도 했다.

다음날, 자로는 공자를 만나 어제 일을 고했다. 공자가 말했다. "은둔자로구나." 그러면서 자로에게 되돌아가서 만나 보도록 하였다. 그 자리에 가 보니 그들은 떠나가 버린 다음이었다.

자로가 말했다. "벼슬 살지 않는 것은 정의가 아니다不仕無義. 형과 아우의 예절도 폐할 수 없거늘 군주와 신하 사이의 정치적 관계를 어찌 폐할 수 있으리오. 제 한 몸 깨끗이 하고자 하여 문명 질서大倫를 어지럽힐 수는 없는 일. 지식인君子의 책무는 정의를 실현하는 데 있을 뿐. 오늘날 도를 실천하기 어렵다는 것이야 이미 다 알고 있는걸!" [18:7]

여기선 공자의 제자 자로가 은둔자와 만난다(자로는 공자의 대변자라고 보아야 한다). 은둔자는 공자를 두고 "팔다리를 놀리지 않고 콩과 팥을 구분하지도 못하는 자가 무슨 놈의 선생이란 말이오!"라고 힐난한다. 즉 실제 노동을 하지 않고, 제 한 몸 추스르지도 못하면서 천하 대사大事를 논하는 공자의 행태를 관념주의라고 비난하는 것이다.

그 비판에 자로는 찔끔하여 응대를 하지 못한다. 은둔자는 자로를 집으로 초대한다. 그는 매우 소박한 생활을 하면서도(기장밥을 먹고 살면서) 자로를 극진하게 대접한다. 닭을 잡고, 또 두 아들을 소개해 주는 것이 그렇다. 이것은 은둔자가 사람 사는 도리를 잘 알고 있음을 뜻한다.

즉 그는 손님을 접대할 줄 아는 예의 바른 사람(유교적 가치를 이해하는 사람)이다. 다만 시대의 혼란 때문에 자연 속으로 숨어든 것이다. 공자에 대한 그의 비판은 위나라에서 경쇠 소리를 듣고서 "세상이 날 알아주지 않으면 또 그뿐. '물이 깊으면 입고 건너고, 물이 얕으면 걷고 건너라' 했거늘"이라고 비평한 정신주의자와 같은 맥락 위에 있다.

그러나 공자는 은둔자들이 사회적 예의(손님을 접대하고, 자식들을 소개하는 행동)는 실천하면서도 막상 정치적 재난을 구하려고 노력하지 않는 행위는 옳지 않다고 주장한다. 즉 '벼슬 살지 않는 것', 다른 말로 하자면 '정치적 무관심'은 지식인으로서는 옳지 않은 행동이다.

공자가 보기에 은둔자들은 할 짓 다하고 있다. 그 한 예가 장유長幼 간 예절을 수행하고 있다는 사실이다(자로에게 두 아들을 인사시킨 것). 이 것은 곧 인간의 사회적 의미를 그들이 충분히 이해하고 또 실천하고 있다는 뜻이다. 사회적 관계는 수행하면서, 정치적 관계를 폐지하는 데서 문제가 발생한다고 공자는 염려한다.

물론 당시 정치적 문제가 지배층에서 비롯되었음을 공자는 인정한다. 그들로 말미암아 정치는 폭력이 되었고, 언어는 정당성을 잃었다. 그러나 동시에, 은둔자들도 현실 정치의 혼란을 더욱 부채질하고 있는 것이 아니냐는 질문을 공자는 하고 있다. 손님을 접대하는 사회적 관계는 수행하면서도 정치적 관계는 인정하지 않으려는 것은 요컨대 은둔자들이 '제 한 몸 깨끗이 하고자 하여 문명 질서를 어지럽히는 행위'에 다름 아니라는 것이다.

문제의 요체는 누군가 나서서 잘못된 사태를 바로잡아야 하는데, 그럴 만한 지식인들(은둔자)은 '대세를 거스를 수 없다'며 손을 놓고 앵돌아앉아 남의 집 불구경하고 있다는 점, 이로 말미암아 문제가 더욱 악화되고 있다는 '사실'에 있다. 공자가 보기에 문제 해결의 첫걸음은 인간이 정치적 존재이며, 정치적 관계 속에 살고 있다는 '비관적 현실'을 인정하고, 정치(일상 세계)에 참여하는 데 있다.

"그럼에도"

이어서 공자는 말한다. "정치에 참여하는 일은 곧 군자의 본래 의미를 실천하는 것이다"라고. 더러운 것을 더럽다고 여겨 회피하면 악취는 누가 처리할 것인가. 물론 공자는 천하에 가득 찬 죽음과 도덕의 상실 그리고 사회 질서가 붕괴되는 현실이 특정인, 또는 특정 세력에 의해 극적으로 극복되리라고 생각할 정도로 유치하지는 않았다. 그의 뜻은 다음 자로의 말 속에 잘 드러나 있다.

"지식인의 책무는 정의를 실현하는 데 있을 뿐. 오늘날 도를 실천하기 어렵다는 것이야 이미 다 알고 있는걸!"

공자는 당시의 대세大勢를 누구보다도 잘 알고 있던 사람이다. 은둔자의 표현을 빌리자면, "쿠당탕탕 물 쏟아지는 것이 오늘날 형세이니 뉘라서 이를 바꿀 수 있을까"[18:6]라는 비관적인 현실을 잘 알고 있던 것이다. 또 자기 한 몸 추슬러 우물 파고 흙 일궈 먹고사는 일이 수월한 줄 모르는 바도 아니었다[14:42]. 다만 그는 시대의 혼란과 고통에 대해 '책임'을 지는 것이 지식인의 책무라고 보았던 것이다.

그렇다고 공자가 은둔자들을 적대시한 것은 또 아니었다. 오히려 정치적 혼란의 피해자라고 할 수 있는 은둔자들을 내내 '측은한 마음'으로 대한다. 이것은 꼭 유의해야 할 점이다.

애당초 공자 스스로 "위태로운 나라에는 들어가지 않고 어지러운 나라에는 살지 않으며, 천하에 도가 있으면 나타나고, 도가 사라지면

숨는 것"[8:13]을 당연한 것으로 보았기 때문이기도 하려니와, 여기 미자 편을 보면 공자의 은둔자들에 대한 안타까운 눈길을 느낄 수 있다. 특히 다음 대목을 보자.

> 자로가 공자를 비난한 은둔자들의 말을 공자에게 고하였다.
> 공자 머쓱해하며 말했다. "날짐승, 들짐승은 인간과 더불어 살아갈 수 없는 법. 내가 사람의 무리가 아니고 또 누구와 같이 살아가리오! 천하에 도道가 있다면, 내 바꾸려고 들지도 않았을 터." [18:6]

여기 자로가 전한 은둔자들의 공자 비판은 앞서 팔일 편에서 인용한 "쿠당탕탕 물 쏟아지는 것이 오늘날 형세이니 뉘라서 이를 바꿀 수 있을까"라는 장저와 걸닉의 것이다. 시대의 흐름에 순응하여 제 한 몸이나 잘 간수할 것이지 쓸데없이 돌아다니며 먼지 일으키지 말라는 비웃음인 셈이다. 이에 공자는 머쓱해한다. 실은 '머쓱해하다憮然'라는 의태어 속에 은둔자들에 대한 공자의 감회가 잘 나타나 있다. 그들을 이해하면서도 동시에 안타까워하는 모습이다.

그러나 그들을 이해하면서도 공자는 단호하게 은둔자들의 삶을 비판한다. 이제 더 이상 인간이 짐승들과 더불어(즉 자연 속에서) 살아갈 수는 없다는 것이다. 인간이 인간인 까닭은 사람들과 더불어 문명을 이루며 사는 데 있다. 다만 인간 사회의 무너진 질서를 고치고 바꿔서 새 질서를 이룩하기 위해 노력해야 할 일이지, 자연의 세계로 물러서는 것은 올바른 처방이 아니라는 것! 도리어 자연에 은둔하는 것이 사태를 더 악화시키고 있다는 것이 공자의 진단이다.

그는 "내가 사람의 무리가 아니고 또 뉘와 함께 하랴? 천하에 도道가 있다면, 바꾸려고 들지도 않았을 터"라고 절규한다. 해석하자면 이미 인간은 '자연의 아들'이 아니라, '사회의 아들'이 되어 버렸다는 것이다. 자연으로의 도피는 제 한 몸 추스르기에는 적당할지 몰라도, 그것을 사회에 적용할 수는 없지 않느냐는 비판이다.

그러면서도 공자는 그들이 당대 사회에 가졌던 회한(앵돌아진 몸짓)의 의미를 넉넉히 이해하고 있었다. 그들에 대한 공자의 눈길은 측은함이다. 이것이 '머쓱해하다'라는 의태어 속에 잘 표현되었다. 개인적으로는 은둔자들의 날선 자세를 충분히 알겠지만, 그렇다고 하여 지식인으로서 인간 사회를 내팽개칠 수는 없다는 것이다. 여기가 유교와 도교道敎 사이에 건너지 못할 깊은 골짜기가 패인 자리다.

한편 공자가 은둔자들을 충분히 이해한 바탕 위에서 그의 길을 제시했듯, 은둔자들이라고 하여 모두 공자를 비난한 것은 아니었나 보다. 『논어』에는 공자를 이해한, 아니 공자의 정곡을 찌르는 날카로운 비평이 은둔자(로 보이는 사람)한테서 튀어나온다.

자로가 길이 늦어져 석문石門에서 묵었다. 새벽녘 성문이 열리자 안으로 들어가려는데, 문지기가 물었다. "어디서 오는 길이슈?"

자로가 말했다. "공자한테서 오는 길이외다."

(문지기가) 말하였다. "음! 그 안 될 줄을 번연히 알면서도 행하는 사람 말이우?" [14:41]

분명 이 문지기는 숨어 사는 현자임에 틀림없다. 단 한 마디로 공자를 찍어 넘겨 버렸다. "안 될 줄을 번연히 알면서도 행하는 사람"이라니! 이보다 더 정확하고 올바르게 공자를 정의할 수 있을까? 정녕 이 점, 안 될 줄 알면서도 세상사에 개입하는 그 '비관적인 사회 참여'야말로 공자의 특점이다.

이곳이 사회를 비관하여 자연으로 물러나 버리는, 즉 비관주의에 매몰되어 버리는 은둔자의 세계관과, 세상사를 비관하지만 '그럼에도' 다시 일어나 사회에 개입하려는 공자 또는 유자儒者의 세계관 사이에 걸쳐진 분수령이다.

공자의 길은 '그럼에도' 몸을 일으켜 비관적인 인간 세상으로 몸을 던지는 길이다. 문제를 사회 구조의 탓으로 돌리며 뒤로 물러나 조소하는 은둔의 길도 아니요, 고작 제 한 몸의 안락을 위해 이념과 지식을 파는 참여 일변도의 길도 아닌 그 사잇길, "안 될 줄을 번연히 알면서도 뚜벅뚜벅 (정의를) 걸어가는 길", 이것이 공자의 길이다. 여기서 공자의 눈물이 또 후두둑 떨어진다.

우정이란
무엇인가

19

자장子張 편

이 편은 공자가 죽은 뒤 제자들 사이에 벌어진 문파門派의 분열상을 보여 준다. 이 편으로 말미암아 『논어』는 공자 사후에 여러 문파의 제자들이 모여 논의를 거친 다음 집성한 책일 것이라고 추측하게 된다. 이 편은 공자의 말이 한 번도 나오지 않는다는 점도 독특하다.

　법가法家의 주요 텍스트인 『한비자』에 따르면 전국 시대에 접어들어 공자의 문하는 크게 여덟 유파로 나뉘면서 분열되었다고 한다. 이를테면 자장子張 · 자사子思 · 안씨顏氏 · 맹씨孟氏 · 칠조씨漆雕氏 · 중량씨仲良氏 · 손씨孫氏 · 악정씨樂正氏 등이라고 했다. 이 중에는 『논어』에 출현하는 공자의 직계 제자인 자장이 있는가 하면, 공자의 손자인 자사가 있고, 또 홀로 공부하여 공자 사상을 계승한 맹자와 그의 제자들도 포함되어 있다.

의발을 둘러싼 쟁투

우리는 그런 분열상을 여기 자장 편 속에서 찾아볼 수 있으니, 공자 제자들인 자유와 자하 사이의 다툼이 그렇다.

> 자유가 말했다. "자하의 제자들은 청소하고 손님을 맞이하는 자잘한 예절은 잘 행하는데 그건 학문의 말단에 불과한 것. 근본을 공부한 흔적이 없으니 어찌할꼬!"
>
> 자하가 그 말을 듣고 말했다. "아이구. 자유가 지나친 말씀을 하셨구면. 군자의 길에 공부란 다 필요한 것. 나무나 풀을 종류에 따라 나누는 것처럼, 공부도 제자들의 수준에 따라 적합해야 하는 법. 기초와 응용을 한꺼번에 할 수 있다면, 성인의 경지라고 해야 할 터." [19:12]

자장에 대해 다른 제자들, 자하와 증자가 비평한 것도 보인다.

> 자유가 말했다. "우리 친구 자장은 어려운 일을 처리하는 데는 능숙했지만, '인에 미치지는 못한다'고 해야 하리." [19:15]

자장은 일상생활에서 번듯한 말로 호언장담하기를 잘하지만 실제 몸은 말을 쫓지 못하는 사람이었다. 여기 또 자유가 그를 '어려운 일을 처리하는 것'을 능사로 여기는 사람으로 평했으니, 어렴풋이 자장의 사람됨을 짐작케 한다.

공자의 인仁이란 저 멀리 있지 않고 가까이 있으며, 또 어렵고 대단한 것이 아니라 손쉽고 일상적인 것이다. 다만 뜻志을 가지고 있는가, 그리고 그 뜻을 유지하여 '몸에 배게' 할 수 있는가의 여부에 달려 있을 뿐이다. 그런데 자장은 어렵고 높은 문제를 해결하는 것을 인을 실현하는 일로 여겼다니, 이에 '인에 미치지 못한다未仁'는 평을 얻은 것이다. 증자가 자장을 비평한 것도 유사하다.

증자가 말했다. "당당하기도 하시지. 우리 자장은. 하나, 더불어 인仁을 실천하기에는 어려움이 있구나." [19:16]

나아가 서로를 점잖게 그러나 뼈 있는 말로 비평하는 수준을 넘어서, 사뭇 논전에 가까운 것도 있다. 이번엔 자하와 자장 사이에 벌어진 거친 논전인데 주제는 '사귐'에 대한 것이다.

자하의 제자가 자장에게 왔다. 사람을 사귐에 관해 물었다.
자장이 말했다. "자네 선생은 뭐라 하시던가?"
자하의 제자가 답했다. "우리 선생님은 사귈 만하면 사귀고, 사귈 만하지 못한 자는 만나지 말라고 하더이다."
자장이 말했다. "허, 공자님한테 들은 것과는 다른데? '군자란 현자를 존중하고, 어리석은 이들은 품는다. 잘한 것은 축하하고 잘못한 것은 불쌍히 여기면 된다'고 배웠네. 내가 현명하다면 사람들에게 인정받을 것이요, 내가 옳지 않다면 사람들이 날 거부할 일. 그럴진대 내가 사귀지 않겠다고 만남을 거절할 것이 무언가." [19:3]

자장의 말은 반듯한 것 같으나, 실은 자하의 견해를 낮추어 보려는 사심이 깃들어 있다. 자장의 말인즉슨, 오로지 나 자신이 현명하기만 하다면 남과 사귐은 저절로 이뤄지는 것이니 '사귈 만한 사람을 선택하고 말고가 없다'는 뜻이다. 이렇게 놓고 보면 그의 말은 흠잡을 것 없이 반듯해 보인다. 그러나 과연 내가 현명하기만 하면 사회적 관계, 즉 사귐은 자연히 획득되는가?

돌려 말해서, 내가 현명하기만 하면 '기계적으로' 상대방이 날 친구로 받아준다는 등식이 가능한가? 현실은 공자도 지적했던 바, "유하혜가 그렇게 현명해도 사회에 쓰이지 않는 것"[15:13]이 사실이지 않던가?

더욱이 구체적인 인간 관계에서 나 자신만 현명하기에 힘쓰면 되고, 사람 사귀는 데 옳고 그르고가 없다는 것은 상대방에 대한 배려가 전혀 없다는 뜻과 같다. 이것은 "누구든 좋다"이거나, "누구든 상관없다"는 뜻인데 어느 쪽이든 유아적唯我的, 자기애적自己愛的 오만이 깃들어 있고, 동시에 상대방을 사물화事物化하는 것이다. 만약 사귐이 그저 술 친구나 바둑 친구를 사귄다는 정도가 아니라, 뜻을 함께 할 이른바 '동지同志'를 구하는 뜻이라고 보면, 그 사귐의 과정에는 자하가 지적한 정도의 엄격성은 기필코 요구되는 것이라고 해야겠다. 그러므로 공자도, "자기만 하지 않은 사람을 벗으로 삼지 말라"[1:8]고 경고한 것이다.

이렇게 보면, 자하는 사소한 것 같으나 진지하고, 자장은 번듯한 것 같으나 허술하다. 자하는 공자한테 자잘한 선비小人儒가 되지 말라는 가르침을 받았던 것으로 보아[6:11], 사소한 원칙에 얽매이는 꼬장꼬장함이 있었던 것 같고, 자장은 겉멋이 들어 크고 웅장한 것을 좋아하지만 실제는 거기에 미치지 못하는 흠이 있었던 것 같다.

우정이란 무엇인가

사귐에 대한 공방이 나온 김에 『논어』에 나타난 우정은 어떤 것인지 살펴보자.

『맹자』에 "친구 사이에는 신뢰가 있어야 한다朋友有信"는 덕목이 있듯 친구를 사귐에는 믿음이 핵심이다. 『논어』에서도 '약속을 하였거든 꼭 지켜야 한다'는 권고를 여러 곳에서 하고 있다.

증자는 매일매일 자신의 행동을 성찰하는 세 가지 요소 가운데 "친구와 사귐에 신뢰를 떨어뜨린 것은 아닌가"[1:4]라는 질문을 그 한 가지로 삼고 있다. 자하 역시 "친구들과 사귐에 있어 약속한 것을 제대로 실행하는 사람이라면, 비록 학교를 나오지 않았어도 배운 사람으로 대접하리라"[1:7]는 말을 하고 있다. 그만큼 신뢰가 사회 생활, 즉 친구와 사귐이나 동료와의 관계에서 중요하다는 뜻이겠다. 또 친구를 사귀는 방법으로서는 "나보다 못한 사람과는 교유하지 말라"[1:8]는 권고도 있다.

배움에 있어 스승이 가장 큰 도움을 주지만, 친구도 그에 못지 않다. 평생을 두고 배움에 매진해야 하는 선비로서는 마땅히 나보다 나은 사람을 사귀어야 배울 것이 있기 때문이다. 증자는 이 점에 주목하여 친구 사귀는 기술을 다음과 같이 논한다.

증자가 말했다. "군자는 글文로써 벗을 사귀고, 벗을 통해 인仁을 보충한다." [12:24]

즉 친구는 주먹이나 '의리'가 아니라 문장, 학문, 기술로써 사귀어야 한다는 뜻이다. 당시 춘추 시대에는 칼잡이들, 협객 류의 집단이 많았다(공자 제자인 자로 역시 무인 출신이었다). 이런 풍조에 대해 증자는 깡패들 식의 의리가 아니라 글을 통해 서로를 사귀는 문인文人과 같은 교류를 참된 것으로 보았다. 글을 통한 교유는 궁극적으로 인간다움仁을 북돋는 관계로 나아가는 것이다. 따라서 글로써 사귀는 사이는 무얼 주고받는 계약적 관계가 아니라, 남김 없이 도와 주어도 나에게 손해나지 않는 만남이 된다. '모르는 것을 깨우쳐 주는 학문적 관계'가 대표적이다.

그렇다고 나보다 못난 사람을 사귀지 말라는 뜻은 아니다. 못난 사람은 못난 대로, 잘난 사람은 잘난 대로 모두 배움에 도움이 된다.

공자 말씀하시다. "세 사람이 길을 가도 반드시 내 스승이 있다. 잘난 사람에게는 그렇게 되기를 배우고, 못난 사람에게는 '저래선 안 되겠다'는 것을 배운다." [7:21]

다만 나보다 못한 녀석들과 어울려 다니면서, 세상 넓은 줄 모른 채 골목대장 노릇이나 하다 보면, 자기 발전은커녕 퇴보밖에 없다는 경고인 것이다. 그러므로 친구는 가능하면 나보다 견문이 넓거나 덕행이 뛰어난 사람을 사귀어야 하는 것이다. 이 점을 공자는 이렇게도 설명한다.

공자 말씀하시다. "도움이 되는 벗이 세 종류요, 손해를 끼치는 벗도 세 종류가 있다. 정직한 벗이 도움이 되는 첫 번째요, 약속을 꼭 지키는 벗이 두 번째요, 견문이 넓은 벗이 세 번째다. 손해를 끼치는 벗으로는 꽉 막혀 세상 넓은 줄 모르는 녀석이 첫 번째요, 알랑방귀 뀌는 녀석이 두 번째요, 간사한 녀석이 세 번째다." [16:4]

정직하고 견문이 넓은 친구는 내가 배울 게 있는 사람이다. 반면 알랑방귀나 뀌고, 간사하게 여기 붙고 저기 붙고 하는 녀석들에게 내가 배울 건 없다. 이런 따위는 나를 잘못된 길로 이끌 뿐이다.

그러나 역시 친구는 친구요, 형제는 형제다.˙ 친구를 사귀는 데는 나름대로 '거리'가 있어야 한다. 아무리 절친한 친구라 할지라도 서로가 넘지 말아야 할 선이 있는 것이다. 그래서 "오래 사귄 친구 사이에도 공경하는 자세를 잃지 않은 안평중에게 공자는 '친구를 참 잘 사귀는 사람'이라고 평한 것"[5:16]이리라.

그러니 친구가 잘못한다고 지나치게 끌어안고서 안달복달할 것은 없다. 몇 번 충고해 보다가 고치지 않으면 그냥 '이제부터 나오는 길을

˙ 형제는 한 핏줄로 태어난 동기同氣이니 하늘이 맺어준 자연적 관계, 즉 천륜天倫이요, 친구는 의義, 즉 뜻이 맞아서 맺어진 사회적 관계, 즉 인륜人倫이니 차이가 있다.

달리 하니 친구가 아니다'라고 절교하면 그만이다. 구태여 친구의 소
맷자락을 부여잡고 '의리가 어쩌고, 우정이 어쩌고' 해 가면서 나서다
간, 괜한 봉변을 당하는 수가 있다. 봉변을 당한 다음에야 '넌 내 친구
가 아니다'고 절교해 본들 맞은 뺨만 더 아플 뿐이다. 공자 제자 자유
는 다음과 같이 경고한다.

자유가 말했다. "임금을 섬긴답시고 자주 '아니 되옵니다'라고 충고하다
간 곤욕을 치르는 경우가 생기고, 친구 사이라고 지나치게 조언하다가는
사이가 벌어지게 된다." [4:26]

자유의 지적은 공자에게서 받은 가르침임이 분명해 보인다. 공자도
우정에 대한 질문에 이와 흡사한 대답을 내린 적이 있기 때문이다.

자공이 우정을 여쭈었다.
공자 말씀하시다. "충고를 해서 좋은 방향으로 이끌되, '아니다' 싶으면
그만두어야 한다. 스스로 욕을 초래할 것은 없다." [12:23]

친구 사귐은 중요한 일이지만, 아무나 사귈 것은 아니요 또 바른 길
로 이끈답시고 오지랖 넓게 나서서 가타부타 할 일은 아니라는 뜻이
다. 『논어』 속의 친구란 초등학교 동창생을 뜻하는 것이 아니라, 나와
뜻을 같이하여 길을 함께 걷는 동지同志 또는 동반자이기 때문이다(학
이 편에서도 이런 내용을 보았다). 같은 길을 걷다가 어느 날 친구가 다른 길

로 접어들면, 몇 번 충심으로 권해 보다가 '아니다' 싶으면 그만두는 것이다. 이것이 친구 관계다.

그러면 공자는 친구를 어떻게 대했는가. 구체적인 모습을 보자.

> 친구가 죽었는데 그 영혼이 갈 데가 없으면 공자는 말했다. "우리 집에다 빈소를 차리자."
> 한편 친구가 보낸 선물, 예컨대 그것이 값비싼 마차라 할지라도 고맙다고 인사하지 않았다. 다만 친구가 그 부모님께 제사 지내고 난 다음 보낸 고기에 대해선 인사하였다. [10:15]

공자가 친구를 사귀는 것이 이랬다. 독신이거나 후손이 없어 사체를 염할 곳이 없는 친구일 경우에는 자기 집에다 빈소를 차리게 할 정도이지만, 친구 사이의 선물은 그것이 아무리 값비싸고, 귀한 것일지라도 고맙다는 인사를 하지 않았다는 것이다. 진정한 벗은 나와 같은 존재거나 '또 다른 나'이기 때문이다. 왼손이 오른손으로부터 물건을 받으면서 인사하지 않듯 말이다. 다만 제사 고기를 절하면서 받은 까닭은 그것이 친구의 부모나 조상께서 흠향歆饗하신 것이기 때문이다. 즉 그 인사는 친구의 조상께 한 것이지, 친구 본인에게 한 것은 아니다.

이처럼 친구의 영혼은 얼마든지 내 집에 모시고, 또 재물도 내 것 네 것 없이 나눠 쓰는 '사람 중심의 우정관'은 친구 사귐의 백미라고 할 것이다. 이런 우정관은 공자 제자들도 공유한 것으로 보인다. 예컨대 자로는 그의 꿈을 이렇게 말한다.

"이런 사람이 되고 싶습니다. 값비싼 마차나 가벼운 가죽옷을 친구와 함께 쓰다가, 고장 내거나 못쓰게 만들어도 서운한 마음이 들지 않는 사람이었으면 합니다." [5:25]

오늘날 돈이나 지위로써 사람을 사귀는 세태에 비추면 공자나 자로의 우정관은 실로 귀감이 된다고 할 수 있을 것이다.

그런 점에서 차가운 계절 감각과 따스한 우정을 절묘하게 조화시킨 작품으로 추사 김정희(1786~1856)가 그린 〈세한도歲寒圖〉만 한 것이 없다.

승승장구 잘 나가던 추사가 머나먼 제주도로 귀양을 가고 보니, 무시로 드나들던 벗들은 어디로 갔는지 소식 한 점이 없다. 인심이란 본시 그런 법. 그런데 언젠가 중국에 사절로 함께 다녀왔던 역관 이상적李尙迪(1804~1865)이 베이징에서 새로 구입한 많은 책들을 제주까지 부쳐 주지 않았는가.

역관이라면 중인이요, 귀양을 갔을망정 추사는 양반이다. 계급과 나이를 초월하여 곤경에 처한 벗에게 손을 내민 그 절절한 우정을 그림으로 그린 것이 최고의 문인화로 평가받는 〈세한도〉이다. 그림 제목인 '세한歲寒'은 "날씨가 차가워진 다음에야 소나무와 잣나무의 푸름을 안다歲寒然後知松柏之後彫也"[9:27]라는 『논어』 구절에서 따온 것이다. 즉 무성한 한여름엔 너나없이 다 푸르지만 늦가을에 접어들어서야 활엽수와 상록수가 판별된다는 뜻이다.

술 한 잔 낼 여력이 있을 적엔 너도 친구고 저이도 친구이건만 막상 호주머니에 돈 떨어지고 나면 싸늘해지는 것이 세상 인심이렷다. 그러나 남 탓만 할 일이 아닌지도 모른다.

20

요왈 堯曰 편

진리의 계보학

이 편은 바로 앞 자장 편과 더불어 공자 사후에 편집된 것이 분명하다. 공자 이후 '유교'라는 학파 또는 교단이 형성되면서, 그 정통성을 부각할 의도로 도통설道統說, 즉 '진리의 계보학'을 펼치고 있기 때문이다. 전국 시대에 접어들어 여러 학파 간의 경쟁이 치열해지는 상황에서 자기 교단의 정통성을 부각하려는 의도가 아니라면 구태여 이런 논설이 필요할까 싶은 것이다.

이 편의 내용은 고대의 성왕인 요임금과 순임금 사이에 비밀스럽게 전해진 '통치의 비결'이 그 다음 하나라와 은나라, 그리고 주나라 국가 건설자에게로 전해졌다는 것이다. 그러다가 춘추 시대라는 대혼란기 속에서 '통치의 비결'이 군주가 아닌 일반 사람에게 잘못 전달되었는데, 그것을 전수받은 사람이 공자라는 이야기가 되겠다. 여기서 첫째, 학문적 진리와 통치자를 하나로 보는 '철인왕philosopher king'의 관념을 이해할 수 있다. 이것은 내성외왕內聖外王이라는 개념으로도 표출된다.

둘째, 시대를 이끌어가는 문명의 창도자가 정치적 '군주'에서 도덕적 '군자'로 전환되는 세계관의 변화를 살펴볼 수 있다. 공자는 정치적 지위가 없이 천자天子의 역할, 즉 '자연의 진리를 인간 세계에 전달하는 위대한 성인'의 역할을 순수하게 도덕적 차원에서 실천해 냈다고 보기 때문이다. 이것은 또 정치와 학문의 분리로도 이해할 수 있다.

바로 이 자리에 유교의 정통성이 자리 잡는다. 유교는 요임금과 순임금, 하나라의 건설자인 우왕, 그 다음 은나라 건설자인 탕왕 또 그다음 주나라 건설자들인 문왕과 무왕 그리고 주공의 뜻을 계승한 공자의 사상을 연마하고 또 전파하는 교단이기 때문이다.

요왈 편은 세 장으로 이뤄진 매우 짧은 편이며, 장 사이의 연계성도 없다. 여기서는 그 핵심인 도통론에 대한 언급과 마지막 장을 살펴본다.

진리는 이렇게 전수되었다

우선 진리가 요임금에서 비롯되어 순임금 그리고 우임금에게 전해진다. 다음을 보자.

> 요임금, 말씀하시다. "오호! 이보게 순! 하늘의 운수가 자네 몸에 있네그려. 정녕 그 한가운데를 꽉 잡아야 할 것이야. 천하가 곤궁해지면 하늘의 복록은 영원히 끊기고 말 터이니."

순은 또 이것을 우에게 전하시다. [20:1.1~1.2]

혼란한 천하를 최초로 평화롭게 만든 위대한 군주, 요임금이 순임금에게, 그리고 순임금이 우임금에게 비밀리에 전한 '통치의 비결'은 무엇인가. 요왈 편 첫머리는 '중용의 정치 철학'이 그것이라고 폭로한다. 요순임금이 천하를 평화롭게 한 까닭은 바로 이 사태의 '한가운데'를 잡는 윤집궐중允執厥中, 즉 중용에 있을 따름이기 때문이다.

그러면 중용이란 무엇인가. 과유불급過猶不及이라, 지나치지 않고 모자라지도 않음을 뜻하는 최적의 상태, 곧 항상성을 유지하는 것이 중용의 관건이다. 이것은 건강의 의미와도 직통한다. 말하자면 비만도 아니요 영양실조도 아닌 한 중간, 이것이 건강이요 또 그것이 '몸의 중용 상태'다. 따라서 중용이 지향하는 좋은 정치는 '건강한 사회'라고 할 수 있다.

그러면 '건강한 사회'를 이루기 위해 요순은 무엇을 하였는가. 사서四書의 한 책인 『중용』에서는 순임금의 정치를 다음과 같이 지적한다.

순임금은 남에게 묻기를 좋아하고 남의 말을 잘 들었다. 남의 단점은 한 귀로 흘려 버리고 장점은 떠 높였다. 좋고 나쁜 것의 두 끝을 잡아서 그 가운데 가장 적절한 것을 백성에게 베풀었다. 그렇게 할 수 있었기에 순임금이 순임금일 수 있었다.

"남에게 묻기를 좋아하고 남의 말을 잘 들었다"는 것은 곧 의사소통에 대한 순임금의 갈증을 표현한다. 모자란 부분을 채워 주고, 억울한 사정은 들어서 풀어 주고, 넘치는 곳은 터서 덜어 내는 것이 소통이다. 중용은 곧 소통을 지향하는 것이다.

한데 흔히 오해하듯, 중용의 정치란 '이것도 흥, 저것도 흥' 하는 식의 관용 일변도를 뜻하는 것이 아니요, 그렇다고 이때는 이것이 옳고, 저때는 저것이 옳다는 식의 상대주의를 용인하는 것도 아니라는 점이다. "좋고 나쁜 것의 두 끝을 잡아서 그 가운데 가장 적절한 것을 백성에게 베풀었다"는 말은, 중용 정치학이 최적의 상태를 찾는 과정이지 이것과 저것을 섞은 회색을 뜻하는 것이 아님을 잘 말해 준다. 중용은 차라리 극단적이기까지 한 것이다.

그 다음 진리를 전달받은 자는 은나라의 건설자, 탕湯임금이다. 그가 하늘에 제사 지내면서 정치의 책임을 자신에게 돌리는 감동적인 고유문*이 다음 내용이다.

탕임금이 말씀하시다. "어리석은 녀석인 저 리履,** 검은 소를 잡아 감히 거룩한 하느님께 오롯이 아뢰나이다. 죄있는 자 결코 용서할 수 없고, 하느님의 신하라고 덮어 둘 수 없사오니, 오로지 하느님 마음대로 하시옵소서. 제 몸의 죄는 결코 세상 사람들 때문이 아니며, 세상 사람들의 죄,

---

● 고유문告由文 : 큰일을 치르고자 할 때나 치른 뒤에 그 까닭을 적어 사당이나 신명에 고하는 글.
●● 탕임금의 이름이다. 신 앞에 자기 본명을 아뢰어 겸손한 자세를 취하는 것이다.

그것은 저의 탓이옵니다." [20:1.3]

정치 지도자란 백성 위에 군림하면서 자기 마음대로 부리는 권력자가 아니라 하느님의 뜻을 받들어 백성들이 잘 살도록 노력하는 '하느님의 종'이라는 것이다. 탕임금은 여기서, 백성들이 제대로 먹고살지 못하게 되었을 때, 또는 가뭄이 들고 홍수가 나서 농사를 다 망치게 되었을 때, 그리고 백성들 간에 싸움이 일어나 서로 상하고 죽음에 이르게 되었을 때, 이 모든 책임은 관리(목민관)들이나 기후 조건 또는 백성들에게 있는 것이 아니라 오로지 통치자인 자기 자신에게 있다는 무한 책임을 선언하고 있다. 특히 마지막 문장, "제 몸의 죄는 결코 세상 사람들 때문이 아니며, 세상 사람들의 죄, 그것은 저의 탓이옵니다"라는 선언은 감동적이기까지 하다.

흥미롭게도 이런 정치 지도자의 '무한 책임론'은 동서고금을 막론하고 유사한 예화를 찾아볼 수 있다. 예컨대 노자는 "나라의 더러운 일을 떠맡는 사람이 사직을 맡을 사람이요, 나라의 궂은일을 떠맡는 사람이 세상의 임금이라"고 하였다(『도덕경』). 여기 "나라의 궂은일을 떠맡는 사람이 세상의 임금"이라는 대목은 바로 탕임금이 하늘에게 제사 지내면서 외친 '통치자의 무한 책임론'과 다를 바 없다.

또 이스라엘의 모세도 백성이 금송아지를 만들어 죄를 지었을 때, "슬프도소이다. 이 백성이 자기들을 위하여 금신을 만들었사오니 큰 죄를 범하였나이다. 그러나 합의하시면 이제 그들의 죄를 사하시옵소서. 그렇지 않사오면 원컨대 주의 기록한 책에서 내 이름을 지워 버려

주옵소서."(출32:31~32)라고 기도했다. 뿐만 아니라 예수도 "세상 죄를 지고 가는 하나님의 어린 양"(요1:29)으로 비유되었다. 모름지기 지도자 위치에 있는 사람은 동서고금을 막론하고 자기 책임감과 겸양의 자세는 갖추어야 마땅한 일일 터다.

탕임금 다음으로는 '통치 비결'이 주나라에 전해진다. 공자는 주나라 천하의 일원이었으므로, 특별히 주나라를 소중하게 여겼다. "주나라는 앞의 하나라와 은나라를 거울로 삼았다. 그러니 그 문명이 찬란하게 빛난다. 나는 주나라를 따를 것이다"[3:14]와 같은 말에서도 그런 뜻이 잘 드러난다.

그러면 주나라의 통치 비결은 무엇인가.

주나라에 큰 복록이 내렸으니, 착한 이들이 넉넉하였다. (문왕은 말하길) "비록 가까운 피붙이가 있다 한들 어진 이만 못하나니, 백성의 허물은 저한 사람의 것입니다."
주나라 정치는 저울과 되를 엄격히 하고, 법도를 엄밀히 하며, 허울만 남은 관직을 충원하니, '천하의 정치'가 잘 되었다. 또 망한 나라를 일으키고, 끊긴 세대를 이어 주며, 은둔자를 뽑아 쓰니, 천하 백성들의 마음이 돌아왔다.
그리고 소중히 여긴 것은 인력과 경제, 상례와 제례였다. 지도자가 너그러우면 무리를 얻고, 미쁘면 백성들이 그에게 맡기고, 부지런하면 공을 이루고, 공정하면 모두 기뻐하는 법. [20:1.4~1.9]

주나라에 접어들어서는 좀더 구체적인 정치 원리가 나온다. 『논어』 편찬자들과 역사적으로 가깝기 때문에 자료가 많았기 때문일 것이다. 주나라의 정치 원리는 첫째, 인사는 혈연이 아니라 능력 본위를 원칙으로 하였다. 이것은 "비록 가까운 피붙이가 있다한들 어진 이만 못하나니"라는 말에서 잘 보이는 바다. 오늘날로 치자면 지연·학연·혈연을 벗어나 유능한 인재를 찾는 데 정치의 가장 큰 힘을 쏟았다는 뜻이다. 유교의 정치 사상은 제도나 법에 의한 법치法治가 아니라 유능한 사람이 정치를 하고 도덕적인 인물이 청렴하게 다스리는 인치仁治를 지향한다. 그런 점에서 능력 본위의 인사는 큰 의미를 갖는 것이다.

둘째, 국가의 정체성을 확보하고 사회 생활의 질서를 유지하기 위해 엄격하게 법을 제정하고 집행해야 한다는 것이다. 즉 누구에게나 공평하게 법률을 적용하고 도량형度量衡과 같은 기준을 엄격하게 유지하는 공공성publicity이 주나라의 통치 비결이다. 이런 뜻은 두 번째 구절, "주나라 정치는 저울과 되를 엄격히 하고, 법도를 엄밀히 하니 (······) '천하의 정치'가 잘 되었다."는 표현에서 잘 드러난다.

셋째, 능력 본위의 인사와 엄격한 법 제정, 그리고 엄정한 법 집행은 백성들의 일상생활을 편안하게 유지하는 것을 목표로 삼는다. 혹시 백성들 가운데 부모를 잃어 고아가 되거나, 자손이 없어 가문이 끊어지거나, 유능한데 숨어사는 현자들을 국가에서 등용하고 또 포상하는 이른바 '복지 정책'이 국가의 업무 가운데 또 중요한 일이 된다. 이것은 "망한 나라를 일으키고, 끊긴 세대를 이어 주며, 은둔자를 뽑아 쓰니, 천하 백성들의 마음이 돌아왔다"는 대목에 잘 드러나 있다. 즉 인민의 복리야말로 정치를 행하는 의미이자 목적이 된다.

넷째, 복지 정책의 내용으로서 (1)하드웨어로는 노동력과 경제력民食을 중시하고, (2)소프트웨어로는 이별과 부활의 의식喪祭을 중시하는, 이른바 생존과 생활 양 방면에 걸쳐 문명적 삶의 마당을 제공할 수 있어야 한다는 것이다.

다섯째, 리더십의 조건을 논하고 있다. 무한 책임 리더십의 조건은 관대함寬과 신뢰信, 솔선수범敏, 그리고 공평성公에 있으므로, 이러한 자질을 체득하기 위한 지도자의 자기 훈련修己의 측면에 특별히 주의하지 않으면 안 된다는 것이다.

이런 역대 왕조의 통치 비결이 계승되어 끝내 유교 사상 속에 안착하게 되었다는 것이 요왈 편의 주장이다. 이 점이 공자가 정치와 사상 두 측면에서 중요한 의의를 갖는 까닭이다. 이런 점에서 『논어』의 마지막 요왈 편은 『논어』의 정치적·사상적 의의를 널리 알리는 '전도서'와 같은 위상을 갖는다고 할 수 있다.

앞서 지적했듯 전체적으로 이 장은 유교 사상의 계보학으로 중시된다. 즉 요·순·우왕 사이에 정치적 정통성이 전달되는 1, 2절, 탕왕이 은나라를 수립하고 하늘에 고하는 3절, 문왕과 무왕이 주나라를 건설하고서 그 혁명의 대의와 정치 철학을 천명한 나머지 절들은 두루 정통正統의 승계와 그 의미를 부각하는 것이다. 이렇게 볼 때 이 장은 중국 정치사에 '유교'의 정통성을 개입시키는 한편, 중국 정치사상의 계보를 펼친 곳이기도 하다.

『논어』의 마지막 장 - 도돌이표

자 이제 『논어』의 끝에 닿았다. 요왈 편의 마지막 장을 읽어 보자.

> 공자 말씀하시다. "천명을 알지 못하면 군자라고 이를 수 없으리라. 예
> 를 알지 못하면 서지 못하고, 말을 알지 못하면 사람을 알지 못하느니."
> [20:3]

먼저 "천명을 알지 못하면 군자라고 이를 수 없다"고 운을 뗀다. 여기 '천명을 앎'이란 원문의 '지명知命'을 옮긴 것인데, 이것은 곧 공자가 오십에 이르렀다는 '지천명知天命'을 줄여 말한 것으로 볼 수 있겠다. 군자란 하늘의 명天命과 더불어 사람의 길人道을 함께 헤아릴 때만이 얻을 수 있는 이름이다. 즉 몸이 빚어 내는 욕망, 마음이 추구하는 바람, 남을 미워하는 원망에 시달리고 휘둘려서는 군자라고 할 수 없다.

나와 이웃, 자연과 사회를 그윽이 굽어보는 그 초연超然이 몸에 익을 때 '이상적 인격체'로서의 군자라는 이름이 가능할 것이다. 노자도 "비록 영예로운 자리가 있을지라도 그것을 한가롭게 초연히 대처하라."(『도덕경』)고 지적했던 터다.

둘째, "예를 알지 못하면 설 수가 없다"고 하였다. 여기 '예를 안다知禮'고 함은 "예에 선다立於禮"[8:8]는 대목과 함께 보아야 한다. '선다'는 것은 자기의 세계관을 구체적 상황 속에서 처리해 나갈 수 있는 자립적 상황인데, 자립이란 제각기 맞닥뜨린 사회적 맥락(예약, 제도)을 감안하지 않으면 안 된다. 그러니 진리의 실천은 '각자가 처한 시대 상황

과 사회적 맥락', 즉 '예'를 알지 못하면 불가능한 것이다.

끝으로 "말을 알지 못하면 사람을 알지 못하느니"라는 말로써 『논어』의 피날레를 장식한다.

여기서의 '지언知言'은 맹자가 "나는 말의 의미를 안다我知言"(『맹자』2a:2)라던 그것과 서로 통한다. 인간은 말의 존재다. 하이데거의 표현을 빌자면, 언어는 존재의 집이다. 그러니 말을 알지 못하고는 인간을 알지 못하고, 나아가 모듬살이(사회)를 알 방법이 없다. 여기서 지언知言과 지인知人은 밀접하게 관련된다. 이 마지막 구절, "말을 알지 못하면, 사람을 알지 못한다"는 지적은 공자 사상의 얼개를 결론 지은 것이다. 요컨대 인간의 삶은 상징(언어)으로 집약된다. 말과 삶 사이에 정확성을 도모하는 것이 공자의 가장 큰 관심사였다.

그런데 언어와 사람, 또 예와 문명은 두루 앎知의 대상이므로 곧 배움學의 핵심 사안이지 않을 수 없다. 즉 말을 알기 위해선 배우지 않을 도리가 없다. 이리하여 이 자리에서 우리는 다시 『논어』의 첫 장인 학이 편 첫 구절, "학이시습지, 불역열호"로 되돌아간다.

그러니 『논어』의 끝인 요왈 편, 그 가운데서도 끝 장인 '말을 안다 – 사람을 안다'는 대목은 '도돌이표' 혹은 '반환점'일 따름이다. 이로 말미암아 『논어』는 그 자체로 끝없이 순환한다. 이 순환을 통해서 『논어』는 우리에게 진리가 저 그윽하고 먼 곳이 아니라, 저잣거리와 일상 속에서 숨쉬고 있음을 퉁겨 주고, 그것을 나선형으로 점점차차漸漸次次 체험하도록 인도한다. 이것은 벌써 '배움'을 넘어서 나의 몸을 닦고 익히는 과정이니, '배우고 익히는' 순환 과정은 죽을 때까지 끝없이 진행

되는 것이다. 하여 『논어』의 인생이란 '내내 배우고 또 익히며 살다가 가는 삶'이라고 할 수 있으리라.

공자가 꿈꾼 인간과 세상

에필로그

드디어 『논어』 여행이 끝났다. 여장을 정리하는 의미에서 전체 얼개를 스케치해 보자. 우선 공자가 핵심적 가치로 여겼던 효와 인간관, 그리고 가족의 가치를 되새겨 보자. 둘째 오늘날 공자 사상을 두고 제 가족만 챙기는 '가족이기주의'의 온상으로 비난하는 데 대해 해명의 기회를 가져 보자. 끝으로 생태주의와 지구촌 사회로 요약되는 21세기에 새로 지향해야 할 유교의 비전을 『논어』를 통해 간단히 추출해 보자.

어미 염소의 사랑

지금 내가 다니는 학교는 경남 양산의 천성산 기슭에 자리하고 있다. 산이 깊고 그윽하여 아직 원시의 정취가 남아 있는 곳이다. 연구실에서 내려다보면 산 아래 시골 마을이 그림처럼 펼쳐져 있다. 산에서 흘러내린 계곡이 큰 골짜기를 이룬 옆으로 제법 너른 풀밭이 있다. 거기에 염소들을 방목한다. 시간을 두고 살펴보면 염소들이 한 가족임을 알 수 있다. 수염이 도톰한 아비가 있고 배가 뚱뚱한 어미가 있으며 또 새끼들이 서너 마리다.

봄에서 여름으로 넘어가던 지난해 6월, 갑자기 골짜기에서 비안개가 피어오르더니 장쾌한 소나기가 쏟아졌다. 요즘 도회지에서는 좀처럼 보기 드문 광경인지라 창밖을 망연히 쳐다보고 섰는데, 문득 염소 가족이 염려스러워 눈길을 풀밭으로 돌렸다. 갑자기 쏟아진 비다 보니 주인의 손길이 미치지 못했나 보다. 염소들은 그 비를 고스란히 맞으면서, 마치 물에 젖은 수채화처럼 얼룩덜룩 검은색 점으로 흩어져 있었다. 꼼짝하지 않고.

그런데 새끼들이 어딜 갔나 싶어 꼼꼼히 살펴보니까 놀랍게도 배불뚝이 어미의 배 밑에 두세 마리가 촘촘히 모여 있는 게 아닌가. 어미는 내내 선 채로 그 쏟아지는 비를 묵묵히 맞으면서 새끼들을 배 아래에 감춰 두고 있었다. 갑자기 콧날이 시큰했다. 저것이 어미의 사랑인가 하였다. 내리사랑이란 이런 것이지 싶었다.

그렇다. 모든 동물의 사랑은 아래로 흐른다. 종족 보존의 본능이라고 하면 간단하다. 그러나 그 생물학적 본능이 발현할 적엔 사뭇 감상을 불러일으키지 않을 수 없다. 이런 내리사랑에 인간인들 예외일 수 있으랴. 당연히 인간의 어미는, 아니 여느 동물보다 더 깊고 짙게 자식을 사랑하고 또 자식을 위해 희생한다. 그야말로 '진자리 마른자리' 가려 가며 길러 내어, 훗날 자식이 모든 세속적 영예를 다 이루었어도 끝내 염려를 놓지 못한다. 공자가 말했듯, "부모는 자식이 아플까 내내 걱정한다."[2:6] 팔순의 어머니가 예순 먹은 자식에게 차 조심하라고 당부하는 것이 부모의 마음이다.

『논어』는 이 지점을 주목한다. 바로 이곳에 세계의 평화를 이뤄낼 불씨가 숨어 있다고 보았다. 『논어』가 보는 인간 삶이란 관 뚜껑을 덮는 순간까지 부모로부터 받은 몸을 조심하며 근신하는 삶이다. 나아가 "세 사람이 길을 갈 때도 내 스승이 있듯"[7:21] 주변은 배울 것으로 충만해 있고, 또 죽을 때까지 배우고 익히는 것을 놓치지 않는다. 이것이 공자 사상의 실제다. 여기서 삼년상三年喪이라는 장중한 장례 의식, 상대를 존중하는 마음가짐 등등이 피어나온다. 이래야 인간이며, 그러지 못할 땐 짐승으로 추락한다. 인간은 인간답게 대하여야 마땅하고, (인간의 탈을 쓴) 짐승은 짐승으로 대접해야 마땅하다.

인간을 인간답게 대접하기, 이것이 『논어』의 중요한 주제다. 그리고 인간이라고 하여 다 같은 인간은 아니고 그 속엔 짐승 같은 인간이 존재한다고 보는 엄격한 인간관도 『논어』의 한 켜다('군자/ 소인'의 이분법적 구별). 나아가 배움과 가르침이 『논어』의 중요한 주제인 바, 그 요체는 '짐승 같은 인간을 어떻게 하면 사람다운 인간으로 만들 것인가', 또는 '야만의 세계를 어떻게 문명의 세계로 전환할 것인가'라는 것이다. 그 과제의 초점에 효孝가 존재한다.

효란 동물적인 내리사랑을 쳐서 올리는 '치사랑'이다. 한낱 미물도 내리사랑은 다 갖고 있으나, 치사랑만은 오로지 인간만이 갖고 있는 미덕이다. 서양식으로 표현하자면 공자에게 인간은 '효도하는 동물Homo Hyokus'이다. 공자는 인간 속에서 이 치사랑의 힘을 발견하고 이를 토대로 '사랑의 문명'을 구상한 것이다. 즉 내리사랑(자애)과 치사랑(효)이 교섭하는 사랑의 순환 구조 속에서 발생하는 따뜻한 에너지(이것이 화목和이다)를 온 세상에 퍼뜨리자는 것이다. 가족에서 비롯된 화목의 기운이 넘쳐 문지방을 넘어 이루는 대동의 세계, 이것이 가화만사성家和萬事成이요, 평천하平天下의 뜻이다.

관계로서의 인간관

『논어』에 비춰진 인간은 서구 근대의 '존재론적 인간'이 아니라 '관계적 인간'이라 할 만하다. 서구 인간관의 기초가 '더 이상 쪼개지지 아니하는 원자 in-dividual', 즉 개체라면 『논어』 쪽은 '관계'이다. 이 점, 분명히 이해해야 한다. '내'가 있고 난 다음 '남'이 있는 것이 아니라, '남'(타인)이 있어야 비로소 '내'가 있게 된다는 사실을. 말하자면 유교는 '관계'의 바탕 위에 지은 집이다. 다음 시 속에 공자가 이해하는 인간관이 잘 묘사되어 있다.

나는
나의 아버지의 아들이고
나의 아들의 아버지고
나의 형의 동생이고
나의 아내의 남편이고
나의 집의 가장이다

그렇다면 나는

아들이고

아버지고

동생이고

형이고

남편이고

가장이지

오직 하나뿐인 나는 아니다●

　여기서 표현된 "나의 아버지의 아들"이자, "나의 아들의 아버지"이면서 또 "나의 아내의 남편이고 나의 집의 가장"인 인간은 곧 관계적 존재, 또는 사이적 존재로서의 인간이다. 이것이 인간이 '사람 사이人間'로 표현되는 까닭이다.

　공자의 인간은 예절로써 관계 맺으며, 의식儀式 속에서 인간다움을 찾는다. 어쩌면 『논어』에서 본 인간의 탄생은 '나'라는 몸이 있기 이전, 태어나기 전부터 존재하고 있는 관계망 속으로 '접속되기'와 같은 것이다. 혹은 기존 그물망이 새끼쳐 나온 그물코와 같다. 그러므로 나는 실체적인 존재로 이 땅에 등장하는 것이 아니라, 이미 존재하는 사회적 그물망 속으로 '스며든다'.

● 김광규, 「나」 부분.

그렇다면 인간은 사람人이기에 위대한 것이 아니라, 그 사이間를 원활히, 제대로 접속할 수 있게 됨으로써 위대해진다. 사람人 사이間를 원활히 소통하는 길(규범)이 예禮이며, 예를 몸에 익히는 마당이 가家다. 요컨대 인간은 근대 서구적 인간관인 '쪼갤 수 없는 존재'가 아니라 '서로의 관계를 잘 소통하는 요소'가 된다.

공자, 특히 맹자는 인간을 둘러싼 관계망이 다섯 가지로 요약된다고 본다. 오륜五倫이 그것이다. (1)부모와 자식 간의 관계父子, (2)남편과 아내의 관계夫婦, (3)국가와 국민으로서의 관계君臣, (4)형과 아우의 관계長幼, (5)동료 또는 친구 관계朋友가 그것이다(바퀴살이 5개인 마차 바퀴를 연상하면 좋겠다). 이것이 인간을 둘러싸고 있는 관계망이다. 이것이 있을 때 인간이요, 이것이 없으면 한낱 짐승에 불과하다.

한편 이 다섯 가지 관계망은 각기 그 모양과 코드가 다르다는 점에 유의해야 한다. 예컨대 부모와 자식 사이의 망net을 운용하기 위해서는 '친밀함'이 요구된다. 즉 부모와 자식 사이의 망은 친밀함이라는 코드를 통할 때만이 작동한다. 이것이 부자유친이라고 할 때의 '유친有親'이 가리키는 바다. 또 부부라는 망에서는 특별함有別이, 또 군신이라는 망에서는 정의有義가 작동해야 한다. 이 망net의 작동work, 곧 네트워크에 성공하는 사람이 군자요 실패하는 사람이 소인이다. 한마디로 『논어』, 나아가 유교는 네트워크의 체계다.

따라서 유교에서 학문이란 다른 것이 아니다. 이 다섯 가지 네트워크의 의미를 배우고 실천하는 것이 학문이다. 유교에서 최고 대학이 성균관이요, 그 성균관의 본관이 명륜당明倫堂이다. 명륜당이란 곧 '네트워크倫를 환하게 익히는明 교실堂’이라는 뜻이다. 그러니 유교 학문이란 사람 사이에 존재하는 다섯 가지 관계(네트워크)를 배우고 익히고 실천하는 것일 따름이다.

가족의 가치

이 다섯 가지 네트워크가 배양되고 실천되는 마당이 가족이다. 관계적 존재로서 인간의 ‘인간다움仁’이 배양되는 공간이 바로 가家요, 가족 관계 속에서인 것이다.

　텔레비전에서 방영되는 〈동물의 왕국〉을 보면, 밀림에 서식하는 초식 동물은 태어나서 채 5분도 되지 않아 뜀박질을 한다. 즉 어미의 뱃속에서 나오자마자 그는 사회적 존재로, 아니 세계적 존재로(밀림의 생존 법칙에 따라야 한다는 점에서) 바뀐다. 그러나 인간은 핵가족이든 대가족이든 가족이라는 환경에서 태어나며, 여기서 근 20~30년간을 가족 구성원으로서 성장한다.

　이 인간의 생리학적 한계(또는 단계)를 바탕으로 유교 문명론은 구성된다. 즉 미숙한 채 태어나, 20~30년 동안을 가족이라는 공동체 속에서 성장한 다음 성인成人이 된다는 인간 존재론·생성론에 대한 통찰이야말로 유교 문명의 특성을 이해하는 중요한 요소다. 가家는 유교 문명론의 기초적이고 핵심적인 단위가 된다. ‘나’를 둘러싼 관계는 근대 서구식의 지배/피지배, 고소인/피고소인, 생산자/소비자와 같은 정치·사회적 관계가 아니라, 아버지-아들, 아내-남편, 그리고 형-아우라는 가족적 관계에서 구체적으로 현실화된다고 보기 때문이다.

가족이 갖는 관계론적 의의에 대한 이해가 없으면 유교, 나아가 동양 사상 전반이 수긍하는 효와 공손, 덕의 가치가 깃들 곳이 없다. 공자가 지적한 것처럼, "정치라는 것도 가정에서 배우고 익힌 형제 간의 우애를 사회나 국가에 옮기는 것에 불과하다"[2:21]라고 하였으니, 정치조차 가家에서 익힌 '몸 훈련修己'의 응용에 불과한 셈이다.

그러므로 인간다움仁이란 일차적으로 가족 내적 관계를 얼마나 능숙하고 익숙하게 수행하는가에 따라 획득된다. 공자에게 가족은 사회의 출발점이다. 아니 가족 속에 사회가 있다. 가家는 사랑과 예의, 질서 그리고 교회(사당)마저 그 안에 품고 있는 '세계의 중심'이다. 이 세계의 중심(가족)에서 사회(세속)로 에너지가 흘러내려 간다. 가족에서 획득한 사랑과 우애는 사회와 국가, 그리고 천하로 넘쳐 나아간다.

요컨대 가족 속에서 몸에 익힌 친근한 이(부모)에 대한 사랑이 마을과 국가 나아가 온 세상에 넘실되도록 만들기, 이것이 공자의 꿈이다. '수신-제가-치국-평천하'의 이상은 폭력이나 강제를 통해 전 세계를 지배하겠다는 권력적 야망이 아니다. 그것은 가족 속에 존재하는 부모에 대한 원초적 사랑을 몸에 익혀, 그것을 문지방 넘어, 학연과 지연의 언덕을 넘어, 또 국가와 인종의 경계조차 넘어서 온 세상에 퍼뜨리려는 매력의 확산 프로그램이다. 그리고 그 사랑은 추상적인 어느 신神이 부여하는 것이 아니라, 살과 살이 서로 닿는 가족 내에서 빚어진다는 점을 발견하고 이를 기르고자 한 것이 공자의 생각이다.

가족을 넘어 세계로

그런데 오늘날 공자 사상은 가족이기주의를 만들어 낸 주범으로 손가락질을 받고 있다. 고전에 대한 오해가 어디 한둘일까마는, 『논어』를 읽어 보면 이런 오해는 정말 어처구니없는 것이다. 『논어』에서는 가족이기주의의 흔적을 발견할 수 없다. 오히려 반가족이기주의anti-familism라고 이름 붙여야 마땅할 증거가 남아 있다. 다음을 보자.

> 공자의 제자 진항이 공자의 아들 백어에게 물었다. "그대는 아버지께 특별히 다르게 배운 것이 있으신지?"
>
> 백어, 대답하였다. "없습니다. 일찍이 아버지께서 뜰에 홀로 서 계시기에, 제가 총총히 곁을 지나갔지요. 아버지 말씀하시길, '시詩는 배웠느냐'고 하시기에 '아직은……'이라고 답했더니, 아버지께선 '시를 배우지 않으면 말을 할 수 없느니라'고 하시더이다. 저는 물러나서 시를 배웠지요. 다른 날 또 홀로 서 계시기에, 저는 뜰을 총총히 지나갔습니다. 말씀하시길, '예禮를 배웠느냐' 하시기에, '아직은……'이라고 하였습니다. 그러자 '예를 배우지 않으면 설 방도가 없느니라'고 하시더이다. 저는 물러나 예를 배웠습니다. 이 두 가지를 들었지요."
>
> 진항이 물러나 흐뭇해하며 말했다. "하나를 물어 셋을 얻었구나. 시를 들었고, 예를 들었고, 또 군자君子는 그 자식을 멀리함을 들었노라." [16:13]

마지막 구절, "군자는 그 자식을 멀리함을 들었노라"는 것은 진항이 공자의 공평무사함을 지적하여 찬탄한 발언이다. 자기 자식이라고 하여 사사로이 아끼지 않는다는 뜻이니, 자식에까지 공공성을 적용시킨다는 뜻이다. 자식이라 하여 특별히 훌륭한 것을 가르치지 않음, 아니 도리어 '자식을 남들보다 뒷줄에 세우는' 싸늘함, 이것이 공자가 자식에게 견지한 엄격함이다. 가족을 사사로이 끼고돌기는커녕 엄격한 공공적 환경으로 만드는 것이 공자의 가족관이라는 뜻이다.

그렇다면 오늘날 유교에 대한 끈질긴 오해, 대표적으로 공적 업무를 사사로운 인간 관계로써 망가뜨린다는 이른바 가족이기주의fa-milism, 또는 연고주의cronyism를 유교 탓으로 돌리는 주장들은 망발이라고 할 수 있다. 적어도 『논어』 속에서 그 근거를 찾을 수 없는 노릇이다.

도리어 이 대목이 말해 주는 것은 서구에서 사적 영역으로 치부하는 가정에서조차 공공성을 관철하고 있다는 점에서 반가족중심주의라고 이름 붙일 수 있거나, 달리 『논어』의 가족주의란 '가족마저도 공적 영역으로 공개하는 것'이라는 정반대 정의가 가능하게 된다. 요컨대 '유교=가족주의=공공 영역의 부패'라는 등식은 『논어』 어디에서도 그 근거를 찾아볼 수 없다.

실은 '서늘한' 가족애에서 자아낸 사랑을 천하와 미물에 이르기까지 베풀어 나가길 권하는 것이 『논어』의 정신이다. 다음 대목을 읽어 보자.

사마우가 형을 잃고 한탄하며 말했다. "다른 이들은 다 형제가 있건만 나만 없다네."

공자의 제자 자하가 달래며 말했다. "내가 듣기로, 죽고 사는 것은 운명이요, 잘살고 못사는 것도 하늘에 달렸답니다. 군자가 매사에 조심하여 실수가 없고, 사람들과 더불어서 공손하고 또 예를 갖출 줄 안다면 온 세상이 다 형제가 될 것입니다. 군자로서 어찌 형제가 없음을 한탄한단 말입니까." [12:5]

자하가 사마우에게 조언한 것은 부모 자식 간의 사랑이나 형제 간의 우애와 같은 '가족 내 사랑'을 넘어서, 낯모르는 사람들과의 교유, 나아가 인종 간 차별조차 없는 세계로 뻗어 가는 사랑이다. 오늘날 우리 주변에 늘어나고 있는 외국인 노동자들과 그들에 대한 차별을 생각하면 이런 사해동포주의는 우리가 본받아야 할 점이다. 즉 『논어』 속의 사랑은 자기 가족 챙기기에 머무는 편협한 사랑이 아니다. 가족을 통해 배우고 익힌 내리사랑과 치사랑을 이웃 간에, 국가 간에, 그리고 인종 간에 장벽을 넘어서 나누는 것이다. 이 점을 잊어서는 안 된다. 『논어』의 사랑은 문턱을 넘어서 넘쳐흐르는 것이지 결코 문 안에 머무는 것이 아님을…….

어디 그뿐일까. 그 사랑은 새나 물고기 그리고 미물들에까지 미치는 것이다.

공자가 "낚시는 하되 그물질은 하지 않았고, 잠자는 새는 쏘아 맞추지 않았다"[7:26]고 한 것은 그의 사랑이 생물들에까지 미친 사례다. 즉 인간도 동물이라 먹어야 살 수 있으니 물고기는 잡아야 하지만, 그물질을 하다 보면 양보다 많은 물고기를 잡게 되니 낚시로써 필요한 정도만 취한다는 뜻이 들어 있다. 환경이 망가지는 이 시점에 공자의 생태계에 대한 사랑도 배울 만한 점이다.

우리들이 『논어』에서 배운 사랑이 기껏 자기 가족 속에 매몰되어 집안 문턱을 넘지 못하는 것일 수는 없다. 도리어 '수신 – 제가 – 치국 – 평천하'라는 『대학』의 구도처럼, 가족애를 바탕으로 저 멀리 '평화로운 세계의 건설'로까지 나아가는 동력으로 삼아야만 한다. 공자 역시 이런 제안에 찬동할 것임에 틀림없다.

4: 5	子曰, "富與貴, 是人之所欲也, 不以其道得之, 不處也. 貧與賤, 是人之所惡也, 不以其道得之, 不去也. 君子去仁, 惡乎成名? 君子無終食之間違仁, 造次必於是, 顚沛必於是."_79, 220쪽
4: 8	子曰, "朝聞道, 夕死可矣."_32, 116, 167쪽
4: 9	子曰, "士志於道, 而恥惡衣惡食者, 未足與議也."_111, 205쪽
4:10	子曰, "君子之於天下也, 無適也, 無莫也, 義之與比."_79쪽
4:11	子曰, "君子懷德, 小人懷土, 君子懷刑, 小人懷惠."_79쪽
4:14	子曰, "不患無位, 患所以立. 不患莫己知, 求爲可知也."_46, 208, 249쪽
4:18	子曰, "事父母幾諫, 見志不從, 又敬不違, 勞而不怨."_73쪽
4:19	子曰, "父母在, 不遠遊, 遊必有方."_74쪽
4:21	子曰, "父母之年, 不可不知也. 一則以喜, 一則以懼."_77쪽
4:22	子曰, "古者言之不出, 恥躬之不逮也."_80, 206쪽
4:23	子曰, "以約失之者鮮矣."_80쪽
4:24	子曰, "君子欲訥於言而敏於行."_51, 80, 109쪽
4:26	子游曰, "事君數, 斯辱矣, 朋友數, 斯疏矣."_274쪽
5: 3	子貢問曰, "賜也何如?" 子曰, "女, 器也." 曰, "何器也?" 曰, "瑚璉也."_86쪽
5: 5	子使漆彫開仕. 對曰, "吾斯之未能信." 子說._104쪽
5: 7	求也. …… 可使爲之宰也_239쪽
5: 8	子謂子貢曰, "女與回也孰愈?" 對曰, "賜也何敢望回? 回也聞一以知十, 賜也聞一以知二." 子曰, "弗如也, 吾與女弗如也."_88, 163쪽
5: 9	宰予晝寢. 子曰, "朽木不可雕也, 糞土之牆不可杇也, 於予與何誅?" 子曰, "始吾於人也, 聽其言而信其行, 今吾於人也, 聽其言而觀其行. 於予與改是."_189쪽
5:10	子曰, "吾未見剛者." 或對曰, "申棖." 子曰, "棖也慾, 焉得剛?"_103쪽
5:11	子貢曰, "我不欲人之加諸我也, 吾亦欲無加諸人." 子曰, "賜也, 非爾所及也."_87쪽

6:28　子貢曰, "如有博施於民而能濟衆, 何如? 可謂仁乎?"

　　　子曰, "何事於仁! 必也聖乎! 堯舜其猶病諸! 夫仁者, 己欲立而立人, 己欲達而達人. 能近取譬, 可謂仁之方也已." _185, 208쪽

7: 4　子之燕居, 申申如也, 夭夭如也. _147쪽

7: 5　子曰, "甚矣吾衰也! 久矣吾不復夢見周公!" _134쪽

7: 6　子曰, "志於道, 據於德, 依於仁, 遊於藝." _67쪽

7: 7　子曰, "自行束脩以上, 吾未嘗無誨焉." _114쪽

7: 8　子曰, "不憤不啓, 不悱不發. 舉一隅, 不以三隅反, 則不復也." _116, 245쪽

7:10　子謂顔淵曰, "用之則行, 舍之則藏, 唯我與爾有是夫!" _165, 172쪽

7:13　子在齊聞韶, 三月不知肉味, 曰, "不圖爲樂之至於斯也." _67쪽

7:15　子曰, "飯疏食飮水, 曲肱而枕之, 樂亦在其中矣. 不義而富且貴, 於我如浮雲." _148쪽

7:17　子所雅言, 詩・書・執禮, 皆雅言也. _119, 171, 194쪽

7:20　子不語怪力亂神. _124, 147쪽

7:21　子曰, "三人行, 必有我師焉, 擇其善者而從之, 其不善者而改之." _272, 291쪽

7:24　子以四敎, 文, 行, 忠, 信. _119, 194쪽

7:26　子釣而不綱, 弋不射宿 _299쪽

7:28　互鄕難與言, 童子見, 門人惑. 子曰, "與其進也, 不與其退也, 唯何甚? 人絜己以進, 與其絜也, 不保其往也." _115쪽

7:29　子曰, "仁遠乎哉? 我欲仁, 斯仁至矣." _81쪽

7:31　子與人歌而善, 必使反之, 而後和之. _53쪽

7:37　子溫而厲, 威而不猛, 恭而安. _148쪽

8: 5　曾子曰, "以能問於不能, 以多問於寡, 有若無, 實若虛, 犯而不校, 昔者吾友嘗從事於斯矣." _163쪽

8: 6　曾子曰, "可以託六尺之孤, 可以寄百里之命, 臨大節而不可奪也, 君

誰爲?" _164쪽

11:12 閔子侍側, 誾誾如也. _109쪽

11:13 魯人爲長府. 閔子騫曰, "仍舊貫, 如之何? 何必改作?" 子曰, "夫人不言, 言必有中." _108쪽

11:16 季氏富於周公, 而求也爲之聚斂而附益之. 子曰, "非吾徒也. 小子鳴鼓而攻之, 可也." _238쪽

11:18 子曰, "回也其庶乎, 屢空." _165쪽

11:18 子曰, "賜不受命, 而貨殖焉, 億則屢中." _85쪽

11:22 子畏於匡, 顔淵後. 子曰, "吾以女爲死矣." 曰, "子在, 回何敢死?" _167쪽

11:23 "所謂大臣者, 以道事君, 不可則止. 今由與求也, 可謂具臣矣." _236쪽

11:24 子路使子羔爲費宰. 子曰, "賊夫人之子." 子路曰, "有民人焉, 有社稷焉, 何必讀書, 然後爲學?" 子曰, "是故惡夫佞者." _33, 138쪽

11:25 子路曾皙冉有公西華侍坐. 子曰, "以吾一日長乎爾, 毋吾以也. 居則曰, '不吾知也!' 如或知爾, 則何以哉?" 子路率爾而對曰, "千乘之國, 攝乎大國之間, 加之以師旅, 因之以饑饉, 由也爲之, 比及三年, 可使有勇, 且知方也." 夫子哂之. _213쪽

11:25 求也爲之, 比及三年, 可使足民. 如其禮樂, 以俟君子." _241쪽

11:25 莫春者, 春服旣成, 冠者五六人, 童子六七人, 浴乎沂, 風乎舞雩, 詠而歸. _39쪽

12: 1 顔淵問仁. 子曰, "克己復禮爲仁. 一日克己復禮, 天下歸仁焉. 爲仁由己, 而由人乎哉?"
顔淵曰, "請問其目." 子曰, "非禮勿視, 非禮勿聽, 非禮勿言, 非禮勿動." 顔淵曰, "回雖不敏, 請事斯語矣." _170, 175쪽

12: 2 仲弓問仁. 子曰, "出門如見大賓, 使民如承大祭. 己所不欲, 勿施於人. 在邦無怨, 在家無怨." 仲弓曰, "雍雖不敏, 請事斯語矣."
_52, 170, 188쪽

12: 3	司馬牛 問仁. 子曰 "仁者 其言也 訒." _170쪽
12: 5	司馬牛 憂曰 "人皆有兄弟 我獨亡." 子夏曰 "商 聞之矣, 死生 有命 富貴在天. 君子 敬而無失 與人恭而有禮 四海之內 皆兄弟也. 君子何患乎無兄弟也." _299쪽
12: 7	子貢問政. 子曰, "足食, 足兵, 民信之矣." _192쪽
12: 7	子貢曰, "必不得已而去, 於斯三者何先?" 曰, "去兵." _193쪽
12: 7	子貢曰, "必不得已而去, 於斯二者何先?" _193쪽
12: 7	曰, "去食. 自古皆有死, 民無信不立." _194쪽
12:11	君君, 臣臣, 父父, 子子 _190, 214쪽
12:17	季康子問政於孔子. 孔子對曰, "政者 正也. 子帥以正, 孰敢不正?" _127, 191쪽
12:19	季康子問政於孔子曰, "如殺無道, 以就有道, 何如?" 孔子對曰, "子爲政, 焉用殺?" _190쪽
12:20	子張問, "士何如斯可謂之達矣?" 子曰, "何哉, 爾所謂達者?" 子張對曰, "在邦必聞, 在家必聞." 子曰, "是聞也, 非達也. 夫達也者, 質直而好義, 察言而觀色, 慮以下人. 在邦必達, 在家必達. 夫聞也者, 色取仁而行違, 居之不疑. 在邦必聞, 在家必聞." _210쪽
12:22	樊遲問仁. 子曰, "愛人." 問知. 子曰, "知人." 樊遲未達. 子曰, "舉直錯諸枉, 能使枉者直." _ 82, 200쪽
12:22	舜有天下, 選於衆, 舉皐陶, 不仁者遠矣. _130쪽
12:23	子貢問友. 子曰, "忠告而善道之, 不可則止, 毋自辱焉." _274쪽
12:24	曾子曰, "君子以文會友, 以友輔仁." _272쪽
13: 3	子路曰, "衛君待子而爲政, 子將奚先?" 子曰, "必也正名乎!" 子路曰, "有是哉, 子之迂也! 奚其正?" 子曰, "野哉, 由也! 君子於其所不知, 蓋闕如也. 名不正, 則言不順, 言不順, 則事不成, 事不成, 則禮樂不興, 禮樂不興, 則刑罰不中, 刑罰不中, 則民無所錯手足. 故君子名之

必可言也, 言之必可行也. 君子於其言, 無所苟而已矣." _214쪽

13: 3 　民無所措手足. _257쪽

13: 4 　樊遲請學稼. 子曰, "吾不如老農." 請學爲圃. 曰, "吾不如老圃." 樊遲
　　　出. 子曰, "小人哉, 樊須也! 上好禮, 則民莫敢不敬, 上好義, 則民莫
　　　敢不服, 上好信, 則民莫敢不用情. 夫如是, 則四方之民襁負其子而至
　　　矣, 焉用稼?" _44, 198쪽

13: 5 　子曰, "誦詩三百, 授之以政, 不達, 使於四方, 不能專對, 雖多, 亦奚
　　　以爲?" _122쪽

13: 9 　子適衛, 冉有僕. 子曰, "庶矣哉!" 冉有曰, "旣庶矣, 又何加焉?" 曰,
　　　"富之." 曰, "旣富矣, 又何加焉?" 曰, "敎之." _241쪽

13:14 　冉子退朝. 子曰, "何晏也?" 對曰, "有政." 子曰, "其事也. 如有政, 雖
　　　不吾以, 吾其與聞之." _238쪽

13:15 　定公問, "一言而可以興邦, 有諸?" 孔子對曰, "言不可以若是其幾也.
　　　人之言曰, '爲君難, 爲臣不易.' 如知爲君之難也, 不幾乎一言而興邦
　　　乎?" 曰, "一言而喪邦, 有諸?" 孔子對曰, "言不可以若是其幾也. 人
　　　之言曰, '予無樂乎爲君, 唯其言而莫予違也.' 如其善而莫之違也, 不
　　　亦善乎? 如不善而莫之違也, 不幾乎一言而喪邦乎?" _195쪽

13:16 　遠者來 _199쪽

13:18 　葉公 語孔子曰 "吾黨 有直躬者 其父攘羊 而子證之." _256쪽

13:20 　子貢問曰, "何如斯可謂之士矣?" 子曰, "行己有恥." _205쪽

13:20 　曰, "今之從政者何如?" 子曰, "噫! 斗筲之人, 何足算也?" _249쪽

13:27 　子曰, "剛·毅·木·訥, 近仁." _109쪽

14: 1 　憲問恥. 子曰, "邦有道, 穀, 邦無道, 穀, 恥也." _145, 203쪽

14: 2 　"克伐怨欲不行焉, 可以爲仁矣?" 子曰, "可以爲難矣, 仁則吾不知
　　　也." _206쪽

14: 6 　南宮适問於孔子曰, "羿善射, 奡盪舟, 俱不得其死然. 禹稷躬稼而有
　　　天下." 夫子不答. 南宮适出, 子曰, "君子哉若人! 尙德哉若人!" _217쪽

日, "求! 無乃爾是過與? 夫顓臾, 昔者先王以爲東蒙主, 且在邦域之中矣, 是社稷之臣也. 何以伐爲?"

(2) 冉有日, "夫子欲之, 吾二臣者皆不欲也." 孔子日, "求! 周任有言日, '陳力就列, 不能者止.' 危而不持, 顚而不扶, 則將焉用彼相矣? 且爾言過矣, 虎兕出於柙, 龜玉毁於櫝中, 是誰之過與?"

(3) 冉有日, "今夫顓臾, 固而近於費. 今不取, 後世必爲子孫憂."

(4) 孔子日, "求! 君子疾夫舍曰欲之而必爲之辭. 丘也聞有國有家者, 不患寡而患不均, 不患貧而患不安. 蓋均無貧, 和無寡, 安無傾. 夫如是, 故遠人不服, 則脩文德以來之. 旣來之, 則安之.

(5) 今由與求也, 相夫子, 遠人不服, 而不能來也, 邦分崩離析, 而不能守也, 而謀動干戈於邦內. 吾恐季孫之憂, 不在顓臾, 而在蕭牆之內也."_233쪽

| 16: 4 | 孔子日, "益者三樂, 損者三樂. 樂節禮樂, 樂道人之善, 樂多賢友, 益矣. 樂驕樂, 樂佚遊, 樂晏樂, 損矣."_273쪽 |

16:13 不學禮, 無以立._47, 297쪽

17: 7 子日, "由也! 女聞六言六蔽矣乎?" 對日, "未也." "居! 吾語女. 好仁不好學, 其蔽也愚, 好知不好學, 其蔽也蕩, 好信不好學, 其蔽也賊, 好直不好學, 其蔽也絞, 好勇不好學, 其蔽也亂, 好剛不好學, 其蔽也狂."_222쪽

17: 8 好勇不好學, 其蔽也亂._255쪽

17: 9 子日, "小子何莫學夫詩? 詩, 可以興, 可以觀, 可以羣, 可以怨. 邇之事父, 遠之事君, 多識於鳥獸草木之名."_123쪽

17:12 子日, "色厲而內荏, 譬諸小人, 其猶穿窬之盜也與?"_250쪽

17:13 子日 鄕原, 德之賊也._251쪽

17:15 子日, "鄙夫可與事君也與哉? 其未得之也, 患得之. 旣得之, 患失之. 苟患失之, 無所不至矣."_249쪽

17:18 日, "惡紫之奪朱也, 惡鄭聲之亂雅樂也, 惡利口之覆邦家者."_247쪽

17:20 孺悲欲見孔子, 孔子辭以疾. 將命者出戶, 取瑟而歌, 使之聞之. _ 27쪽

17:23 子路曰, "君子尙勇乎?" 子曰, "君子義以爲上, 君子有勇而無義爲亂, 小人有勇而無義爲盜." _ 221쪽

17:24 子貢曰, "君子亦有惡乎?" 子曰, "有惡, 惡稱人之惡者, 惡居下流而訕上者, 惡勇而無禮者, 惡果敢而窒者." 曰, "賜也亦有惡乎?" "惡徼以爲知者, 惡不孫以爲勇者, 惡訐以爲直者." _ 97, 254쪽

18: 6 長沮桀溺耦而耕, 孔子過之, 使子路問津焉. 長沮曰, "夫執輿者爲誰?" 子路曰, "爲孔丘." 曰, "是魯孔丘與?" 曰, "是也." 曰, "是知津矣." 問於桀溺.

桀溺曰, "子爲誰?" 曰, "爲仲由." 曰, "是魯孔丘之徒與?" 對曰, "然." 曰, "滔滔者天下皆是也, 而誰以易之? 且而與其從辟人之士也, 豈若從辟世之士哉?" 耰而不輟.

子路行以告. 夫子憮然曰, "鳥獸不可與同羣, 吾非斯人之徒與而誰與? 天下有道, 丘不與易也." _ 60, 263, 264쪽

18: 7 四體不勤, 五穀不分. 孰爲夫子? _ 39쪽

18: 7 子路從而後, 遇丈人, 以杖荷蓧. 子路問曰, "子見夫子乎?" 丈人曰, "四體不勤, 五穀不分. 孰爲夫子?" 植其杖而芸. 子路拱而立. 止子路宿, 殺雞爲黍而食之, 見其二子焉. 明日, 子路行以告. 子曰, "隱者也." 使子路反見之. 至則行矣. 子路曰, "不仕無義. 長幼之節, 不可廢也, 君臣之義, 如之何其廢之? 欲絜其身, 而亂大倫. 君子之仕也, 行其義也. 道之不行, 已知之矣." _ 261쪽

19: 3 子夏之門人問交於子張. 子張曰, "子夏云何?" 對曰, "子夏曰, 可者與之, 其不可者拒之." 子張曰, "異乎吾所聞, 君子尊賢而容衆, 嘉善而矜不能. 我之大賢與, 於人何所不容? 我之不賢與, 人將拒我, 如之何其拒人也?" _ 269쪽

19:12 子游曰, "子夏之門人小子, 當洒掃應對進退, 則可矣, 抑末也. 本之則無如之何?" 子夏聞之, 曰, "噫! 言游過矣! 君子之道, 孰先傳焉? 孰後

1a: 3 五畝之宅, 樹之以桑, 五十者可以衣帛矣. 鷄豚狗彘之畜, 無失其時, 七十者可以食肉矣. _78쪽

3a: 1 顏淵曰, "舜何人也, 予何人也. 有爲者亦若是." _55, 117쪽

3a: 4 昔者, 孔子沒, 三年之外. 門人治任將歸, 入揖於子貢, 相嚮而哭. 皆失聲然後歸. 子貢反築室於場, 獨居三年然後歸. _98쪽

4a: 2 暴其民甚, 則身殺亡國, 不甚, 則身危國削. 名之曰幽厲, 雖孝子慈孫, 百世不能改之. _197쪽

5b: 5 孔子嘗爲委吏矣, 曰會計當而已矣. _240쪽

6a:16 孟子曰 "有天爵者, 有人爵者. 仁義忠信, 樂善不倦, 此天爵也. 公卿大夫, 此人爵也. 古之人, 脩其天爵而人爵從之. 今之人, 脩其天爵, 以要人爵. 旣得人爵, 而棄其天爵, 則或之甚者也, 終亦必亡而已矣." _249쪽

6b:16 孟子曰 "敎亦多術矣. 予不屑之敎誨也者, 是亦敎誨之而已矣." _28쪽

7b:34 惡紫, 恐其亂朱也. _251쪽

7b:34 同乎流俗, 合乎汚世. 居之似忠信, 行之似廉潔. 衆皆悅之, 自以爲是, 而不可與入堯舜之道. 故曰德之賊也. _252쪽

孔子過泰山側, 有婦人哭於墓者而哀. 夫子式而聽之, 使子路問之, 曰, "子之哭也壹似重有憂者." 而曰, "然, 昔者吾舅死於虎, 吾夫又死焉, 今吾子又死焉." 夫子曰, "何爲不去也?" 曰, "無苛政." 夫子曰, "小子識之, 苛政猛於虎也." _61쪽